Pierre Sommet

Madame Baguette und Monsieur Filou

Amüsante und
spannende
Wortgeschichten
aus Frankreich

Illustrationen von
Cornelius Rinne

MAGENTA

Bibliografische Informationen der Deutschen Bibliothek
Die Deutsche Bibliothek verzeichnet diese Publikation in der
Deutschen Nationalbibliografie; detaillierte bibliografische Daten
sind im Internet über http://dnb.ddb.de abrufbar.

Erstauflage 2010
© MAGENTA Krefeld
Alle Rechte vorbehalten.

Produktion: MAGENTA Grafik und Produktion, Krefeld
Verarbeitung: dieck'sche Industriebuchbinderei, Düsseldorf

ISBN 978-3-00-032239-6

www.monsieurfilou.de

Dank

Remerciements

Als gebürtiger Franzose mit doppelter Staatsangehörigkeit empfinde ich es als großes Glück, in einer multikulturellen Gesellschaft am frankophilen, toleranten Niederrhein zu leben. Hier höre ich jeden Tag meine deutschen Freunde französisch sprechen, ohne dass sie es unbedingt wissen oder darüber nachdenken. Sie geben mir ein Stück Heimat zurück, und dafür bin ich dankbar.

Ich komme ein wenig „in die Bredouille", denn es wird mir nicht gelingen, mich bei allen zu bedanken, die mit ihren Anregungen für dieses Buch zur deutsch-französischen sprachlichen und interkulturellen Verständigung beigetragen haben. Dennoch ein „grand merci" für ihre Unterstützung, in alphabetischer Reihenfolge, an Robert Claßen und die Kollegen der Volkshochschule Krefeld, Angelika Fiedler, Sandra Hecker und die Kolleginnen der Volkshochschule Krefeld, Saskia Klenner, Marianne Knepper, Bernd Morsbach, Ernst Müller, Dirk Peterke, Angelika Schieren und Wolfgang Schwarzer.

Mein besonderer Dank gilt den Herausgebern Albin Kremnitzmüller und Bernd Niedernhöfer, die mich drei Jahre auf meiner wort-, kulturgeschichtlichen und landeskundlichen Abenteuerreise begleiteten.

Zu dieser, liebe Leserinnen und Leser, lade ich Sie ganz herzlich ein.

Pierre Sommet, Krefeld, im November 2010

Inhaltsverzeichnis

Tour d'horizon

Vorwort

Wörter reihen sich zu Geschichten. Wörter aber besitzen auch eine Geschichte. Die Geschichte ihrer Herkunft und des Wandels ihrer Bedeutung. Darin fließen auch die Geschichten der Völker ein, die sie hervorgebracht und benutzt haben. Ebenso wie Geschichten der Landsmannschaften, die sie aus fremder Sprache einst aufgriffen und ihnen neue Inhalte verliehen.

Das Deutsche und das Französische gehören unterschiedlichen Sprachfamilien an. Die Nachbarvölker, die politisch den Kern der EU bilden, trennt linguistisch die Zugehörigkeit zu unterschiedlichen Sprachräumen: dem Germanischen und dem Romanischen. Das Französische ist mit dem Italienischen und dem Spanischen verwandt und findet seine Wurzeln im Lateinischen. Des Deutschen Verwandtschaft hingegen liegt in Skandinavien und in den Niederlanden.

Doch haben die Menschen soziale Brücken geschlagen, die eigene Wörter in die andere Sprache einfließen ließen. Diese Brückenschläge waren nicht immer freiwillig, Kriege und gegenseitige Bedrohungen sind zu nennen. Doch nachhaltiger erwiesen sich die Wege über den wirtschaftlichen Austausch und nicht zuletzt das kulturelle Interesse, das gerade dann besonders stark ausfällt, wenn das Gegenüber mit der Aura des Fremden umgeben wird.

Auf diese Weise drangen französische Begriffe in das Deutsche ein, die heute, nachdem sie teils Jahrhunderte oder Jahrzehnte genutzt und abgewandelt wurden, gar nicht mehr als Fremdwörter gelten. Wer wüsste schon, dass ein Alltagswort wie „Krawatte" letztlich auf die französische Benennung kroatischer Reiter zurückgeht? Manchem Lehnbegriff hört man die Herkunft noch an, wie beispielsweise dem „Büfett", das nicht nur französisch klingt, sondern auch in fremder Lautung geschrieben wird. Doch wer hätte gedacht, dass der Erfinder des Büfetts ausgerechnet Napoleon ist und nur aus der Unlust heraus, bei einem opulenten Staatsmahl zu lange auf seinem Stuhl sitzen zu müssen?

Solch verschlungenen Pfaden sprachlicher Entwicklung, verknüpft mit menschlichen Anekdoten aus dem Umfeld der Begriffe, spürt das vorliegende Buch nach. Dem Leser seien also vielfältige „Aha-Erlebnisse" versprochen. Überdies wird er sich an den lebensprallen Miniaturen erfreuen, die ihm eine emotionale Landeskunde aus dem heißen Herzen unseres Nachbarvolkes vermitteln.

Ihr Autor ist für die detektivische Fahndung nach sprachlichen Purzelbäumen geradezu prädestiniert: Pierre Sommet ist gebürtiger Franzose mit doppelter Staatsangehörigkeit, studierte englische Philologie und lebt seit über drei Jahrzehnten in Deutschland. Sein eigener Lebensweg ließ ihn eine „Antenne" für den Austausch zwischen den Sprachen ausbilden.

Als langjähriger Erwachsenenpädagoge, der den Nerv seines Publikums zu treffen weiß, hat er ein buntes Panoptikum europäischer Kunst- und Sozialgeschichte geschaffen, ebenso geistreich wie anschaulich und stets mit nachsichtigem Blick auf das Allzumenschliche im menschlichen Mit- und Durcheinander.

Unterstützt bei der literarischen Präsentation seiner Forscherarbeit hat ihn der Illustrator Cornelius Rinne. Mit spitzer Feder setzte er die Wortgeschichten in nicht nur humorvolle Illustrationen um.

So eignet sich das Buch gleich für mehrere Verwendungen, die nun einmal zur Wirklichkeit unserer alltäglichen Rezeptionskultur gehören:

Es ist durch seinen Lexikoncharakter ein seriöses Nachschlagewerk; wegen seiner Vielzahl kompakter Beiträge aus den unterschiedlichen Wissensgebieten ein spannendes „Stöberbuch"; aufgrund seines amüsanten und flüssigen Stils eine leicht konsumierbare Unterhaltungslektüre (klassischerweise vor dem Einschlafen); hinsichtlich des allgemein interessierenden Inhaltes und der hochwertigen Aufmachung ein wertvolles „Verschenkbuch" für alle Gelegenheiten und schließlich eine langlebige Bereicherung der eigenen Privatbibliothek.

Diesem wahrhaft anregenden Werk wünsche ich viele Leser.

Ernst Müller

Ade!

Sie spielen auf dem Rasen und sind doch überirdisch, die Fußballgötter. Wenn die kometenhafte *Karriere* zu Ende geht, werden sie von der *Presse* entsprechend gewürdigt. „Oliver Kahn sagt ade!" titelte die deutsche Presse. Auf der ersten Seite von *L'Équipe* las man entsetzt: *„Zidane dit ,Adieu' au Onze français"*. Die französischen Fans, darunter viele *Beurs* und *Beurettes*, vergossen bittere Tränen in Blogs: „Adieu à mon dieu".

Der Abschiedsgruß „Ade" ist tatsächlich göttlicher Herkunft. Er geht zurück auf das französische „Adieu". Dieses Wort setzt sich aus den beiden französischen Wörtern à (bei) und dieu (Gott) zusammen, deren Wurzeln im Lateinischen (ad deum) liegen. „Ade" bedeutet also „bei Gott", sinngemäß „behüt' dich Gott".

Bis 1914 war „Adieu" im Deutschen der geläufigste Abschiedsgruß, wurde aber bei der damals einsetzenden antifranzösischen Sprachpropaganda recht erfolgreich verdrängt („Fort mit dem welschen Gruß, Adieu! Wir grüßen deutsch, auf Wiedersehen!"). Heutzutage wird „Adieu" oft im Sinne von „Auf Nimmerwiedersehen" bzw. „Lebe wohl" verwendet.

Gott sei dank, sind sowohl „Ade" als auch „Adieu" doch geblieben. Wir Normalsterbliche sagen täglich „Tschüss" (aus norddeutsch „Adjus"), das ebenfalls von „Adieu" kommt. In ihrem himmlischen Singsang verwandeln die Rheinländer „Tschüss" in „Tschö". Letzteres hört sich wie „Tschööööö" an und fast wie „Adieu". Ein langer und schöner Abschiedsgruß!

Karriere: Von frz. carrière (auch Rennbahn) und ital. carriera (Fahrstraße).

Presse: Von frz. presse und ursprünglich lat. pressa (Kelter, Weinpresse).

L'Équipe: Die bekannteste Sportzeitung in Frankreich (www.lequipe.fr). Das Wort bedeutet die „Mannschaft". Kurioserweise sagen die Franzosen „la Mannschaft", wenn sie über die deutsche Nationalelf reden.

Zidane: Zinédine Zidane, der in einem Immigrantenviertel von Marseille als Sohn algerischer Einwanderer aufwuchs, führte Frankreich 1998 zum WM-Titel (www.zidane.fr). Der introvertierte und manchmal impulsive Superstar wurde von der FIFA dreimal als Weltfußballer des Jahres ausgezeichnet. Für seine herausragenden sportlichen Leistungen und sein soziales Engagement (Kampf gegen Armut) erhielt er 2009 die höchste Auszeichnung Grand Officier de la Légion d'Honneur (Grand Offizier der Ehrenlegion).

Le Onze français: Die französische Nationalelf, auch „les Bleus" wegen der Farbe der Trikots genannt.

Beurs / Beurettes: Die Beurs sind Nordafrikaner, die in Frankreich geboren wurden und dort aufwachsen. Das Wort entstand im verlan (französische Jugendsprache) in der die Silben umgekehrt werden. Arabe → Beur und weiblich Beurette.

Amour fou

„Les chaînes du mariage sont si lourdes qu'il faut être deux pour les porter. Quelquefois trois!"

„Die Ketten der Ehe sind so schwer, dass man sie nur zu zweit tragen kann.
Manchmal auch nur zu dritt !"

Alexandre Dumas

„Ich liebe Dich wie eine leidenschaftliche Frau,
die bereit ist, bei der geringen Geste
ihr Leben aufs Spiel zu setzen.
Ich liebe Dich mit der Seele und dem Verstand,
die Gott seinen Geschöpfen verliehen hat,
um außergewöhnliche Menschen wie Dich bewundern zu lassen.
Darum mein herrlicher Victor,
kann ich im selben Moment rasen,
weinen, kriechen und aufrecht stehen.
ich beuge mein Haupt und bete Dich an!"

Juliette Drouet an Victor Hugo, 1836

1833 bei einer Probe von „Lucrèce Borgia" im Pariser Théâtre de la Porte Saint-Martin funkt es zwischen den beiden. Es ist *„le coup de foudre"* (Blitzschlag), Liebe auf den ersten Blick.

Die 26-Jährige außergewöhnlich schöne *Juliette Drouet* posiert nicht mehr als Künstlermodell für ihren Freund, den Bildhauer James Pradier, sondern spielt nunmehr in mehr oder weniger bedeutenden Rollen. Er, der große Dichter und Dramatiker, steht hingegen längst im Rampenlicht. Mit 30 ist *Victor Marie Hugo* erfolgreich, berühmt, reich. Und unglücklich verheiratet. Nach acht Ehejahren und fünf Schwangerschaften besteht Adèle Hugo auf getrennte Schlafzimmer.

Da im katholischen Frankreich an eine Scheidung nicht zu denken ist, wird Juliette Drouet zur *Mätresse* des Dichters, 50 Jahre lang, ihr ganzes Leben, bis dass der Tod sie scheidet. Sie verlässt ihren Freund, beendet abrupt ihre Schauspielkarriere, um sich fortan ausschließlich ihrem „Toto" zu widmen, als Geliebte, Muse und Lektorin. Die Liebenden treffen sich heimlich, unternehmen mehrere Reisen ins Ausland, auch nach Deutschland. Gekonnt zeichnet tagsüber der Romantiker Burgruinen,

Fachwerkhäuser, den Thron Karls des Großen im Aachener Dom. Nachts hält er seine Reiseeindrücke fest und schreibt über Bingen und den Mäuseturm, über Mainz und Heidelberg. Victor Hugo liebt seine „Juju". Eifersüchtig verlangt er unbedingte Treue, sorgt dafür, dass sie in seiner Nähe wohnt. Und wenn sie das Haus verlassen darf, dann nur in seiner Begleitung. 1852 teilt Juliette Drouet mit ihm das Exil auf Jersey und nochmals 1855 auf Guernsey. Über die Jahrzehnte schreibt sie ihm täglich leidenschaftliche Liebesbriefe. Am Ende werden es an die 20.000 sein. Auch er, der arbeitsbesessene Alleskönner, greift pausenlos zur Feder und schreibt Romane, Theaterstücke, unzählige politische Reden, schwülstige, aber auch wunderschöne Gedichte. 200 Verse sind sein tägliches Pensum. Victor Hugo kämpft an allen Fronten, setzt sich ein für mehr Demokratie und Freiheit, für die Abschaffung der Todesstrafe, die Rechte der Frauen. Gleichzeitig polemisiert er gegen Unterdrückung und Sklaverei. Er träumt von einem friedlich vereinten Europa mit Frankreich und Deutschland an der Spitze und hält 1842 eine historische Rede in der *National-versammlung*. „La France et l'Allemagne sont essentiellement l'Europe. L'Allemagne est le coeur, la France est la tête. L'Allemagne sent, la France pense." („Frankreich und Deutschland sind im Grunde Europa. Deutschland ist das Herz, Frankreich der Kopf. Deutschland fühlt, Frankreich denkt"). In seinen Augen kann man durchaus zugleich romantisch und visionär und *„chaud lapin"* (heißes Kaninchen) sein. Denn Hugo, die Naturgewalt, liebt die Frauen. Dabei ist der Getriebene nicht wählerisch. Er betrügt regelmäßig Ehefrau und Mätresse mit Hausmädchen, Prostituierten und Schauspielerinnen, bis ins hohe Alter. Reumütig kommt er jedoch immer wieder zu Juliette zurück: „Je suis la barque errante et tu es la voile" („ich bin die herumirrende Barke und du bist das Segel"). Sie vergöttert ihn und verzeiht all seine Eskapaden. Blind vor Liebe.

Als Juliette Drouet 1883 stirbt, verliert der Titan die Quelle seiner Inspiration und hört endgültig auf zu schreiben. Zwei Jahre später stirbt er. Am Staatsbegräbnis nehmen zwei Millionen Menschen teil, in den Gebüschen spielen sich unglaubliche Liebesszenen ab. Eine kollektive *Hommage* des Volkes an den großen Erotomanen. Als ein „monument national" wird Victor Hugo in Frankreich verehrt. Seine letzte Ruhestätte: das *Panthéon* in Paris. Längst nicht so berühmt, aber heute noch gegenwärtig, ist Juliette Drouet. Auf dem Place de la Concorde sitzt sie seit gut 150 Jahren erhöht auf einem Kanonenrohr und betrachtet das hektische Treiben von oben als Personifizierung der Stadt Straßburg. James Pradier hat diese schöne Plastik nach dem Vorbild seiner ehemaligen Freundin und seines Modells geschaffen.

Amour fou: Von frz. amour fou (leidenschaftliche, verrückte Liebe). Die Bezeichnung für eine Liebesbeziehung, die aufgrund ihrer Intensität als unnormal empfunden wird.

Coup de foudre: Frz. wörtlich für „Blitzschlag", Liebe auf den ersten Blick.

Juliette Drouet (1806–1883): Früh verwaist und mittellos war sie nach Paris gekommen und hatte ihre außergewöhnliche Schönheit – „Fatales Geschenk der Götter" (V. Hugo) – zur Lebensgrundlage gemacht. Mit 19 gebar sie eine Tochter, Claire. Der Vater, der Bildhauer James Pradier, erkannte sein Kind nicht an. In den folgenden Jahren lebte sie von Unterhaltszahlungen wohlhabender Liebhaber. Die „amour fou" mit Victor Hugo brachte eine radikale Wende in ihrem Leben.

Victor Hugo (1802–1885): Sein umfangreiches literarisches Werk umfasst alle Gattungen: Zahlreiche Gedichtsammlungen, weltberühmte Romane (Der Glöckner von Notre-Dame, Die Elenden/Les Misérables etc.), Dramen (Lucrèce Borgia, Hernani, Les burgraves/Die Burggrafen etc.), Polemiken (Napoléon le Petit/ Zum Staatsstreich Napoleons III., unzählige politische Reden und kleinere Schriften. Hochbegabt begann er mit 16 ein Jurastudium. Hugo, der Chef der romantischen Schule, war ein Multitalent mit einer unglaublichen Energie (und Libido): Er hat an die 3.000 teilweise surrealistischen Zeichnungen hinterlassen, restaurierte Möbel, kümmerte sich eigenhändig um die Bühnendekoration seiner Theaterstücke, war politisch engagiert, ein glänzender Rhetoriker und Abgeordneter der Nationalversammlung. In Frankreich hat Hugo eine ähnliche Bedeutung für die Franzosen wie Goethe für die Deutschen. Ein Gigant.

Mätresse: Von frz. maîtresse (Herrin).

Nationalversammlung: Die Gesetze werden in Frankreich vom Parlament beschlossen. Der Sitz des Parlaments ist das Palais Bourbon (erbaut 1722) in Paris, am linken Ufer der Seine. Die Assemblée nationale ist das Unterhaus (Chambre basse) des französischen Parlaments. Am 17. Juni 1789 erklärten sich 491 gegen 90 Abgeordnete zur Nationalversammlung; sie verstanden sich nicht mehr als Vertreter ihres Standes, sondern der gesamten französischen Nation. Am 26. August 1789 verabschiedete die Nationalversammlung gegen den Willen des Königs Ludwig XVI. die von Marquis de La Fayette eingebrachte Erklärung der Menschen- und Bürgerrechte und beschloss deren Übernahme in die Verfassung.

Chaud lapin: Wörtlich „heißes Kaninchen", auf deutsch übersetzt „geiler Bock". Andere Länder, andere Tiere, gleiche Triebe.

Hommage: Siehe die Wortgeschichte „Hommage".

Panthéon: Im Altertum ein Tempel für nationale Gottheiten. Das Pariser Panthéon befindet sich auf dem Hügel der Heiligen Genovena. Es wurde ursprünglich im Auftrag von König Ludwig XV. in den Jahren 1764 bis 1780 als Kirche der mächtigen Abtei Sainte-Geneviève geplant. Geneviève ist die Schutzpatronin der Lichterstadt. Die Führer der französischen Revolution erklärten das Panthéon zu einer säkularen Gedenkstätte. In der nationalen Ruhmeshalle Frankreichs kann man die Gräber bedeutender Persönlichkeiten besichtigen. Neben Bougainville, u.a. Marie und Pierre Curie, Alexandre Dumas, Victor Hugo, Rousseau, Voltaire, Zola und des Widerstandskämpfers Jean Moulin.

Arriviert

„Un travail acharné vient à bout de tout".
„Mit hartnäckiger Arbeit kann man alles erreichen".

Devise von Ambroise Paré

„Ich hoffe sehr, dass Du die Könige besser als die Armen behandelst".
„J'espère bien que tu vas mieux soigner les rois que les pauvres".

„Nein Sire, es ist unmöglich".
„Non Sire, c'est impossible".

„Und warum"?
„Et pourquoi"?

„Denn ich behandle die Armen wie Könige".
„Parce que je les soigne comme des rois".

Dialog zwischen Charles IX. und Ambroise Paré

Man schreibt das Jahr 1554. Empört, fassungslos, grün vor Neid, protestieren die Ärzte der mächtigen Pariser Medizinischen Fakultät. In ihren Augen ist ein „barbier-chirurgien" lediglich ein Handwerker, der rasiert, Zähne zieht, schröpft und Bäuche aufschlitzt. Eine Tätigkeit, die manchmal sogar von Metzgern und Schmieden ausgeübt wird. Und nun soll ein gewisser *Ambroise Paré*, ein „einfacher" barbier-chirurgien, ein aus armen Verhältnissen stammender Provinzler aus der *Mayenne*, ohne akademische Ausbildung, des Lateinischen und Griechischen unkundig, als „maître-chirurgien" in das Pariser Collège de Saint-Cosme aufgenommen werden. Unerhört! Dennoch werden die murrenden Ärzte ihren Standesdünkel ablegen und sich dem Willen des Königs Franz I. beugen müssen. Gegen alle Widerstände setzt er seinen *talentiert*en Militärchirurgen Ambroise Paré durch. *Von der Pike auf* hat es dieser endlich zum „maître-chirurgien" gebracht. Wie kam es zu diesem unerwarteten Aufstieg?

1529 verlässt der fleißige Barbier-Lehrling sein Dorf Bourg-Hersent bei Laval und geht nach Paris, um Chirurgie zu studieren. Aufgrund seiner besonderen Fähigkeiten findet Paré 1533 eine Anstellung als „barbier-infirmier" im Hôtel-Dieu, dem „*modernsten*" Krankenhaus Europas. Dort stinkt es erbärmlich, mehrere Patienten

müssen sich ein Strohlager teilen. Eine echte berufliche Perspektive für den ehrgeizigen *Operateur* kann nur der Militärdienst bieten. 1536 nimmt Paré als Feldscher
an den Heereszügen der Krone in Piémont teil. Er ist erst 26 Jahre alt als er eine
brisante Erfindung macht und die Aufmerksamkeit des Königs auf sich zieht. Vor
Paré glaubte man, dass Schusswunden vergiftet seien und folglich, selbstverständlich ohne Betäubung, mit siedendem Öl ausgegossen werden mussten. Als erster
führt der junge Wundarzt eine bahnbrechende, „sanfte" Behandlungsmethode ein.
Nach Amputationen, die damals bei Schusswunden fast immer erforderlich waren,
ersetzt er die extrem schmerzhafte Kauterisation mit dem Glüheisen zur Blutstillung
durch die Arterienligatur. Um Männern, die ihren Penis bis zur Wurzel verloren
hatten, das Urinieren im Stehen zu ermöglichen, pflanzt er künstliche Harnröhren
aus Elfenbein oder Holz ein. Wenn er trepaniert, stehen die Überlebenschancen für
die Betroffenen gut. Zu seinen *Meriten* zählen auch Fortschritte auf dem Gebiet der
Geburtshilfe. Nebenbei entwickelt Paré Prothesen für Kinder und Erwachsene sowie
unzählige noch heute gebräuchliche chirurgische Instrumente und Zahnarztbestecke.
Er stellt künstliche Vorderzähne aus Knochen, Elfenbein oder Haifischzähnen her,
die mit Gold- oder Silberdraht an den Nachbarzähnen befestigt werden. Der
arrivierte maître-chirurgien war nicht nur ein begnadeter Operateur, sondern
hinterließ über 20 Abhandlungen über Chirurgie und Krankheiten. Auf französisch
natürlich, denn er konnte nicht anders, dafür besser.

Paré, der hochintelligente Humanist, war ein Erneuerer. Er gilt heute, wie die
Franzosen ihn nennen, als „der Vater der französischen Chirurgie". 2010 ist ein
Jubiläumsjahr. Frankreich feiert 500 Jahre Ambroise Paré. Der geniale Chirurg von vier
französischen Königen kam zwar nur aus einem kleinen Dorf, aber er war dennoch
den hochnäsigen, ihm feindlich gesonnenen Pariser Ärzten überlegen. Mit ihrem
Latein waren diese längst am Ende.

Hauptquellen: W.U. Eckart, Geschichte der Medizin, Springer Berlin Heidelberg 2009,
www.medarus.org/MedecinsTextes/pare.html und Ambroise Paré, Encyclopédie de l'Agora.

Barbier: Von altfrz. barbier (Friseur) und frz. barbe (Bart). Die Barbiere waren Handwerker, und als solche
in Zünften (frz. corporations) organisiert. Nach bestandener Gesellenprüfung durfte der Barbier nicht nur
Bärte scheren, sondern auch Eingriffe auf dem Gebiet der „petite chirurgie" vornehmen, z.B. Abszesse und
Knochenbrüche behandeln, Star stechen, Steine schneiden, zur Ader lassen, Zähne ziehen etc. Ihr Ansehen
in der Bevölkerung war eher niedrig und noch niedriger bei den Ärzten.

Akademische Ärzte und Chirurgen im 16. Jahrhundert: Erst 1545 unter Franz I. fand die Chirurgie
größere Anerkennung. Die strikte Trennung zwischen innerer Medizin und Chirurgie war auf einen kirch-
lichen Beschluss des Konzils von Tours 1163 zurückzuführen: „Ecclesia abhorret a sanguine". („Die Kirche
schreckt vor dem Blute zurück"). Demzufolge wurde Geistlichen verboten, Chirurgie zu betreiben und
akademische Mediziner durften keine chirurgischen Eingriffe vornehmen. Diese – sie wurden ohne

Betäubung und ohne Anti- und Asepsis durchgeführt – waren riskant und führten oft zu Todesfällen, was moralisch mit dem geistlichen Amt der damals noch überwiegend klerikalen Ärzte nicht zu vereinbaren war. Umgekehrt war es den Wundärzten untersagt, innere Medizin zu betreiben. Als mindere Medizin wurde die Chirurgie jahrzehntelang verspottet und sogar verpönt. In der Renaissance änderte sich peu à peu das Bild, ein Verdienst von Franz I., der sowohl die Künste als auch die Wissenschaften förderte. Aus diesem Grund holte er Leonardo da Vinci nach Amboise. In Paris hatten sich die Chirurgen in einer confrérie (Innung, Bruderschaft) zusammengeschlossen, le Collège de Saint-Cosme. Diese „Fachhochschule" für Chirurgie war völlig unabhängig von der Medizinischen Fakultät der Universität aber genauso hierarchisiert (Studenten, maîtres-chirurgiens, Professoren). Die maîtres-chirurgiens waren verpflichtet, gute Lateinkenntnisse nachzuweisen. Mit der Unterstützung des Königs wurde wohl für Ambroise Paré eine Ausnahme gemacht, sehr zur Verbitterung der akademischen Ärzte. Diese verfügten zwar über hervorragende Kenntnisse der lateinischen und der griechischen Sprachen, ihr medizinisches Wissen war hingegen eher begrenzt und die Astrologie spielte eine große Rolle. Im 15. Jh. hiess die Medizinische Fakultät der Universität Paris „Facultas in medicina et astrologia". Im 16. Jh. wurde sogar für den Antritt einer Badekur oder die Verabreichung von Abführmitteln der Stand der Gestirne untersucht.

Die Mayenne: Das kleine französische Département liegt in der Region Pays de la Loire. Hauptstadt ist Laval (ca. 51.000 Einwohner), Geburtsort von Alfred Jarry (Ubu Roi) und Partnerstadt von Mettmann.

Ambroise Paré (1510–1590): Der Wegbereiter der modernen Chirurgie hatte mit 15 eine Lehre als barbier-chirurgien aufgenommen. Nach der Gesellenprüfung arbeitete er, wie alle seine Berufsgenossen, zunächst ambulant. Paré, der „Handwerker" wollte mehr erreichen und ging nach Paris. Im dortigen Hôtel-Dieu war er drei Jahre lang assistant-barbier chirurgien. Danach nahm er als erfolgreicher Feldscher, also als Militärchirurg, an mehreren Schlachten teil, ging neue, humane Wege auf dem Gebiet der Chirurgie. Sein Ansehen war so groß, dass der König seine Aufnahme als maître-chirurgien in den Pariser Collège de Saint-Cosme unterstützte. Paré geriet öfter in Konfliktsituationen mit den akademischen Ärzten. Er brachte es zum chirurgien du roi (Chirurg des Königs) und dies gleich viermal, unter Heinrich II., Franz II., Karl IX. und Heinrich III. Im Eingangsbereich des Musée Dupuytren, ein Museum für pathologische Anatomie in Paris, steht eine Statue des berühmten Franzosen. In Berlin wurde sogar eine Straße nach ihm benannt.

Talentiert: Von frz. talentueux und frz. talent. Seine Fähigkeiten sollte man nutzen. Dies ist die Botschaft im biblischen Gleichnis von den anvertrauten Talenten. Wer aus Angst sein Talent „vergräbt", also schlummern läßt, statt einen Gewinn daraus zu erzielen, wird dafür bestraft. Ihm wird alles genommen.

Pike / Von der Pike auf: Von frz. pique gleicher Bedeutung. Im Deutschen seit dem 17. Jahrhundert fest geworden in der Wendung von der Pike auf (von Anfang an). Gemeint ist: vom einfachen Kriegsdienst an alle militärischen Chargen bis zum höchsten Rang zu durchlaufen.
Wurde jemand zu den Soldaten gepresst, wurde er zunächst als Pikenier eingesetzt und erhielt als Waffe eine drei Meter lange Pike. Bewährte er sich, konnte er zum Arkebusier oder Musketier aufsteigen.

Modernsten: Von frz. moderne, und lat. modus (Maß, Art und Weise).

Operateur: Das Wort klingt sehr französisch, ist aber ein Scheingallizismus. In der französischen Sprache bedeutet opérateur „Kameramann" oder „Bordfunker".

Brisant: Von frz. brisant (brechend).

Meriten: Von frz. mérite (Verdienst).

Arriviert: Von frz. arrivé (angekommen) und frz. rive (Ufer). Strebertum wird im Französischen mit „arrivisme" übersetzt.

Attrappe

„Ich kann Dir versichern, Wien ist keine amüsante Stadt."

Brief von Napoleon an seine Gemahlin Joséphine am 26. August 1809

Im Juli 1809 fand im Schloß *Schönbrunn* eine Schachpartie der besonderen Art statt. Aus unterschiedlichen Gründen waren beide Kontrahenten völlig sprachlos. Napoleon, genialer Stratege aber mittelmäßiger Schachspieler, wurde in nur 20 Zügen besiegt und das auch noch von einem als Türke kostümierten Automaten. Der österreichische Hofrat *Wolfgang von Kempelen* hatte die lebensgroße Holz*figur* in osmanischer Tracht 1769 konstruiert. Sie konnte ausgezeichnet Schach spielen und sorgte überall für Aufsehen und Staunen. Vorgeblich per Federzug angetrieben, saß der „Türke" vor einer dreitürigen *Kommode* mit Schachbrett. Im Inneren befand sich eine komplizierte Feinmechanik aus uhrwerkartigen Vorrichtungen. Die Puppe konnte Kopf und Augen bewegen und mit dem linken artikulierten Arm die Schachfiguren hin- und herschieben. Beim Schach des Königs nickte der Automat eiskalt dreimal mit dem Kopf. Und so geschah es an jenem ominösen Tag. *Schachmatt! Échec et mat!* Welch eine Demütigung für den ansonsten so siegesgewohnten Kaiser! Als er keinen Ausweg mehr fand, geriet er in *Rage* und warf die Steine durch den prunkvollen Raum. Aber war alles rechtens vonstatten gegangen?

Die Wundermaschine, eine *raffinierte Attrappe*, ein „getürkter Türke", konnte eigentlich nur von menschlicher Hand gesteuert werden. In Amerika spielte Edgar Allan Poe gegen den Automaten und lüftete das Geheimnis der Täuschung. Der Schriftsteller bewies, dass ein kleinwüchsiger begabter Schachspieler im Inneren der Kommode versteckt war. Als Beleuchtung diente ihm eine brennende Kerze. Im Übrigen verlor „le Turc mécanique" sehr selten. 1783 am Königlichen Hof in Versailles besiegte ihn der französische Komponist Philidor, damals der beste Schachspieler der Welt. Endgültig besiegt wurde der berühmteste Automat der Welt am 5. Juli 1854. Bei einem Feuer in einem Museum in Philadelphia verbrannte das wertvolle Ausstellungsstück. Wie Phönix aus der Asche ist seit 2004 der originalgetreue Nachbau des Schachtürken im Fritz 9 Programm und als 3 D-Animation im Heinz Nixdorf MuseumsForum in Paderborn zu besichtigen. Im größten Computermuseum der Welt begibt sich der Besucher auf eine Zeitreise durch 5.000 Jahre Geschichte der Informations- und Kommunikationstechniken und bewundert eine Meisterleistung nach der anderen. Uralte Rechner- und Schreibmaschinen stehen neben den modernsten Computern und Robotern des 21. Jahrhunderts.
Was wären Zukunftsvisionen ohne die Errungenschaften der Vergangenheit?

Schönbrunn: Alle Informationen über die beliebte Sehenswürdigkeit unter www.schoenbrunn.at. Wien wurde zweimal, 1805 und 1809, von Napoleons Truppen eingenommen. Zeitweise residierte der Kaiser in Schönbrunn.

Wolfgang von Kempelen (1734–1804): Der Hofrat war vielseitig: Architekt, Schriftsteller und vor allem Erfinder von mechanischen Konstruktionen. Von Kempelen konstruierte u.a. einen Setzkasten und eine Druckmaschine für den Blindenunterricht sowie eine Sprechmaschine. Sein Meisterstück war der „Schachtürke". Nach einer der verschiedenen Etymologien für den Ausdruck „getürkt" (gefälscht, vorgetäuscht), soll dieser sich von Kempelens Schachtürken herleiten.

Figur: Von altfrz. figure.

Kommode: Von frz. commode (praktisch, angenehm).

Échec et mat! Schachmatt! Das Wort Schach, ursprünglich aus dem Persischen sah (König), ist entlehnt aus altfrz. eschac (neufrz. échecs). Der Ausdruck Schachmatt stammt von frz. échec et mat. Dies bedeutet „erbeutet und tot". Im Altfrz. bedeuten mat „kraftlos", und mater (zerstören,töten).

Rage: Von frz. rage (Tollwut).

Raffiniert: Von frz. raffiné (verfeinert), und fin (fein).

Attrappe: Von frz. attrape (täuschender Gegenstand) und frz. attraper (fangen). Ursprünglich war eine Attrappe ein Gegenstand, mit dem man durch Täuschung ein Tier oder einen Menschen fangen wollte.

Heinz Nixdorf MuseumsForum: Alle Informationen unter www.hnf.de. Das Museum ist benannt nach dem Paderborner Computerpionier. Auf 6.000 Quadratmetern sind mehr als 2.000 Exponate zu sehen. Insgesamt verwahrt das größte Computermuseum der Welt etwa 10.000 Exponate.

Lesenswert: Der historische Roman „Der Schachautomat" von Robert Löhr, Piper Verlag 2005.

Bagatelle

Wer baute das siebentorige Theben?
In den Büchern stehen die Namen von Königen.
Haben die Könige die Felsbrocken herbeigeschleppt?

Aus dem Gedicht „Fragen eines lesenden Arbeiters" von B. Brecht

Eine Bagatelle ist bekanntlich eine Kleinigkeit, eine Nebensache, eine Nichtigkeit. Ein Bagatelldelikt ist deshalb nicht strafbar. In der Musik ist eine Bagatelle ein kurzes Musikstück und in Frankreich bezeichnet das Wort auch eine amourette, eine Liebelei.

Der Begriff stammt vom italienischen bagatella, Diminutiv von bacca, was „Beere" bedeutet. Das französische *baccalauréat* ist das *Pendant* zum deutschen Abitur. Eine kleine Beere kam im 16. Jahrhundert zunächst als unbedeutender Wortimport nach Frankreich.

Es gibt in Paris ein Schlösschen, das wie ein kleines Juwel im Bois de Boulogne liegt. Dieses Schlösschen heißt Bagatelle und besitzt eine außergewöhnliche Geschichte. Man schreibt das Jahr 1775. Jung, leichtsinnig, vergnügungssüchtig und verschwenderisch sind sie beide, die Königin *Marie-Antoinette* und ihr Schwager, der *Graf von Artois*, der spätere Karl X. Artois hatte einen verfallenen *Jagdpavillon* erworben und die Königin wettete mit ihm um 100.000 livres, dass er es nicht schaffen würde, binnen dreier Monate einen Empfang für sie im *komplett* renovierten Schlösschen auszurichten. Der *pikiert*e Graf beauftragte seinen ersten Architekten François-Joseph Bélanger und seinen schottischen Gartenarchitekten, Thomas Blaikie, die *Domäne* in nur 64 Tagen zu gestalten und zu bepflanzen. Für diese Herkulesarbeit wurden 900 Arbeiter eingesetzt und Artois gewann die Wette. Diese war eine „folie" und deshalb wird Bagatelle auch „la folie d'Artois" genannt. Aber für den eitlen Blaublütigen war dieser Kraftakt nur eine Nebensache, eine *Petitesse*, eine Bagatelle eben. Die eigentliche Arbeit erledigten nämlich andere.

Heute noch sagt mancher reiche Franzose: „Mein Haus hat die Bagatelle von zwei Millionen Euro gekostet". Für Normalsterbliche wahrlich keine Bagatelle!

Baccalauréat: Aus dem Lateinischen „bacca laurei" (Lorbeere). Lorbeeren dienten für Ehrungen in der Antike. Das französische Wort wird fast immer als „bac" abgekürzt und entspricht dem deutschen „Abi". Das AbiBac ein Kunstwort aus „Abitur" und „Baccalauréat" ist ein deutsch-französisches Abitur. Es wird seit dem Abkommen vom 31. Mai 1994 von beiden Regierungen angeboten. Der Abschluss wird in beiden Ländern als Hochschulreife vollwertig anerkannt. Zahlreiche Gymnasien und französische Lycées bieten das AbiBac an.

Pendant: Von frz. pendant (herabhängend).

Marie-Antoinette (1755-1793): Die letzte Tochter der Kaiserin Maria Theresia und des Kaisers Franz Stephan wurde im Alter von 14 Jahren mit dem ein Jahr älteren französischen Dauphin Louis Auguste vermählt. Mit 15 Jahren wurde sie Königin. Als sie nach Versailles kam, schwelgten die Adligen in Luxus, während das Volk hungerte. Wegen ihrer Verschwendungssucht wurde sie beim Volk zusehens unbeliebter. Sie hatte die Spitznamen „Madame Déficit" und „L'Autrichienne". Antoinette d'Autriche wurde am 16. Oktober 1793 guillotiniert.

Lesenswert: Marie-Antoinette, Bildung eines mittleren Charakters, von Stefan Zweig, (Taschenbuch), Fischer Verlag, Frankfurt 2005.

Graf von Artois (1757-1836): Der jüngere Bruder Ludwigs XVI. machte gerne Schulden. Nach dem Sturm auf die Bastille wurde er zusammen mit der Königin Marie-Antoinette zu Anführern des reaktionären Flügels am Hof. 1824 bestieg er als Karl X. den französischen Thron. 1830 wurde er durch die Julirevolution gestürzt.

Jagdpavillon: Von frz. pavillon (Zelt), und lat. papilio (Schmetterling). Von „Zelt" dann Übertragung auf weitere Konstruktionen.

Komplett: Von frz. complet.

Pikiert: Von frz. piqué (gestochen).

Domäne: Von frz. domaine. Im alten Rom war dominus „der Herr".

Folie: Frz. für Verrücktheit und auch Unbesonnenheit.

Petitesse: Von frz. petitesse und frz. petit (klein). Petitesse d'esprit: Kleinkariertheit.

Baguette

Madame *Baguette*, Sie sehen so blendend, so frisch und knusprig aus.
Hmmm... Ich könnte Sie mit einem Stück *Camembert* und einem Glas *Beaujolais*
sofort vernaschen. Hmmm...
> Monsieur, reißen Sie sich gefälligst zusammen! Zunächst einmal wird dieses
> Interview geführt.

Oh *Pardon*! Aber Sie sind eine solch unwiderstehliche, attraktive Französin.
> Ja, allerdings mit Migrationshintergrund.

Wie bitte?
> Ich bin ursprünglich ein *Wiener Brot*. Mitte des 19. Jahrhunderts brachte mich
> ein österreichischer *Botschaftsattaché* nach Paris und berichtete über das
> Wiener Backverfahren, längliche Brote herzustellen.

Und danach waren Sie sofort *populär*.
> Keineswegs. Als Weißbrot war ich nicht haltbar und lediglich Aristokraten
> konnten mich genießen. Das arme Volk aß nur *Schwarzbrot*.

Wie erklären Sie Ihre Verbreitung in der Bevölkerung?
> Erstens war ich zollfrei und zweitens, die Milch wurde bei meiner Herstellung
> weggelassen. So wurde ich wesentlich preiswerter, leichter und schnell
> konsumierbar. Jeder Arbeiter konnte mich tagein, tagaus kaufen.

Warum sind Sie immer frisch?
> In Frankreich werde ich mehrfach täglich gebacken.

Eine letzte Frage: Warum heißen Sie eigentlich „Baguette"?
> Mein Name stammt von einem lateinischen Wort, „bacculum", was „Stab"
> bedeutet. Auf italienisch wurde „bacchetta" (kleiner Stab) daraus. Gegen 1500
> erscheine ich in Frankreich in der Redewendung „mener à la baguette"
> (herumkommandieren, nach seiner Pfeife tanzen lassen).

Nun haben wir das Interview geführt. Und jetzt, kommen wir endlich zur Sache!
Hmmm...
> Und jetzt habe ich ein *Rendezvous* mit meinem Wiener Freund, Monsieur
> Croissant.

Wie bitte? Auch Ihr Freund ist kein gebürtiger Franzose?
> Nein. Er kommt aus Wien. Fragen Sie ihn doch!

Baguette: 250 g wiegt ein Baguette. Ein französischer boulanger (Bäcker) backt mehrmals am Tag. Zum französischen Frühstück gehören ein frisches Baguette und Croissants (siehe dazu die Wortgeschichte „Croissant"). In Frankreich findet man lange nicht so viele Brotsorten wie in Deutschland (600!). Beliebt ist auch le pain de campagne (Bauernbrot). Vollkornbrot wird pain complet genannt. Dünnere Varianten des Baguettes sind la flûte („die Flöte") und die sehr lange und dünne ficelle (Schnur), 125 g. In Wortkombinationen hat „Baguette" mehrere Bedeutungen, die mit der Wortherkunft zusammenhängen: z.B. la baguette magique (Zauberstab), la baguette de chef-d'orchestre (Taktstock), les baguettes de tambour (Schlegel). Baguetterien gibt es in Deutschland, England etc., in Frankreich allerdings nicht.

Camembert: Das französische Dorf Camembert (200 Einwohner) in der Basse-Normandie ist bekannt für den dort entstandenen Weichkäse, der 1791 von der Bäuerin Marie Fontaine Harel erfunden worden sein soll. Käseproben gibt es in La Maison du Camembert (www.maisonducamembert.com). Nur ein in der Normandie aus Rohmilch hergestellter Camembert darf „Camembert de Normandie" genannt werden. Dagegen ist der Name Camembert frei verwendbar.

Beaujolais: Nördlich der Stadt Lyon gelegenes Weinbaugebiet und ein Teil des Burgund. Dieser Rotwein wird aus der Rebsorte Gamay gekeltert. Der fruchtige Beaujolais Primeur (Primeur = der Erste), auch Beaujolais nouveau genannt, ist bei weitem nicht das Beste, was das Weinbaugebiet zu bieten hat. Hervorragende Beaujolais-Crus sind z. B. Moulin à Vent (wörtlich „Windmühle"), Brouilly, Saint-Amour, Chénas, Fleurie, Morgon, Chiroubles, Juliénas etc.

Pardon: Von frz. pardon und frz. pardonner (verzeihen).

Wiener Brot: Interessant in diesem Zusammenhang ist das französische Wort viennoiseries (Feingebäck, ursprünglich Backwaren aus Wien, frz. Vienne). Zu den viennoiseries zählen die brioches (Hefekuchen), croissants, chaussons aux pommes (Apfeltaschen), baguettes viennoises etc.

Botschaftsattaché: Von frz. attaché („zugeordnet") und attacher (anbinden, zuordnen).

Populär: Von frz. populaire und lat. populus (Volk).

Rendezvous: Von frz. rendez-vous. Ursprünglich aus der Militärsprache („ergebt euch"). Danach in der Bedeutung von „begebt euch (dorthin)". Von frz. rendez-vous, was ursprünglich „ergebt euch" und dann „begebt euch" bedeutet. Auf Deutsch ist ein Rendezvous amouröser Natur.

Baiser

Auch in sprachlicher Hinsicht ist das kalorienreiche süße Schaumgebäck aus gezuckertem Eischnee mit Vorsicht zu genießen. Der französisch klingende Begriff hat nämlich im Nachbarland eine völlig andere Bedeutung und kann sich unter Umständen als peinliche Sprachfalle für ahnungslose deutsche Touristen entpuppen.

Stellen Sie sich vor, dass Sie eine französische Bäckerei betreten, um ein Baiser zu kaufen. Sie wollen Ihre an der Volkshochschule oder in einem Institut Français erworbenen Sprachkenntnisse unter Beweis stellen, äußern höflich Ihren Wunsch im Konditional mit einem glänzenden „je voudrais" (ich möchte) und fügen einwandfrei das direkte Objekt Ihrer Begierde hinzu, nämlich „un *baiser*" (ein Baiser). Für die verdutzte Verkäuferin ist das ein Kuss, und sie wird möglicherweise die Bedienung verweigern oder Ihr Anliegen mit einem schroffen „Vous êtes *malade*"! *quittieren*. Nein, Sie sind nicht krank, spüren zwar bei den anderen Kunden eine gewisse *Malaise*, wahren mit Mühe die *Contenance* und unternehmen wagemutig einen zweiten Versuch. Vor Aufregung vergessen Sie den unbestimmten Artikel „un" (ein). Aus Ihrem unschuldigen Mund kommt ein verhängnisvolles „je voudrais baiser". Ihr ausdrückliches Verlangen nach einer weitaus intimeren Kontaktaufnahme, also Geschlechtsverkehr im öffentlichen Raum, wird definitiv auf Empörung stoßen.

Sie wollten etwas Süßes und jetzt sind alle sauer! Völlig ratlos, kreidebleich wie ein Baiser, verlassen Sie fluchtartig den unseligen Ort dieses sprachlichen *Debakel*s.

Das deutsche Baiser heißt auf französisch „meringue". Das Schaumgebäck stammt ursprünglich aus Meiringen im Berner Oberland und ist in der Schweiz ein beliebter Nachtisch, der um 1600 von einem italienischen Zuckerbäcker namens Gasparini erfunden wurde. Neben dem französischen König Ludwig XV. genoss die englische Königin die „meringues". Ihr Ausruf „Oh, das ist wie ein Kuss" soll zur Bezeichnung Baiser geführt haben.

Die Moral dieser Wortgeschichte: Manche Wörter sind wie manche Menschen. Vor *falschen Freunden* muss man sich stets in Acht nehmen.

Baiser: Von frz. baiser (Kuss), und altfrz. baisier (küssen). Auch Spanischer Wind oder international, meringue genannt.

Malade: Von frz. malade (krank).

Quittieren: Von frz. quitter (einen Ort, eine Person verlassen). Auch das Wort „Quitt" ist entlehnt aus frz. quitte gleicher Bedeutung.

Malaise: Von frz. malaise. Das Wort ist in der französischen Sprache männlich und eine Zusammenziehung des französischen Ausdrucks être mal à l'aise (sich unwohl fühlen). Aise bedeutet „Behaglichkeit".

Contenance: Von frz. contenance (Selbstbeherrschung).

Debakel: In der deutschen Sprache ist das Wort erst seit dem 19. Jahrhundert in Gebrauch. Es ist aus dem französischen Wort débâcle entlehnt, welches eigentlich für Eisgang oder „plötzliche Auflösung" steht. Débâcle ist eine Ableitung von débâcler (aufbrechen), frz. bâcler (versperren) und frz. dé-, vermutlich mit einem Balken oder Stab versperren.

Falsche Freunde: Sie gehören zu den Übersetzungsschwierigkeiten und Interferenzfehlern. Im Französischen werden sie als faux-amis bezeichnet. Es handelt sich um Paare von Wörtern oder Ausdrücken aus zwei Sprachen, die orthografisch oder phonetisch ähnlich sind, jedoch unterschiedliche Bedeutungen haben. Das deutsche Wort „Baiser" ist ein frappierendes Beispiel. Es gibt viele andere faux-amis. Z.B. bedeutet „Parterre" im Französischen nicht „Erdgeschoss", sondern „zu Boden" und wird „par terre" geschrieben. Merkwürdigerweise wird das deutsche Wort „Bunker" auf französisch mit „Blockhaus" übersetzt. Z.B. Les blockhaus en Normandie.

Das deutsche „Blockhaus" wird dagegen mit cabane en rondins übersetzt.

Lesenswert: Petit Dictionnaire des Faux Amis, Reclam, Rote Reihe, 2010.

Balance

Zwischen Himmel und Erde schwebt der Mensch. Ein *fragil*es Wesen, dem es schwer fällt, die *Balance* zu finden.

Eine Ausnahme bildete der legendäre *Charles Blondin*, „The Great Blondin", „The French daredevil acrobat", wie Amerikaner und Engländer, voller Bewunderung, den Hochseilartisten mit Nerven aus Stahl nannten. Blondin, dieser Teufelskerl, lebte zwischen Himmel und Erde. Schon als Jugendlicher feierte der Nordfranzose aus *Saint-Omer* einen Erfolg nach dem anderen. Auch Amerika wollte er erobern. Blondin hatte eine fixe *Idee*, seinen eigenen amerikanischen Traum: Auf einem Hanfseil, in 50 Metern Höhe, die 335 Meter lange Durchquerung der Niagarafälle. Ohne Sicherheitsnetz!

Am 30. Juni 1859 wurde das extrem riskante Unterfangen von den lokalen Behörden endlich genehmigt. Zu den *Orchester*klängen der *Marseillaise*, im Höllenlärm der tosenden Wassermassen, begab sich Blondin in einem Seidenkostüm und mit Balancierstange auf das Hochseil. Ein einziger Fehltritt, eine unvorhergesehene üble Laune der Natur, der plötzliche, fatale Verlust des Gleichgewichtes und dann... Aber der *Blond*schopf erreichte in nur siebzehn Minuten das kanadische Ufer unter den Jubelschreien der 10.000 staunenden Zuschauer. Dort gönnte er sich eine Mahlzeit und balancierte noch schneller den Rückweg zurück. Weil diese atemberaubende *Premiere* ihm zu *simpel*, sozusagen zu „einfach gestrickt" erschien, gestaltete der Künstler seine nachfolgenden Auftritte über den Niagarafällen immer spektakulärer, immer verwegener. Insgesamt siebzehn Mal, sei es mit verbundenen Augen oder mit einer beladenen Schubkarre, die er vor sich herschob, sei es mit einem Salto rückwärts oder auf Stelzen. Huckepack trug der kleine, geschmeidige aber auch *robust*e Franzose seinen Impresario Harry Colcord zum anderen Ufer. Colcord machte nur einmal mit... Ein anderes Mal bereitete sich Blondin in der Mitte des Hochseils ein *Omelett* zu.

War dieser Mann von einem anderen Stern? Bei seinen akrobatischen Vorstellungen erlitt Blondin nur leichte *Blessuren*, er fiel kein einziges Mal. Als er in Belfast seine ruhmreiche *Karriere* beendete, war er 72. Ein Jahr vor seinem Tod.
Schon als Kind wurde Jean-François Gravelet „la petite merveille", „das kleine Wunder", genannt. Er nahm aufgrund seiner Haarfarbe den Künstlernamen Blondin an. In Frankreich ist er heutzutage wenig bekannt. In England dagegen, wo er im Londoner Vorort Ealing lebte und 1897 in seinem „Niagara House" friedlich in seinem

Bett starb, geriet der größte Hochseilartist seiner Zeit nicht in Vergessenheit. In Birmingham ist eine Statue Blondins zu sehen. In Ealing wird sein Andenken gleich mit zwei Straßen erhalten: Blondin *Avenue* und folgerichtig Niagara Avenue.

Auf dem Friedhof in Ealing wacht ein steinerner Engel über Blondins Grab. Dort ruht der großartige Franzose wie er stets gelebt hat, zwischen Himmel und Erde.

Fragil: Von frz. fragile (zerbrechlich).

Balance: Von frz. balance (Waage). Balance wird gerne im Zusammenhang mit Seiltanz gebraucht. Die Balance ist eigentlich das ausgeglichene Gewicht der beiden Waagschalen.

Charles Blondin (1824-1897): Früh übt sich. Mit 5 ging Blondin zur École de Gymnase in Lyon. 1855 ging er nach New York zum Barnum Zirkus. Er musste vier Jahre warten, bevor sein Traum in Erfüllung ging. In der Stadt Niagara kaufte er ein Haus und bewohnte es mit seiner Familie. Blondin trat aber auch öfter in England, Schottland oder Irland auf und ging sogar 1874 nach Australien. Er war reich.

Saint-Omer: Vermutlich der Geburtsort von Blondin, es ist aber nicht gesichert, da die Geburtsurkunde nicht auffindbar ist. Die knapp 15.000 Einwohner des Städtchens im Département Pas-de-Calais sind stolz auf die am besten erhaltene Stadt der Region. Vom Krieg weitgehend verschont, weist Saint-Omer viele Sehenswürdigkeiten auf, z.B. die Kathedrale Notre-Dame, zahlreiche Kirchen und Klöster, viele alte Gebäude aus der Renaissance.

Idee: Von frz. idée.

Orchester: Von frz. orchestre und griechisch orchestra (Platz zwischen Bühne und Zuschauerraum).

Marseillaise: Siehe dazu die Wortgeschichte „Marseillaise".

Blond: Von frz. blond. In der französischen Sprache bezeichnet „une blonde" nicht nur eine blonde Frau, sondern auch eine Zigarette aus hellem Tabak und ein helles Bier.

Premiere: Von frz. première (représentation) = erste Vorstellung.

Simpel: Von frz. simple (einfach).

Robust: Von frz. robuste und lat. robustus, eigentlich „aus Hartholz, aus Eiche".

Omelett: Von frz. omelette und ursprünglich frz. oeufs mêlés. Siehe dazu die Wortgeschichte „Omelett".

Blessuren: Von frz. blessure (Verletzung) und ursprünglich altdeutsch bleizza (Fleck entstanden durch eine Druckstelle).

Karriere: Von frz. carrière (auch: „Rennbahn") und ital. carriera (Fahrstraße).

Avenue: Das englische Wort ist entlehnt aus altfrz. avenue (angekommen) und altfrz. avenir (ankommen).

Ballon

Cocorico! *Coin-Coin*! *Bêê*...

Alle tierischen Proteste gegen das Himmelfahrtskommando, in Anwesenheit von König Ludwig XVI. am 19. September 1783, waren vergeblich.

Als erste Fluggäste der Welt mussten ein Hahn, eine Ente und ein Lamm in einem *Ballon*korb Platz nehmen. Die gestressten *Passagier*e hatten ihre spannende Luftreise in einem Heißluftballon über Versailles den Gebrüdern Jacques-Étienne und Joseph-Michel *Montgolfier* aus Annonay bei Lyon zu verdanken. Beide waren als Naturwissenschaftler und Architekten ausgebildet und leiteten gemeinsam eine Papierfabrik. Und beide waren sehr experimentierfreudig. 1777 hatte Jacques-Étienne schon einen waghalsigen Selbstversuch mit einem Fallschirm unternommen und war, zum Entsetzen seiner Familie, vom Dach seines Hauses gesprungen. Seine Frau las ihm die Leviten, er wurde kein Wiederholungstäter.

Eines Tages beobachteten die Brüder eine Frau beim Wäschetrocknen. Damit die Wäsche schneller trocknete, hatte sie unter der Wäscheleine ein Feuer angezündet. Den Montgolfiers fiel auf, dass trotz Windstille die großen Betttücher sich nach oben wölbten. Nach zahlreichen Experimenten fanden sie heraus, dass das Feuer die Luft erwärmt hatte. Diese war nach oben gestiegen und hatte die Betttücher aufgebläht. Fortan wollten die beiden diese Idee in einer anderen Dimension ausführen. Im Juni 1783 ließen sie mit Hilfe heißer Luft den ersten unbemannten Ballon, die Montgolfière, aufsteigen. Davon erfuhr Ludwig XVI. und forderte daraufhin ein erstes Experiment mit Tieren.

Da der Hahn, die Ente und das Lamm nur mit dem Schrecken davon kamen, bewilligte der beeindruckte König eine Ballonfahrt mit Menschen.
Am 21. November 1783 war es soweit. Der Physiker Jean-François *Pilâtre de Rozier* und der Adlige François d'Arlandes hoben in Passy, heute ein Stadtteil von Paris, als erste Ballonfahrer vom Boden ab. Während der 25-minütigen Fahrt schwebten sie über die Seine hinweg etwa zehn Kilometer weit bis Gentilly. 1785, bei einem Versuch, den Ärmelkanal zu überqueren, kam Pilâtre de Rozier ums Leben. Er und sein Mitfahrer, Pierre Romain, waren die ersten Todesopfer der Luftfahrt. Der erste Fallschirmsprung aus einem Ballonkorb aus 400 Meter Höhe über Paris gelang am 22. Oktober 1797 dem Erfinder des Fallschirms, André-Jacques *Garnerin*.

Für mutige Erstfahrer, die das beschwingte Abenteuer zwischen Himmel und Erde überstanden haben, wird heutzutage ein schöner Brauch gepflegt. Nach der Landung werden sie geadelt. Die Erhebung in den Adelsstand gleicht einem Ritual, bei dem man mit Erde beschmiert wird, wobei einem eine Haarlocke angebrannt und mit Sekt oder Bier gelöscht wird. Glücklich und zufrieden nimmt dann der Erstfahrer seine Urkunde entgegen.

Früher war in Frankreich das Erheben in die Lüfte nur Adeligen gestattet. Eine positive Seite kann man heute der Demokratie abgewinnen: Nach der ersten Ballonfahrt gehört jeder zur *Hautevolee*!

Cocorico: Dt. Kikiriki.

Coin-Coin: Dt. Quak-quak.

Bêê: Dt. Mäh.
Andere Länder, andere Onomatopöien/Lautmalerei.

Ballon: Von frz. ballon und ital. pallone (großer Ball).

Passagier: Von frz. passager (Reisender).

Montgolfier: Die Brüder Jacques-Étienne (1745-1793) und Joseph-Michel Montgolfier (1740-1810) waren sehr erfinderisch. Sie entwickelten auch in ihrer Fabrik ein Verfahren zur Herstellung eines Transparentpapieres. Nach ihnen wurde die Warsteiner Internationale Montgolfiade, ein jährlich in Warstein stattfindendes Ballonrennen, benannt.

Pilâtre de Rozier (1757-1785): Mit königlicher Bewilligung gelang dem damals 26-jährigen Physiker die Fahrt mit einer Montgolfière, in der er eine Höhe von 26 Metern erreichte. Es war die erste historisch gesicherte bemannte Luftfahrt der Menschheit. Der Ballon war jedoch noch mit Fesseln am Boden verankert. Pilâtre entwickelte die nach ihm benannte Rozière, eine Kombination aus Wasserstoffballon und Heißluftballon. Am 15. Juni 1785 startete er mit einem solchen Heißluft-Gas-Hybrid-Ballon von Boulogne aus in Richtung Großbritannien. Nach fünf Kilometern Fahrt entzündete sich in 900 Metern Höhe der Wasserstoff und zerstörte die Ballonhülle, woraufhin die Gondel in die Tiefe stürzte.

Garnerin (1769-1823): André-Jacques Garnerin starb bei einem Unfall. Als er einen Ballon füllen wollte, wurde er von einem Balken am Kopf getroffen. Seine Frau, Jeanne-Geneviève, war die erste Fallschirmspringerin.

Hautevolee: Von frz. des gens de haute volée („Leute von hohem Rang"), wörtlich „von hohem Flug", zu frz. voler (fliegen). Das Wort wird spöttisch oder ironisch gebraucht.

Bande

Manche Begegnung entbehrt nicht einer gewissen *Pikanterie*.

1910 in London lernt der angesehene Schriftsteller Sir Arthur Conan Doyle einen arbeitslosen, allerdings sehr gepflegten Franzosen kennen. Dieser sucht eine Anstellung als *Chauffeur*. Er ist ein begnadeter Mechaniker, hat vormals in einer *Autofabrik* in Lyon gearbeitet und kann hervorragend fahren. All dies beeindruckt den Erfinder der wohl berühmtesten Detektivfigur aller Zeiten, Sherlock Holmes. Der sympathische „*Garagiste*" Jules Bonnot wird angestellt und chauffiert den völlig ahnungslosen Schotten ein Jahr lang. Wo war der detektivische Spürsinn von Conan Doyle geblieben?

1911 kehrt der Anarchist Bonnot nach Frankreich zurück. Er gründet eine verwegene Bande, die ab Dezember 1911 Frankreich und Belgien in Angst und Schrecken versetzen wird. Bonnot und seine *Komplizen* haben keinen Platz gefunden in einer Gesellschaft, die sie als ungerecht und unterdrückend empfinden. Zutiefst frustriert, gescheitert, erklären sie ihr den Krieg. Um den Bandenchef Bonnot, wegen seiner teuren Kleidung „*le Bourgeois*" genannt, hat sich ein harter Kern von jungen Anarchisten gesammelt, die nichts zu verlieren haben. Zum inneren Kreis gehören Callemin, der gebildete Belgier und deswegen „*Raymond-la-Science*" genannt, Octave Garnier und Élie Monier, beide illegale Kriegsdienstverweigerer, der an Tuberkulose erkrankte André Soudy mit dem Spitznamen „*Pas de Chance*" („kein Glück") sowie der Schlosser René Valet.

Bei ihren Raubüberfällen gehen sie äußerst brutal, gut organisiert und erfinderisch vor. Sie stehlen schnelle *Limousine*n und hochtechnisierte Waffen. Jeder, der sich in den Weg stellt, ob mutige Bankangestellte oder *Passant*en, wird sofort erschossen. Die restlos überforderte Polizei reitet oder radelt hinterher. Bandenmitglieder geben der Pariser Presse Interviews, verhöhnen die Polizei und die *Regierung*. Um der Bonnot-Bande den Garaus zu machen, ernennt der Innenminister, Georges Clémenceau, Célestin Hennion zum Direktor der Sûreté générale. Dieses *Revirement* an der Spitze der Polizei erweist sich als entscheidend. Der „superflic" übernimmt die Leitung einer motorisierten *Elite*einheit, die „Brigades du Tigre". Alsdann herrscht Waffengleichheit. Die „Mobilards" können nacheinander die Bandenmitglieder verhaften oder töten. In seinem Versteck in Choisy-le-Roi wird Bonnot Ende April 1912 gestellt. 20.000 Gaffer nehmen vergnügt an dem „Spektakel" teil. Das Haus wird von 500 Polizisten belagert und mit Dynamit gesprengt. Erst nach mehreren Stunden hört die wilde Schießerei auf und Bonnot, der „ennemi public numéro 1", erliegt seinen Verletzungen.

Einem ähnlichen Schicksal ergeht es im Mai Garnier und Valet in Nogent-Sur-Marne. Um die beiden letzten Bandenmitglieder zur Strecke zu bringen, wird neben einem großen Polizeiaufgebot sogar ein ganzes Regiment eingesetzt. Nach stundenlangem erbitterten Widerstand werden die Anarchisten getötet. Die gaffende Menge, diesmal sind an die 30.000 gekommen, feiert das Ende des Terrors auf ihre Art: Wie *Souvenirs* werden zahllose *Patronenhülse*n gesammelt, feine Damen tränken ihre Tücher im Blut der „bandits tragiques", wie die Presse die Illegalisten nennt.

Den verhafteten Bandenmitgliedern wird der Prozess gemacht. Einige Komplizen werden zu langjährigen Haftstrafen verurteilt. Für drei Haupttäter wird die Todesstrafe verhängt. Viele Pariser lassen sich die öffentliche Hinrichtung von Callemin, Monier und Soudy „Pas de Chance" am 21. April 1913 vor dem Gefängnis *„La Santé"* nicht entgehen. Die letzten Worte von Raymond-la-Science, *„Ah! C'est beau, l'agonie d'un homme!"*(Ah! Der Todeskampf eines Menschen ist schön!), werden kaum wahrgenommen.

Als die Köpfe der letzten „bandits tragiques" in den Korb fallen, kann Frankreich tief aufatmen. Endlich der lang ersehnte Frieden!

Am 1. August 1914 bricht der Erste Weltkrieg aus.

Bande: Von frz. bande (Trupp, Schar). Die ursprüngliche Bedeutung des Wortes ist „Fähnlein" (Banderole) aus dem Germanischen (banda, Zeichen).

Pikanterie: Von frz. piquant (stechend) und Übertragung auf raffiniert gewürzte Speisen.

Chauffeur: Von frz. chauffeur, eigentlich „Heizer". Früher waren Lokomotiv-Führer zugleich Heizer. Das Wort „Chauffeur" hat im Französischen auch eine ganz andere geschichtliche Bedeutung. Im 18. und 19. Jahrhundert waren die Chauffeurs kriminelle Banden, die in einigen Regionen Frankreichs (im Norden, im Département la Drôme) nachts oft maskiert operierten und die Füße ihrer Opfer rösteten, um sie zu zwingen, das Versteck ihrer Ersparnisse preiszugeben. Viele „chauffeurs" wurden guillotiniert.

Autofabrik: Von frz. fabrique (Herstellungsgebäude), und lat. fabrica (Werkstatt) und faber (Handwerker).

Garagiste: Dt. Automechaniker. Garage ist eine Ableitung von frz. garer (in eine sichere Verwahrstelle bringen), und provenzalisch garar (achtgeben, bewahren).

Komplizen: Von frz. complice, und lat. complex. Komplizen sind ursprünglich „die miteinander Verbundenen".

Die Spitznamen der Bandenmitglieder:

„Le Bourgeois" = der wohlhabende Bürger. Das deutsche Wort „Bourgeois" ist entlehnt aus frz. bourgeois, und frz. bourg (befestigte Siedlung).

„Raymond-la-Science" = Raymond die Wissenschaft.

„Pas de Chance" = kein Glück.

Limousine: Von frz. limousine, ursprünglich: „eine Art Mantel". Das französische Wort gehört wohl zu lat. limosus (schlammig) als „Schutzmantel gegen Schmutz". Der Begriff Limousine bezeichnet ein geschlossenes Fahrzeug. Ein aus der französischen Region Limousin stammender Kutschentyp wurde so genannt.

Passant: Von frz. passant.

Regierung: Von altfrz. reger (richten). Regime ist entlehnt aus frz. régime.

Revirement: Von frz. revirement (Umschwung).

Elite: Von frz. élite (das Auserwählte), und frz. élire (auswählen).

Brigades du Tigre: „Tigre" war der Spitzname des entschlossenen Innenministers Georges Clémenceau. Das Wort „Brigade" (Truppenabteilung) ist entlehnt aus frz. brigade, und ital. brigata (Kampftruppe). Die Brigades du Tigres waren mit schnellen Autos gerüstet und von daher sehr mobil. Daher der Name „Mobilards".

Souvenirs: Von frz. souvenir (Erinnerung).

Patronenhülse: Von frz. patron in der Bedeutung von „Form".

La Santé: Wörtlich „die Gesundheit", 1867 erbaut, ist es das letzte Gefängnis innerhalb der Mauern von Paris. Bis kurz vor Abschaffung der Todesstrafe in Frankreich im Jahr 1981 diente La Santé als Hinrichtungsstätte.

„Ah! C'est beau, l'agonie d'un homme!": „Ah! Der Todeskampf eines Menschen ist schön". Die letzte öffentlich vollzogene Hinrichtung in Frankreich fand am 17. Juni 1939 in Versailles statt. Der Frankfurter Eugen Weidmann, der in Frankreich sechs Morde beging, wurde auf dem Platz vor dem Gefängnis enthauptet. Weidmanns Hinrichtung wurde von volksfestartigen Szenen begleitet. Am Vortag der Vollstreckung waren etwa 10.000 Schaulustige nach Versailles gekommen. Die Gaststätten hatten die ganze Nacht über geöffnet. Wegen des unwürdigen „hysterischen Verhaltens" der Öffentlichkeit bei Weidmanns Hinrichtung erließ Premierminister Édouard Daladier am 24. Juni 1939 eine Verordnung, wonach zukünftig alle Hinrichtungen nicht öffentlich hinter Gefängnismauern stattzufinden hatten.

Hörens- und sehenswert:
Chanson von Joe Dassin „La Bande à Bonnot" sowie „La Bande à Bonnot": Zwölf Chansons von Boris Vian. Film von Philippe Fourastié „La Bande à Bonnot" (1968) mit Jacques Brel in der Rolle von Raymond-la-Science, auch als DVD erhältich und der Film von Jérôme Cornuau „Les Brigades du Tigre" (2006).

Barrikade

„Les Français sont des veaux."
„Franzosen sind Kälber".

„Comment voulez-vous gouverner un pays où il existe 258 variétés de fromage?"
„Wie wollen Sie ein Volk regieren, das 258 Käsesorten produziert?"

Charles de Gaulle

Für *markant*e Sprüche war *de Gaulle* bekannt. Die Geschichte Frankreichs zeigt eindeutig, dass die Franzosen sich nicht wie Kälber widerstandslos zum Schlachthof führen lassen. Dennoch besagt der zweite Spruch des Generals Einiges über den Nationalcharakter – Ein Volk von „râleurs" (Nörgler) und notorischen Individualisten, unzufrieden und aufmüpfig, das notfalls mit großer Entschlossenheit und Tapferkeit „auf die Barrikaden" geht.
Der Begriff „Barrikade" leitet sich ab von barriques (Fässer). 1830, während der Juli-Revolution gegen den reaktionären König Karl X., errichteten die Aufständischen 6.000 Barrikaden in Paris. Als Schutzwall im Straßenkampf füllten sie Fässer mit Erde und stapelten darauf alles, was sich als nützlich für die Verteidigung erwies, auch Matratzen, die als Kugelfang dienten. Gerade in den engen Gassen der Hauptstadt waren die Barrikaden eine effiziente Strategie gegen das wesentlich besser bewaffnete Militär. Gelang es, den Feind zurückzuschlagen, bildete man eine Art Treppe mit Pflastersteinen und ging triumphierend „auf die Barrikade".
Im Juli 1830 waren die Aufständischen *nach nur drei Tagen* siegreich, der König konnte zur Abdankung gezwungen werden.
Ab 1860, im Zuge der Urbanisierung, ließ der Pariser Präfekt *Baron* Haussmann, breite *Boulevards* in Paris errichten. Dahinter steckte auch eine militärische Intention. Die mörderische *Artillerie* war danach leicht im Strassenkampf einsetzbar.
1871 versuchten die Communards (Kommunarden), eine autonome *Regierung* des Volkes zu bilden. Während der semaine sanglante (blutige Woche) Ende Mai 1871 lieferten sie sich mit den überlegenen Regierungstruppen unter Marshall Mac-Mahon heftige Straßenschlachten, die von beiden Seiten an Grausamkeiten nicht zu überbieten waren und 20.000 Opfer forderten. Auch zahlreiche Frauen und Kinder wurden mit *Bajonett*en niedergemetzelt. 147 Kommunarden wurden auf dem Friedhof Père Lachaise erschossen.
Im Mai 1968 erlebten die Barrikaden in Paris eine letzte *Renaissance* und zwangen Präsident de Gaulle zum Rücktritt.

Markant: Von frz. marquant (kennzeichnend).

De Gaulle (1890–1970): Der konservative General und Politiker führte im Zweiten Weltkrieg von London aus den Widerstand (la Résistance) gegen die deutsche Besatzung an. Von 1959 bis 1969 war Charles de Gaulle Präsident der Fünften Republik. Für seine Sprüche war er berühmt-berüchtigt (z.B. „La France, c'est moi! Frankreich, das bin ich!" und als er in Kanada war „Vive le Québec libre! Es lebe das freie Quebec!"). Es waren de Gaulle und Adenauer, die die deutsch-französische Aussöhnung 1962 in Reims besiegelten und den Grundstein für eine enge kulturelle und wirtschaftliche Zusammenarbeit legten.

Nach nur drei Tagen: Als „Les trois Glorieuses" (die drei Ruhmreichen) gingen diese Tage in die französische Geschichte ein.

Baron: Von frz. baron (eigentlich „freier Mann").

Boulevards: Sehr bekannt sind les Grands Boulevards in Paris. Das Wort Boulevard hat eine niederländische (bolwerk) und eine deutsche Herkunft (Bollwerk). Gegen 1850 war Paris mit 1.170.000 Einwohnern eine der größten Städte Europas und immer mehr Menschen drängten in die Hauptstadt. Ein Drittel der Bevölkerung lebte in Mietskasernen in engen Straßen. Aufgrund der schlechten sozialen Verhältnisse und, um Ausschreitungen und Barrikaden vorzubeugen, war eine Umgestaltung von Paris notwendig. Baron Georges-Eugène Hausmann, Präfekt von Paris, erfüllte ab 1853–1870 eine neue städtebauliche Version von Napoleon III. Große Straßenzüge, die Boulevards, wurden angelegt und ein großer Teil von Alt-Paris zerstört.

Artillerie: Von frz. artillerie (Geschütz), und altfrz. artill(i)er (mit Gerätschaft ausrüsten).

Regierung: Von altfrz. reger (richten).

Bajonett: Der Name geht auf die für ihre Waffenschmieden bekannte französische Stadt Bayonne (Baskenland) zurück.

Renaissance: Von frz. renaissance (Wiedergeburt).

Belle Époque

Nach dem Krieg ist vor dem Krieg. Als *Belle Époque* wird in Frankreich die Zeitspanne zwischen 1871 und 1912 bezeichnet. Nach den blutigen Kämpfen des Deutsch-Französischen Krieges möchte man ab 1872 das pralle Leben in vollen Zügen genießen. Es ist weithin die Zeit eines Gefühls der Sorglosigkeit. Vor allem in Paris werden rauschende Feste in Tanzlokalen gefeiert. Für das mittlere und gehobene Bürgertum sind es gute, für die breite *Masse* der Industriearbeiter, der kleinen Angestellten, der Bauern, harte Zeiten. Belle Époque, Triste Époque. Überall blüht die Prostitution und allein in Paris zählt man fast 35.000 „filles de joie", Freudenmädchen, wobei die Dunkelziffer wesentlich höher liegen dürfte. Der gefährliche Absinth, eine Spirituose aus Anis und Fenchel mit einem Alkoholvolumen zwischen 45 und 75%, wegen seiner grünen Farbe „la Fée Verte" oder aber auch „la sorcière verte", „die grüne Hexe" genannt, wird in allen Bevölkerungskreisen im Übermaß konsumiert. Die Folgen der Syphilis, der „Franzosenkrankheit", und des Alkoholismus sind verheerend.

Der französische Maler und Grafiker *Henri Marie Raymond de Toulouse-Lautrec-Monfa* stammte aus einer alten Adelsfamilie in *Albi*, Südwestfrankreich. Neben Degas und Renoir gehört er zu den prominentesten Künstlern des 19. Jahrhunderts. Als er 13 bzw. 14 Jahre alt war, brach er sich beide Beine. Durch eine Erbkrankheit kam er als Erwachsener über eine Körpergröße von nur 1,52 m nicht hinaus. Nach einem Kunststudium in Paris hatte er ein *Atelier* im Montmartre-Künstlerviertel, frequentierte dort das schrille Varieté-Milieu und war manchmal wochenlang Stammgast in zahlreichen eleganten *Bordell*en, auch salons genannt. Der hochbegabte kleinwüchsige Künstler gilt wegen seiner Malerei und vor allem wegen seiner berühmten Plakate für das heute noch weltbekannte *Kabarett* Moulin Rouge als genialer Erfinder der modernen Werbung. Der Hobbykoch gilt auch als Erfinder der mousse au chocolat. Im Alter von nur 36 Jahren starb Toulouse-Lautrec an den Folgen der Syphilis und des Absinthkonsums.

Das folgende Gedicht ist eine Hommage an diesen großartigen Künstler und an andere bekannte und weniger bekannte *Akteure* der Belle Époque, die weder Bewunderung noch Verachtung verdienen. Toulouse-Lautrec hat sie gemalt oder gezeichnet, genau so wie sie waren.

Belle Époque: Dt. schöne Epoche, schöne Zeit.

Masse: Von frz. masse.

Toulouse-Lautrec (1864-1901): Der geniale Maler und Grafiker entstammte einem alten Adelsgeschlecht aus der südfranzösischen Provinz. Mit 14 malte Lautrec erste Ölbilder und immer wieder Pferde. 1882 studierte er Kunst in Paris. Er verbrachte vorwiegend seine Zeit in zwielichtigen Établissements auf dem Montmartre (Mont des martyrs = Hügel der Märtyrer) und schilderte das pralle Pariser Nachtleben und das Milieu der Halbwelt ohne Überheblichkeit oder falsches Mitleid. Als Bohémien* führte er ein unkonventionelles exzessives, ausschweifendes Leben. Lautrec war trotz seiner Behinderung jovial und Bonvivant. Nach einem Selbstmordversuch seiner Geliebten und Modells, Suzanne Valadon, wurde er depressiv und alkoholabhängig. Zwei Jahre nach einer Entziehungskur starb Lautrec im Alter von 36 Jahren im elterlichen Schloss Malromé bei Bordeaux. Lautrecs Werk ist spätimpressionistisch und von Edgar Degas beeinflusst. Er hinterließ über 500 Ölgemälde und Zeichnungen und 351 von japanischen Holzschnitten inspirierte Farblithografien. Der Großteil seines Werkes ist in seiner Geburtsstadt Albi im Musée Toulouse-Lautrec zu bewundern.

* Der Begriff „Bohème" stammt von der französischen Bezeichnung Bohémien (ab dem 15. Jh.) für die aus Böhmen kommenden Zigeuner ab. Im Gegensatz zu den meisten Künstlern, hatte Toulouse-Lautrec, aus einer wohlhabenden Familie stammend, keine finanziellen Probleme und war ein privilegierter Bohémien. Die Bohème-Kultur entstand erstmals um 1830 im Pariser Quartier Latin und auf dem Montmartre.

Albi: Die rote (wegen der roten Farbe der Häuser) Hauptstadt des Départements Tarn hat knapp 50.000 Einwohner und liegt sehr schön am gleichnamigen Fluss. Nach Albi wurde die religiöse Gemeinschaft der Katharer, die im Mittelalter schweren Verfolgungen durch die Kirche ausgesetzt war, auch Albigenser genannt. Die heutigen Albigeois sind stolz auf ihre imposante festungsartige Kathedrale Sainte-Cécile (1282-1390), die größte Backsteinkirche der Welt (sechs Meter Mauerstärke!). Das Palais de la Berbie beherbergt das berühmte Toulouse-Lautrec Museum (www.museetoulouselautrec.net). Mit mehr als 1.000 Werken des Malers und „affichiste" ist es die größte Sammlung der Welt.

Atelier: Von frz. atelier und altfrz. astelle (Holzsplitter).

Bordell: Von frz. bordel und ital. bordello (kleine Bretterhütte).

Kabarett: Von frz. cabaret (Schenke). Ursprünglich ein Wort aus der Picardie (cambrette = kleines Zimmer).

Akteure: Von frz. acteur (Handelnder).

Paris ein rauschendes Fest
Belle Époque

Der kleinwüchsige Mann mit dem Riesentalent
Kam, sah und malte
Linkshänder. Na und?
Er, der verkrüppelte Aristokrat der Halbwelt
Noblesse oblige
Und sie?
Belle Époque Triste Époque
Femmes fatales
Sie hatten nicht seine feinen Manieren, seine Bildung
Die *Kokotten*, Tänzerinnen, Sängerinnen
Jane Avril, *la Goulue*, *Yvette Guilbert*
Und all die anderen
In der Zweisamkeit des *Séparée*s
Die traurigen Freudenmädchen der maisons closes
Zärtliche Freundinnen, offenherzig, liebevoll
Das *Enfant terrible* im Bordell bemutternd

Belle Époque
Valentin le Désossé so lustig
Aristide Bruant so witzig

Er machte sie alle unsterblich.

Eines Tages endlich am Ziel
Sein erstes Plakat für das Moulin Rouge
Genial!
Über Nacht weltberühmt
Chapeau!
Am Pariser Himmel war ein neuer Stern aufgegangen
Belle Époque

Er kam, sah und zeichnete
Bourgeois und *filles de joie*
Im Moulin Rouge immer am gleichen Tisch
Die Nacht farbenfroh, laut und lang
French *Cancan*

Grille d'Égout, Lili Jambes-en-l'air, la Môme Fromage
Es floss der Absinth
Die „grüne Hexe" teuflisch gut
Und *Cognac* auch noch dazu
Zu tief ins *Dekolleté*, ins Glas geschaut

Er kam, sah und wurde besiegt
Mit sechsunddreißig
Belle Époque Triste Époque
Gewonnen und doch verloren
Schwarz die Nacht auf dem Montmartre
Schwarz der Vorhang auf der Bühne
Ende der Vorstellung
Rideau!

Schwarz ist keine Farbe
In unseren Herzen ist er geblieben
Der kleinwüchsige Mann mit dem Riesentalent
Der *Grandseigneur* der Malerei
Henri de Toulouse-Lautrec.

Pierre Sommet

Die Welt von Toulouse-Lautrec: Wer waren sie?

Mesdames

Jane Avril, geborene Jeanne Richepin, großer Star des Moulin Rouge, tanzte nie ohne Hut.

La Goulue („die Gefräßige", „die Gierige"), Spitzname der Tänzerin Louise Weber. Die ehemalige Wäscherin aus dem Elsass avancierte zur Hauptattraktion des Moulin Rouge. Mit 26 Alkoholikerin, endete sie als Dienstmädchen in einem Bordell.

Yvette Guilbert, eine der gefeiertesten Chansonniere (Achtung: Ein chansonnier in Frankreich ist ein Kabarettist) des französischen Variétés (nach frz. théâtre des variétés, aus: théâtre (Theater) und variété (Abwechslung, bunte Vielfalt) zur Jahrhundertwende.

Andere bekannte Tänzerinnen im Moulin Rouge trugen lustige Spitznamen:

Grille d'Égout („Kanalgitter") so genannt nach ihren schiefen Zähnen.

Lili Jambes-en-l'air („Beine in der Luft"), **La Môme** („Göre") **Fromage**.

Im Moulin Rouge (Rote Mühle) wurde vor allem der **Cancan** getanzt, ein schneller französischer Tanz im 2/4-Takt. Weil man den Tänzerinnen bei den typischen hohen Beinwürfen und Spagatsprüngen unter die Röcke schauen konnte, wurde der Cancan bald polizeilich verboten, was seiner Beliebtheit keinen Abbruch tat. Der Ursprung des Namens ist interessant. Die plausibelste Erklärung ist die Herleitung von „cancan", der kindlichen Umformung des französischen Wortes „canard" (Ente) – eine Anspielung auf den ausgeprägten Hüftschwung der Cancan-Tänzerinnen.

...et Messieurs

Valentin le Désossé („ohne Knochen", also Schlangenmensch) alias Étienne Renaudin, bildete mit La Goulue ein berühmtes Tänzerpaar.

Aristide Bruant, Kabarettsänger, Komödiant und Nachtklubbesitzer, verhöhnte die Bourgeois. Bekannt für seine Auftritte im Kabarett Le Chat Noir (Die schwarze Katze). Der Mann im roten Schal und schwarzen Mantel ist vor allem durch die unvergessenen Plakate von Toulouse-Lautrec weltweit in Erinnerung geblieben.

Joseph Pujol, der Kunstfurzer („Pétomane") und die eigentliche Sensation des Moulin Rouge, aber Toulouse-Lautrec hat ihn völlig ignoriert.

Femme fatale: Frz. für „verhängnisvolle Frau", besonders attraktiv und verführerisch. Die typische femme fatale ist Brigitte Bardot im Filmklassiker „Und Gott schuf das Weib".

Kokotte: Elegante Prostituierte oder Halbweltdame im 19. Jahrhundert. Von frz. kindersprachlich cocotte (Hühnchen, Henne). „Kokettieren" kommt vom frz. coqueter, herumstolzieren wie ein Hahn (frz. coq).

Séparée: Von frz. chambre séparée (getrenntes Zimmer). Das Gemälde von Toulouse-Lautrec „En cabinet particulier – Au Rat Mort" (1899) zeigt einen solchen abgesonderten Raum in einer Gaststätte für ein allein speisendes Paar. Ein Séparée ist auch eine österreichische Kaffeespezialität.

Enfant terrible: Frz. wörtlich „schreckliches Kind", sinngemäß Familien- oder Bürgerschreck. Im allgemeinen Sprachgebrauch Außenseiter oder Exzentriker wie z.B. Rimbaud und George Sand. Siehe dazu die Wortgeschichte „Enfant terrible".

Chapeau: Von frz. chapeau (Hut) und provenzalisch cap (Kopf), einer Ableitung von lat. caput (Kopf).

Bourgeois: Von frz. bourgeois und frz. bourg (befestigte Siedlung). Das Wort ist oft negativ besetzt und bedeutet dann Spießbürger oder Spießer.

Fille de joie: Dt. Freudenmädchen.

Cognac: „Cognac auch noch dazu" steht im Gedicht. Toulouse-Lautrec trank eine gefährliche Mischung aus Absinth und Cognac, die er „tremblement de terre" (Erdbeben) nannte.

Dekolleté: Von frz. décolleté (ohne Halskragen).

Rideau: Dt. Vorhang. Am Ende einer Vorstellung fällt der Vorhang.

Grandseigneur: Von frz. grand seigneur (großer Herr). In Frankreich ehemals besaß der seigneur ein Lehen der Krone mit allen damit verbundenen Rechten über Person und Eigentum. Im Sprachgebrauch hat sich die Bezeichnung Grandseigneur erhalten, für Personen deren Sitten und Lebensweise eine vornehme Abkunft und großes Vermögen verraten.

Lesenswert: Hermann Schreiber: Die Belle Époque, Paul List Verlag, 1990
und in französischer Sprache, Henri Perruchot: La Vie de Toulouse-Lautrec, éd. Le Livre de Poche, 1992.

Bidet

Die Marquise de Pompadour, bedeutende Mäzenin und *Mätresse* König Ludwigs XV., hatte einen erlesenen Geschmack. Die glanzvolle Innenausstattung ihres Schlosses Crécy, ein hübsches Geschenk des Königs, gestaltete sie persönlich bis ins kleinste *Detail*. Im Badezimmer der *Favoritin* hingen nicht nur die sinnlichen Bilder von Boucher „Toilette de Vénus", neben der Badewanne thronte ein schmuckes Bidet mit einer Brille aus Rosenholz, die mit einem Blumenmuster überzogen war. Im sexuell freizügigen 18. Jahrhundert erfanden französische *Möbel*bauer das Bidet. Beim Hochadel erfreute sich das *kurios*e „meuble de toilette" großer Beliebtheit. Schön anzusehen waren die kunstvollen Bidets aus Edelholz oder feinem *Sèvres*-Porzellan, vergoldet oder mit Intarsien verziert. Manche trugen sogar die Wappen des stolzen Schlossherren. *Noblesse oblige!* Im puritanischen 19. Jahrhundert allerdings galt das Bidet als etwas Anrüchiges, das nur in einem *Bordell* Platz hatte. Heute hängen die Bidets, weiß, nüchtern, praktisch in vielen Badezimmern. Man sitzt darauf, anders als auf dem *Klo*, rittlings natürlich, wie auf einem Pferdchen und dies aus gutem etymologischem Grund. In der französischen Sprache bezeichnet der Begriff sowohl das hygienische Sitzwaschbecken als auch ein kleines Pferd. Im Altfranzösischen bedeutet das Verb „bider" „traben". Ursprünglich standen die Bidets auf hockerartigen Beinchen.

In der Bevölkerung erfahren die unschuldigen Bidets oft eine bedauerliche Zweckentfremdung. In der sonderbaren *Chose* wäscht man sich die Füße oder weicht sogar seine Unterwäsche ein. Medizinisch betrachtet garantiert das Bidet eine optimale lokale Reinigung. Diese ist weitaus empfehlenswerter als feuchtes Toiletten*papier*. Liebevolles „Pferdchen", du bist unser Intimfreund und bei bestimmten Krankheiten unser Helfer.

Mätresse: Von frz. maîtresse (Meisterin). Ursprünglich ein ehrendes Wort der höfischen Sprache für eine umworbene Dame.

Detail: Von frz. détail und frz. détailler (zerteilen). Ein Detail ist also eigentlich ein „Abschnitt".

Favoritin: Von frz. favori (männlich) und favorite (weiblich), „Günstling".

Toilette de Vénus: „Toilette" ist entlehnt aus frz. toile (Tuch). Siehe dazu die Wortgeschichte „Toilette".

Möbel: Von frz. meuble und lat. mobilis (beweglich).

Kurios: Von frz. curieux und ursprünglich lat. cura (Sorge).

Sèvres: Kleine Stadt im Département Hauts-de-Seine mit knapp 23.000 Einwohnern, unweit von Schloss Versailles gelegen. Ab 1756 beherbergt der Pariser Vorort die 1739 in Vincennes gegründete Manufaktur und erzeugte neben der Porzellanmanufaktur Meissen im 18. Jh. die kostbarsten europäischen Porzellane. Sèvres hat eine Städtepartnerschaft mit Wolfenbüttel.

Bordell: Im Altfränkischen bedeutet das Wort „borda" „Bretterbude". Von frz. bordel (kleine Bretterhütte). Siehe dazu die Wortgeschichte „Belle Époque".

Noblesse oblige! Dt. Adel verpflichtet!

Klo: Abkürzung von „Klosett", entlehnt aus neuenglisch „water-closet", eigentlich „abgeschlossener Raum mit Wasser", dann Wegfall des Bestimmungsortes und häufige Kürzung zu Klo. Die Endbetonung von „Klosett" basiert auf einer Französisierung (frz. closet = abgeschlossener Raum) und ist Grundlage des englisches Wortes.

Chose: Von frz. chose (Gegenstand, Sache).

Papier: Von frz. papier und griechisch papyros. Ursprünglich ein ägyptisches Wort.

Billard

„Billard ist die hohe Kunst des Vorausdenkens, eine Kunst, die den Kopf
eines Schachspielers und die ruhige Hand eines Konzertpianisten erfordert".

Albert Einstein

Bei der gehobenen Gesellschaft stand damals Billard hoch im Kurs. Ludwig XIV.,
Napoleon, Goethe, Schiller, Mozart und Einstein waren begeisterte Billardspieler. Es
ist bekannt, dass Mozart viele Jahre einen Billardtisch bei sich zu Hause hatte, um
zwischendurch und auch alleine (und schlecht) zu spielen. Eine gute Konzen-
trationsübung für das nervöse Wunderkind.

Heute teilen mit diesen großen Männern Millionen von Menschen weltweit ihre
Leidenschaft für die bunten Kugeln, ob als Freizeitbeschäftigung oder als *Sportart*
auf höchstem *Niveau*.

Ursprünglich wurde Billard, eines der ältesten Spiele der Welt, auf dem Boden und
bei jedem Wetter, was nicht immer angenehm war, gespielt. Sein Vorfahr war
Croquet. Holzkugeln, sog. *„billes"*, wurden mit gebogenen Stöcken geschlagen und
durch kleine U-förmige Tore geschoben. 1469, als seine Rückenschmerzen nicht
mehr zu ertragen waren, bestellte Ludwig XI. den ersten Billardtisch der Geschichte
bei seinem Hofschreiner Henri de Vigne.

Der grüne Spielraum im Freien wurde sozusagen verkleinert und nach innen verlegt.
Auf diese Weise konnte der arme König weiterhin dem Croquet frönen. Bis zum 17.
Jahrhundert spielte man noch mit gebogenen Stöcken, „crosses" genannt, und der
klassische Torbogen des Croquetspiels stand weiterhin auf dem Billardtisch. 1790
zählte man in Paris 800 Billardsäle. Erst ab 1750 erhielt das *Queue* seine gerade
Form. Einen Defekt an der Queuespitze reparierte ein französischer *Offizier* namens
Mingaud mit einem Stück Leder aus seinen Stiefeln. Da die Queuespitze nun an den
Elfenbeinkugeln haftete, war es möglich, die Kugeln mit *Effet* zu spielen. Sehr *raffi-
niert*!

Wer kennt sie nicht, die witzige und lehrreiche Sendung „*Karambolage*" auf ARTE?
„Billard carambole" oder „billard français" (dt. Carambolage) wurde 1850 erfunden.
Diese Präzisionssportart wird mit drei Kugeln gespielt. Der Carambolagetisch hat
keine Löcher und die Grundregeln sind einfach. Jeder Spieler spielt über die

gesamte *Partie* mit demselben Ball und muss versuchen, diesen so zu stoßen, dass er die beiden anderen Bälle berührt, also „karamboliert". Gelingt dies, ergibt dies einen Punkt und der Spieler darf seine Serie fortsetzen. Die *Partie* endet, wenn einer der Spieler eine festgelegte Punktzahl erreicht. In der Theorie hört sich das alles so einfach an.

Da auch die Engländer die Herkunft des Wortes „Billard" für sich reklamieren, wollen wir eine Art sprachliche „*Entente cordiale*" erzielen.
Der Begriff, tatsächlich eine britisch-französische Koproduktion, kommt aus dem französischen „Bille" (Ball) und dem englischen „Jard" (Stock, Rute).

Billard – auch ein Beitrag der Etymologie zur Völkerverständigung.

Sportart: Das Wort „Sport" stammt aus dem Englischen „to disport" (sich vergnügen), ist aber ursprünglich ein französisches Wort. Das altfrz. desporter bedeutet „sich vergnügen".

Niveau: Von frz. niveau und altfrz. livel (Wasserwaage).

Bille: Das französische Wort bezeichnet eine kleine Kugel, einen Ball oder eine Murmel.

Queue: Von frz. queue (Schwanz). Wegen der Form der damaligen gebogenen Spielstöcke entstand dieses Wort.

Offizier: Von frz. officier (Amtsinhaber).

Effet: Von frz. effet (Wirkung). Ein Effet ist ein Drall, der „bewirkt" wurde.

Raffiniert: Von frz. raffiné (verfeinert). Das Wort „Raffinesse" ist eine Eindeutschung von frz. raffinement (Erlesenheit, Ausgesuchtheit).

Karambolage: Von frz. carambolage (Zusammenstoß). Beim Billardspiel ist die carambole die rote Kugel. Die merkwürdige Namensgeberin ist die carambole, die Frucht des carambolier (Karambolebaum) aus Indien. Das Wort carambolage (Karambolage) wurde anschließend auf Zusammenstöße von mehreren Vehikeln übertragen.

Sehenswert und lehrreich:

Im Fernsehen die ARTE-Sendung „Karambolage" (www.arte.tv/de/europa/karambolage/ 104016.html). Interkulturell interessant ist das Buch von Claire Doutriaux, Karambolage, kleines Buch der deutsch-französischen Eigenarten. Auch als DVD erhältlich.

Partie: Von gleichb. frz. partie (Runde).

Entente cordiale: Die Entente cordiale (frz. Herzliches Einverständnis) ist ein am 8. April 1904 zwischen dem Vereinigten Köngreich und Frankreich geschlossenes Abkommen. Ziel des Abkommens war eine Lösung des Interessenkonflikts beider Länder in den Kolonien Afrikas. Die Entente cordiale regelte die Einflussgebiete in Afrika. Schwerpunkt des Abkommens waren die Kolonien Ägypten und Marokko. Durch die Entente cordiale wurde Marokko eindeutig Frankreich und Ägypten dem Vereinigten Königreich zugeschrieben.

Bistro(t)

Les petits bistrots	Die kleinen Bistrots
où j'ai des amis	wo ich Freunde habe
Robert et Jojo	Robert und Jojo
et Simone aussi.	und auch Simone.
Jean Ferrat	

Es lebe die französische Lebensart!

Leider sind es nur noch 38.000. Zum Glück existieren sie noch, die von Jean Ferrat besungenen kleinen gemütlichen Kneipen, wo ein *Aperitif* oder ein „petit noir" auch am Tresen getrunken und dem beliebten Kartenspiel „Belote" gefrönt wird.
Der Begriff „bistro(t)" hat eine interessante, wenngleich angezweifelte, Herkunftsgeschichte. In dieser spielen die Russen und die russische Sprache eine Schlüsselrolle. Nach der endgültigen Niederlage Napoleons, während der russischen Besatzung in Paris (1814–1818), hatten die trinkfreudigen russischen Soldaten Alkoholverbot. Um von Offizieren nicht in flagranti erwischt zu werden, bestellten sie ganz schnell beim Wirt (bistrotier) mit lauten „bystro, bystro"-Rufen. Im Russischen bedeutet das Wort „bystro" „schnell".
Allerdings ist nach Angabe des französischen Standardwörterbuches Le Grand Robert der Begriff erst im Jahr 1884 belegt. Aber zu diesem Zeitpunkt sind wieder Russen im Spiel. Diesmal sind es russische Immigranten, die in Paris oft als Taxifahrer arbeiteten. Weil sie es zwischen zwei Fahrten eilig hatten, in französischen Kneipen etwas zu bestellen, riefen sie ebenfalls „bystro, bystro".
Das Wort „bistro(t)" stammt jedoch wahrscheinlich von „bistraud" aus der Region Poitou in Westfrankreich. „Bistraud" bezeichnete zunächst den Diener des Weinhändlers und später den Weinhändler selbst.
Im berühmten Pariser Montmartre-Viertel ist man immer noch felsenfest davon überzeugt, dass es die Kosaken waren, die als erste im *Restaurant* „La Mère Catherine" schnell Alkohol bestellen mussten. Danach übernahmen die französischen Kunden das Wort.
Eine schöne Legende, und wir wollen daran glauben!

Aperitif: Von frz. apéritif und lat. aperitivus (öffnend). (Gegenstand, Sache).
Restaurant: Von frz. restaurant (wiederherstellend).

Blümerant

Ein schaurig-schönes Wort.
Ihr blasses Gesicht spricht Bände. Sie fühlen sich unwohl, Ihnen ist übel, schwindelig, „so blümerant".

In blümerant verbirgt sich das französische Wort bleu mourant (sterbendes, ersterbendes Blau), ein matter blauer Farbton. Die Herkunft von blümerant oder plümerant ist seit 1668 belegt. Damals war „blass-blau" eine *Modefarbe*, elegante „plümerant röcke" waren *en vogue*. Später achtete Friedrich der Große sehr auf die Qualität des Porzellans seiner Königlichen *Porzellan-Manufaktur* in Berlin und KPM wurde zum preußischen Vorzeigebetrieb. Für das Neue *Palais* im Park Sanssouci in Potsdam bestellte Friedrich II. ein besonderes Geschirr aus einem ganz zarten Blau und die KPM-Meistermaler schufen 1763 die Dekormalerei bleu mourant des *Rokoko-Service*s Neuzierat.

Nicht nur schön und edel ist die Farbe blau, sondern auch kalt. Eine französische Redewendung lautet: „avoir une peur bleue" („schreckliche Angst haben").
Blass-blau ist auch das Gesicht eines Sterbenden.
Hat das wunderschöne Wort blümerant etwas mit Todesangst angesichts einer akuten Gefahr oder gar mit dem hässlichen Tod zu tun?
Ironischerweise ist das Wort selbst leider vom Aussterben bedroht, mourant (sterbend). Dies wäre ein unersetzlicher Verlust für die deutsche Sprache.

Es wird mir ganz blümerant zumute, denn schöne Wörter dürfen nicht sterben.

Modefarbe: Mode ist entlehnt aus frz. mode (Art und Weise) und lat. modus (Art und Weise).

En vogue: Von frz. vogue und ital. voga (Ruf, Kredit).

Porzellan-Manufaktur: Manufaktur ist entlehnt aus frz. manufacture, frz. main (Hand) und frz. facture (Herstellung).

Palais: Von altfrz. palais und ursprünglich lat. Palatium, Name des palatinischen Berges in Rom, einem der sieben Hügel, auf denen die Stadt erbaut wurde.

Rokoko: Von frz. rococo und frz. rocaille (Muschelwerk). Bezeichnung für den mit Einlegearbeiten aus Steinchen und Muscheln überladenen Stil der Zeit Ludwigs XIV. und Ludwigs XV.

Service: Das Wort Service (Tafelgeschirr) bedeutet eigentlich „das, in dem serviert wird".

Bonmot

„Man umgebe mich mit Luxus, auf alles Notwendige kann ich verzichten".

Oscar Wilde

Der berüchtigte Homosexuelle *Oscar Wilde* wird zu zwei Jahren Zuchthaus mit schwerer körperlicher Zwangsarbeit verurteilt. Nach seiner Entlassung will ihn kein Londoner Hotel aufnehmen. Im Mai 1897 schifft sich der irische Dramatiker nach Frankreich ein, um nie wieder englischen Boden zu betreten. In seiner *Entourage* hat man Geld für ihn gesammelt. Er ist physisch am Ende, dennoch geistreich wie eh und je. In Frankreich angekommen, folgt ein *Bonmot* dem anderen. Zunächst hat er „nichts zu verzollen, außer seinem *Genie*" und „zu wenig Geld, um sich Billiges zu leisten". Als seine Gesundheit sich zusehends verschlechtert, quartiert er sich im Pariser Hôtel d'Alsace ein. Völlig verarmt, den Tod vor Augen, „wird er über seine Verhältnisse sterben".

Der Ästhet und großartige Meister der *Pointe* lässt sich auf dem Sterbebett einen letzten Geistesblitz nicht nehmen. Er gilt der scheußlichen Tapete in seinem *Logis*: „Meine Tapete und ich fechten gerade ein Duell auf Leben und Tod aus. Einer von uns muss verschwinden".

So schwarz und *brillant* kann englischer Humor sein. Diese letzte Pointe ist im wahrsten Sinne des französischen Wortes einsame Spitze. Zum Totlachen... und wie so oft, wenn auch meistens postum, wird doch Genie anerkannt.

Oscar Wilde ruht auf dem Prominentenfriedhof *Père Lachaise* in Paris.

Alles verloren und doch geistiger Sieger.

Oscar Wilde (1859–1900): Schon als Student in Oxford brillierte der irische Schriftsteller. Wilde, der extravagante, sprachgewandte Ästhet und Perfektionist wurde im prüden viktorianischen England als Skandalautor und Dandy verschrien. Weltberühmt sein Werk „Das Bildnis der Dorian Gray". Bekannt sind ebenfalls seine geistreichen Sprüche wie z.B. „Ehe = gegenseitige Freiheitsberaubung im gegenseitigen Einvernehmen", „Die Anzahl unserer Neider bestätigt unsere Fähigkeiten" und „Leben, das ist das Allerseltenste in der Welt – die meisten Menschen existieren nur."
Lesenswert: Barbara Belford und Susanne Luber, Oscar Wilde, eine Biografie, Diogenes, 2004.

Entourage: Von frz. entourage (Umgebung).

Bonmot: Das Wort stammt aus dem Französischen und bedeutet wörtlich „gutes Wort" im Sinne einer witzigen, geistreichen Bemerkung oder eines Ausspruches.
Zu den Bonmots gehören gesprochene Geistesblitze, (pikante) Anspielungen, Wortspiele, Paradoxien und Doppelsinniges. Franzosen glänzen gern in der Gesellschaft mit bons mots und traits d'esprit (Geistesblitze). Oft sind sie zynisch, manchmal frauenfeindlich. Bekannt für seine Bonmots war der Schauspieler, Regisseur und Dramatiker, Sacha Guitry. Er hat z.B. gesagt: „Si ceux qui disent du mal de moi savaient exactement ce que je pense d'eux, ils en diraient bien davantage" („Wüssten diejenigen, die schlecht über mich reden, was ich tatsächlich von ihnen halte, wären sie noch redseliger").

Genie: Von frz. génie und lat. genius (Schöpferischer Geist).

Logis: Von frz. logis (Unterkunft).

Brillant: Von frz. brillant (glänzend).

Pointe: Von frz. pointe (Spitze).

Père Lachaise: Der größte Friedhof von Paris ist einer der berühmtesten Friedhöfe der Welt. Er ist nach Pater Lachaise benannt, auf dessen Gärten der Friedhof errichtet wurde. Dort sind u.a. Molière, Balzac, Apollinaire, Proust, Chopin, Max Ernst, Gilbert Bécaud, Yves Montand, Édith Piaf, Simone Signoret, Gertrude Stein etc. begraben. Virtueller Besuch des Friedhofes unter www.pere-lachaise.com.

Bonvivant

„C'est ennuyeux de manger à sa faim, car aussitôt on n'a plus faim".
„Es ist langweilig, sich satt zu essen, weil man sofort keinen Hunger mehr hat".

Alexandre Dumas

„Streng genommen hat nur eine Sorte Bücher das Glück unserer Erde vermehrt:
die Kochbücher".

Joseph Conrad

Wer kennt ihn nicht, den weltweit berühmten Autor spannender historischer
Abenteuerepen wie „Die drei Musketiere", „Der Graf von Monte Christo" und
„Der Mann in der eisernen *Maske*"?

Alexandre Dumas ist ein Phänomen, seine Schaffenskraft schier unglaublich. Früh
widmet er sich verschiedenen literarischen *Genres*, produziert fließbandartig
Feuilletons, Theaterstücke, Historienromane, Novellen, Reiseberichte und seine
Memoiren. „Gott diktiert, ich schreibe!" Allerdings nicht allein, denn der Viel-
schreiber beschäftigt nicht weniger als 40 Schattenschreiber. Den Durchbruch erzielt
er 1844 mit „Die drei Musketiere" und ein Jahr später mit „Der Graf von Monte
Christo", das sofort ins Deutsche übersetzt wird. Alsbald melden sich die ersten
Neider zu Wort.
Dumas? „Ein Literaturfabrikant". Aufgrund seiner kreolischen Abstammung wird er
auch rassistisch als „Neger" geschmäht. Der populäre und vermögende Schriftsteller
stürzt sich in das pralle Leben und in Schulden. Bei allen gesellschaftlichen
Anlässen ist der leidenschaftliche Jäger und *Bonvivant* ein gern gesehener Gast.
Jäger und Schürzenjäger zugleich. Seine unzähligen Mätressen und deren Familien
unterstützt er großzügig. Nach eigener prahlerischer Aussage zeugt er über die Jahre
500 Kinder, zwei davon erkennt er an. Kreativ ist er eben in jeder Hinsicht. In Port-
Marly, in der Nähe von Paris, bewohnt Dumas ein Märchenschloss im *Renaissancestil*: Monte Christo. Dort erweist er sich als vorzüglicher *Maître de plaisir*, veranstaltet
prunkvolle, rauschende Feste mit hunderten von Gästen. Erlesene Wildspezialitäten
werden serviert.
Leben und leben lassen ist das Motto des jovialen Frauenhelden. In einem Raum
des Schlosses steht eine mit Goldmünzen gefüllte Schale. Jeder darf sich ungeniert
bedienen. Ist dies keine nette Geste? Im weitläufigen Schlosspark tummeln sich
exotische Tiere.

Trotz seiner immensen Produktivität gerät Dumas immer wieder in Geldnot. Er muss sein Schloss und seine Segeljachten verkaufen. Der maßlose Romancier frönt nicht nur der Jagd, sondern auch ausgiebigen Tafelfreuden. Er schlemmt und kocht selber sehr gerne und gut. Zwei Jahre vor seinem Tod zieht er sich auf ein Landgut zurück, um ein Jahrhundertwerk zu schreiben, die Krönung seiner Karriere. Drei Monate lang bereist Dumas die Bretagne und sammelt Rezepte, die er weiter entwickelt. Postum erscheint 1873 „Le Grand dictionnaire de la cuisine". Diese kulinarische Bibel umfasst fünf voluminöse Bände und über 1.600 Seiten. Die Enzyklopädie der Kochkunst enthält eigene einfache Rezepte wie „Pommes de terre Alexandre Dumas", „Kaninchenpastete Alexandre Dumas", kuriosere wie „Kutteln à la mode de Caen" sowie recht erfindungsreiche Rezepte mit exotischen Delikatessen. Der *Clou*: Eine schmackhafte Känguruhschwanzsuppe oder gegrillte Elefantenfüße.

Als zu Lebzeiten der Nimmersatt mit einem Gewehr durch seinen Schlosspark spazieren ging, ergriffen die verängstigten exotischen Tiere schnell die Flucht. Welches wollte schon freiwillig im Kochtopf des großen Genießers landen?

Maske: Von frz. masque und ital. maschera.

Der Mann in der eisernen Maske: Unter der Herrschaft Ludwig XIV. wurde 34 Jahre lang bis zu seinem Tod 1703 in der Pariser Bastille ein unbekannter Mann, allerdings mit Rang und Namen, in verschiedenen Festungen des Königreichs gefangen gehalten. Tag und Nacht, auch bei seinen Mahlzeiten, die der Gefängnisdirektor ihm immer persönlich brachte, musste er eine schwarze Samtmaske (keine eiserne!) tragen. Wer war der Mann, der auf jeden Fall eine große Gefahr für die Krone darstellte? Ein Zwillingsbruder Ludwig XIV.? Sein Sohn? Der allzumächtige Nicolas Fouquet? Das Geheimnis bleibt bis heute ungelöst.

Alexandre Dumas der Ältere (1802–1870): Frz. Alexandre Dumas père. Seine Produktivität ist legendär: 650 Bücher und Schauspiele, insgesamt 38.000 Charaktere entstammen seiner (und nicht nur seiner) Feder. Innerhalb von 24 Stunden konnte er 20 Seiten schreiben, und das über Wochen hinweg. Dabei erhielt dieses Arbeitstier keine gute Schulbildung. Vielmehr musste er mit 14 Jahren die Stelle eines Schreibers bei einem Notar annehmen. Dumas letztes Werk, „Das große Lexikon der Kochkunst", ist in deutscher Sprache erhältlich, ungekürzt und in drei Bänden beim Mandelbaum Verlag, Wien 2002. Alle Rezepte findet man auch in französischer Sprache unter www.pitbook.com/textes/pdf/dumas_cuisine.pdf Auf Reisen hatte Dumas immer frische Butter bei sich. Er besorgte sich Schafmilch, füllte damit eine Flasche zu drei Viertel, hing diese an den Hals seines Pferdes und ritt los. Abends brach er den Flaschenhals und in der Flasche lag ein faustdickes Stück Butter. Kreativ!

Bonvivant: Von frz. bon vivant, wörtlich „der, der gut lebt", also Genießer, Schlemmer.

Genre: Von frz. genre (Geschlecht, Art).

Feuilletons: Von frz. feuilleton und frz. feuille (Blatt). Ein Feuilleton war ursprünglich ein Beiblatt.

Memoiren: Von frz. mémoires, der Pluralform von frz. mémoire (Gedächtnis).

Renaissancestil: Von frz. renaissance (Wiedergeburt) und ital. Rinascimento (Wiedergeburt).

Maître de plaisir: Wörtlich übersetzt: Meister des Vergnügens. Person, die ein Fest ausrichtet, gestaltet.

Clou: Von frz. clou (Nagel). Das wirkungsvolle Einschlagen des Nagels dient als Bild für den krönenden Abschluß, die Hauptsache usw.

Bougainvillea

Frankreich zu dienen, ist eine Ehre.

Der erfahrene Seefahrer und hoch angesehene Wissenschaftler *Louis-Antoine de Bougainville* steht vor einer Herkulesaufgabe, er trägt die Bürde der Verantwortung. Werden sie alle überleben?

Der Adlige ist der richtige Mann für die bevorstehende gefährliche Expedition ans unbekannte Ende der Welt. In Neufrankreich hat er als *Offizier* gegen Großbritannien gekämpft und sein Leben riskiert, in den fernen Nouvelles Malouines eine französische Kolonie gegründet. Aber diesmal geht es ums Ganze: Eine Weltumsegelung im Auftrag der französischen Krone. Das Ziel der abenteuerlichen Forschungsreise: Die Entdeckung der sagenumwobenen, an Bodenschätzen reichen Terra Australis Incognita. Es geht um neue wissenschaftliche Erkenntnisse, *Prestige* und neue *Ressourcen*.

Am 15. Dezember 1766 ist es soweit. Bougainville sticht auf der Fregatte „*La Boudeuse*" von der bretonischen Stadt Brest aus in See. An Bord furchtlose Seemänner und Naturforscher mit feinen Gesichtszügen, der Botaniker Philibert Commerson und sein Assistent Jean Baret, der Astronom Pierre-Antoine Véron. Nach der ruhigen Überquerung des Atlantiks, treffen sie mit dem Begleitschiff, der Fleute L'Etoile, in Rio de Janeiro zusammen. Es folgen neun Monate harte Arbeit, Rückschläge und mühselige Vorbereitungen in Montevideo. Von da an steht die Reise in südamerikanischen Gewässern unter keinem guten Stern.

Bougainville hat nämlich die gefährlichste Route ausgewählt. Kaum auf offener See, tobt ein schweres Unwetter, zehn Tage lang. Die Boudeuse und die Etoile verlieren alles lebende Vieh, das die Frischnahrungsreserve für die ganze Überquerung des Pazifiks sein sollte. Aber Bougainville bewahrt Ruhe und Übersicht, segelt weiter und fährt Anfang Dezember 1767 mit seinen beiden Schiffen in die kalte, stürmische Magellanstraße hinein. Wird die Boudeuse mit Mann und Maus untergehen? Endlich wird der sogenannte Pazifik, der alles andere als seinen Namen verdient, erreicht.

Bougainville nimmt Tahiti für die französischen Krone in Besitz. Als die Eingeborenen feststellen, dass Jean Baret eigentlich eine Frau ist – die Assistentin von Commerson hatte sich als Mann verkleidet, um überhaupt anheuern zu können – sind sie aufgebracht. Die hübsche Jeanne Baret muss schnellstens auf das Schiff zurückgehen, um sich zu schützen.

Bougainville und seine leidgeprüfte Mannschaft suchen vergeblich nach dem unbekannten „Südland". Ein Seemann fällt ins Meer und kann nicht gerettet werden. Skorbut bricht an Bord aus. In sein Tagebuch trägt der *Kapitän* ein: „Unser Pökelfleisch ist verdorben... Heute wurden drei Ratten serviert. Von Hunger geplagt, können wir keine der schönen Inseln besuchen, an denen wir vorbeisegeln". Die kriegerische Bevölkerung der Samoa-Inseln hindert die Franzosen daran, an Land zu gehen. Erst am ersten September 1768 endet der Leidensweg, als die Molluken erreicht werden. Dort hilft ihnen die „Holländische Ostindien-Gesellschaft". Die Rückreise verläuft ruhiger, sie navigieren auf den bekannten Seefahrtstraßen, durchqueren schadlos das sturmanfällige Kap der Guten Hoffnung. Am 13. März 1769 werfen beide Schiffe Anker im Hafen von Saint-Malo.

Nach zwei Jahren und vier Monaten endet die abenteuerliche Umsegelung der Erde. Bougainville hätte beinahe Australien entdeckt. Er hat nur sieben Männer verloren: Ein achtbares Ergebnis für die damaligen Verhältnisse. Er schreibt einen ausführlichen Reisebericht voller neuer wissenschaftlicher Erkenntnisse. In Paris wird er geehrt. Nach seinem Tod wird sein Leichnam in das ruhmreiche *Panthéon* überführt.

Und Jeanne Baret? Zunächst unerkannt, dann verkannt. Als Philibert Commerson auf Mauritius stirbt, betreut sie die Sammlung des Botanikers weiter und übergibt sie geordnet dem Königlichen Cabinet des Estampes in Paris. Unter den zahlreichen exotischen Pflanzen befand sich zur Ehre Bougainvilles die „Kapitänsgattung", die buschförmige und leuchtend rot-lila *Bougainvillea*, ein Augenschmaus rund um das Mittelmeer.

Ein großer Beitrag zur Botanik dank einer mutigen Naturforscherin, der ersten Weltumseglerin. Eine Frau, die ihren Mann stand.

Louis-Antoine de Bougainville (1729-1811): Französischer Offizier, Seefahrer, Wissenschaftler und Schriftsteller. 1752 schrieb er ein mathematisches Werk über die Integralrechnung. Während des Siebenjährigen Kriegs (1754-1763) war er Adjutant des Generals Montcalm in Neufrankreich, dem heutigen Kanada. Die Kolonie „les Nouvelles Malouines", die er 1764 gründete und nach der Stadt seiner Abreise, Saint-Malo benannte, sind die heutigen Falklandinseln. Bougainville erforschte zahlreiche pazifische Inseln, u.a. die Neuen Hebriden und die Salomonen. Die größte Salomoneninsel trägt seinen Namen. Beinahe hätte er die Ostküste Australiens entdeckt, wandte sich aber östlich des Großen Barriereriffs nach Norden. Später sagte er, das Land förmlich gerochen zu haben. Im Jahr 1771 erschien Bougainvilles Reisebericht, „Voyage autour du monde par la frégate du Roi La Boudeuse et la flûte L'Etoile". (La flûte = die Fleute, ein langes Handelsschiff). 1772 wurde Bougainville zum persönlichen Sekretär von Ludwig XV. erhoben. 1795 wurde er Mitglied der französischen Akademie der Wissenschaften. Napoleon ernannte ihn 1799 zum Senator und 1808 zum Comte d'Empire (Grafen des Kaiserreiches).

Offizier: Von frz. officier (Inhaber eines Amtes).

Prestige: Von frz. prestige und ursprünglich aus lat. praestigia (Blendwerk).

Ressourcen: Von frz. ressources und frz. source (Quelle).

La Boudeuse: Auf deutsch „die Schmollende". Das Wort Boudoir ist entlehnt aus frz. bouder (schmollen, schlecht gelaunt sein). So bezeichnet als der Raum, in den sich die Dame zurückziehen kann, wenn ihr nicht nach Gesellschaft zumute ist.

Kapitän: Von frz. capitaine (Führer) und lat. caput (Kopf, Haupt).

Bougainvillea: Die Bougainvillea sind eine Pflanzengattung, die zur Familie der Wunderblumengewächse gehört. Es gibt etwa vierzehn Arten, die ursprünglich aus Südamerika stammen.

Bouillabaisse

Neben der *Ratatouille* und dem *Salade niçoise* zählt die Bouillabaisse zu den Klassikern der provenzalischen Küche. Heutzutage besteht der mediterrane Fischeintopf aus sieben, teilweise hässlichen, stacheligen, keineswegs preiswerten, schmackhaften Fischen: Drachenkopf, Knurrhahn, Meeraal, Petersfisch, Petermännchen, Seeteufel und Seewolf oder Wittling. Manchmal wird ein Taschenkrebs hinzugefügt. Bei einer echten Bouillabaisse werden die Fische immer unzerteilt aufgetragen und erst am Tisch zerlegt. Die Fischsuppe wird gesondert serviert. Als Beilage gibt es manchmal „croûtons", geröstete, mit Knoblauch eingeriebene Baguettescheiben. Zu den Zutaten gehören unbedingt ein Bouquet garni, Safranfäden und Knoblauchzehen. Für die Fischsuppe wird ein aromatischer *Fond* aus „poissons de roche", kleinen Felsenfischen, die man mit Tomaten, Zwiebeln, Knoblauch, Fenchel, echtem Safran angedünstet und durch ein Sieb gestrichen hat, hergestellt. Auch eine scharfe *Sauce*, wegen ihrer rostbraunen Farbe, „rouille" genannt, wird dazu gereicht. Als Getränk bietet sich ein guter Wein aus *Bandol* an, denn bekanntlich „müssen die Fische schwimmen" oder, wie die Franzosen scherzhaft sagen, *„Poisson sans boisson est poison"* („Fisch ohne Getränk ist Gift"). Für Deutsche ein Zungenbrecher! All dies macht die sog. „reiche Bouillabaisse" oder Bouillabaisse Marseillaise heute zu einer kostspieligen Angelegenheit.

Um die Herkunft des Wortes ranken sich die absurdesten Legenden und Geschichten. Venus soll einmal ihrem Gatten Vulcanus die Fischsuppe serviert haben, um ihn schläfrig zu machen. Ein gewisser Herr Baysse aus Bordeaux soll das Gericht erfunden haben. Dennoch ist die etymologische Wahrheit sehr viel simpler und prosaischer. Im täglichen Existenzkampf versuchten damals die armen Fischer zwischen *Marseille* und *Toulon* ihren Fang auf dem Fischmarkt zu verkaufen. Was übrig blieb, wurde selbstverständlich mit nach Hause genommen und in einen mit Meerwasser gefüllten Kessel gegeben. Das Ganze wurde kurz aufgekocht, dann wurde die Temperatur reduziert. Auf provenzalisch hieß es „bouaibaisso", auf französisch „Quand ça bout, abaisse". Zu deutsch: „Nach dem Aufkochen niedrig stellen".

Heute, sei es auf dem Vieux-Port in Marseille oder in deutschen Edelrestaurants, werten Languste oder Hummer die Bouillabaisse zum Luxusgericht auf.

Für die einen Kummer, für die anderen Hummer.

Ratatouille und Salade niçoise: In der französischen Umgangssprache bedeutet „rata" „Fraß". Das Verb „touiller" steht für „rühren". Die Ratatouille kann warm oder kalt gegessen werden. Mit einer schmackhaften Ratatouille überzeugt die kochende Ratte Rémy den schärfsten Kritiker.

Quelle und Rezept für die Ratatouille: www.effilee.de/wissen/Ratatouille.html

Der echte Salade niçoise beinhaltet dicke Bohnen („fèves"), kleine Artischocken („violets"), Sardellen oder Thunfisch (damals Luxus!) und die kleinen schwarzen Nizza Oliven. Niemals Kartoffeln oder Reis in einer „saladda nissarda"!

Einige Fische für die echte Bouillabaisse und deren Übersetzung:

Drachenkopf = Rascasse, Seeteufel = Baudroie, Meeraal = Congre, Knurrhahn = Grondin, Petersfisch = Saint-Pierre. Erwähnenswert ist auch das Petermännchen, frz. la vive. Es schmeckt vorzüglich, stellt jedoch eine Gefahr für Badegäste am Mittelmeer und an der Atlantikküste dar. Dieser Fisch gräbt sich in Sand oder Schlamm ein und hat giftige Flossenstacheln, die starke, lang andauernde und sehr schmerzhafte Schwellungen verursachen. Wer seine Bekanntschaft macht, muss sofort einen Arzt aufsuchen. Der Name Petermännchen kommt daher, dass niederländische Fischer gefangene Exemplare als Gabe an ihren Schutzheiligen Sankt Peter ins Meer zurückwerfen.

Croûton: Achtung! „Vieux croûton" bedeutet „alter Knacker".

Fond: Von frz. fond (Grund, Grundstock) und lat. fundus. Gleichen Ursprungs ist „Fonds" im Plural. (Vermögensreserve, Grundstock).

Sauce: Von frz. sauce. Das französische Wort geht auf lat. salsa (gesalzene Brühe) zurück.

Rouille: Frz. für „Rost". Das Rezept für diese scharfe Sauce finden Sie zusammen mit dem Rezept für eine echte Bouillabaisse im lesenswerten Buch „Französische Spezialitäten – Culinaria", Könemann Verlag, S. 388.

Marseille, Bandol und Toulon: Marseille wurde vor 2.500 Jahren von den Griechen gegründet und ist die älteste Stadt Frankreichs. Mit 853.000 Einwohnern ist das einstige „Tor zum Orient" - Marseille war eine der reichsten Städte der Welt - die zweitgrößte Stadt Frankreichs. Die Handelsdrehscheibe des Südens hat viele Einwanderungswellen erlebt (die Algerienfranzosen, „Pieds Noirs" genannt, Magrehbiner, Senegalesen, Italiener) und bekämpft teilweise erfolgreich soziale Missstände und Arbeitslosigkeit (14,5%). Als Hochburg von Kriminalität und Drogenhandel berüchtigt, ist Marseille aber auch eine Stadt der Kunst und Kultur. Zu den Hauptsehenswürdigkeiten zählen die Wallfahrtskirche Notre-Dame-de la Garde im neobyzantinischen Stil, die riesige Kathedrale la Major, die einstige Prachtstraße La Canebière, zahlreiche Museen und durchrestaurierte Viertel wie Le Panier. Die Hafenstadt ist das Zentrum des Islam in Frankreich. In der quirligen, multikulturellen Metropole und Partnerstadt von Hamburg findet jedes Jahr das größte Pétanque-Turnier der Welt (12.000 Spieler!) statt. Weitere Informationen unter www.marseille-tourisme.com.

Bandol (8.000 Einwohner, über 40.000 im Sommer) liegt zwischen Marseille und Toulon und ist einer der größten und ältesten Badeorte der Küste. Die Bandol-Weine zählen zu den bekanntesten Frankreichs. Zu den ersten „Touristen" in Bandol zählte Thomas Mann. Die Stadt Toulon (ca. 168.000 Einwohner) ist der Militärhafen der französischen Marine.

Boutique

Eine sprachliche Odyssee.

Im antiken Griechenland begann die lange Irrfahrt dieses Wortes, gen Italien und anschließend in die sonnige *Provence*, wo verdiente römische Kriegsveteranen einen geruhsamen Lebensabend verbrachten.

Ursprünglich geht „Boutique" zurück auf den griechischen Terminus apothéke, was so viel wie Abstellraum, *Magazin*, bedeutete. Auf Lateinisch verwandelte sich Apotheke in apotheca, um als *provenzalisch*es botica seine Laufbahn fortzusetzen. Kurzerhand übernahm Altfranzösisch das Kommando. Aus botica wurde boticle, dann bouticle. Von dort aus war es nicht mehr weit bis zur Vollendung der sprach-lichen Schönheitsoperation, und so entstand im Endstadium die französische „Boutique" als Bezeichnung für einen kleinen, einfachen Einzelhandelsladen. Auch in deutschsprachigen Ländern genießt die französische Modewelt viel *Prestige*. Aus diesem Grund ist eine Boutique hierzulande mit ihrem französischen Homonym nicht vergleichbar. Sie genießt ein höheres Ansehen.

Als Napoleon im Exil auf St. Helena von den Engländern schlecht behandelt wurde, beschimpfte er den Erzfeind als „nation de boutiquiers" und meinte damit „ein engstirniges Volk".

So sind Franzosen nicht, sie haben keine „mentalité boutiquière", sondern sind großzügig und exportieren weltweit ungewöhnliche Wörter wie „Boutique".

Provence: Der Name Provence stammt aus dem lateinischen provincia (frz. province). Fast 600 Jahre lang war die Provence eine römische Provinz (frz. province romaine). Die Provence ist eine hoch interessante, reizvolle Kulturlandschaft. Zahlreiche, sehenswerte römische Bauwerke sind heute noch hervorragend erhalten (z.B. die römischen Arenen in Nîmes und Arles, der Aquädukt Pont du Gard, das römische Theater und der Stadt-gründungsbogen in Orange etc.).

Magazin: Ursprünglich ein arabisches Wort (machzam). Daraus entstanden das französische magasin (Laden) und das deutsche „Magazin" (Lagerraum bzw. militärisches Vorratslager).

Provenzalisch: Frz. provençal. Es ist die Bezeichnung einer im Süden Frankreichs gesprochenen romani-schen Sprache oder Gruppe von Sprachen. In der Romanistik wird dieser Begriff durch „Okzitanisch" ersetzt.

Prestige: Von frz. prestige und lat. praestigia (Blendwerk).

Bredouille

Wer in Schwierigkeiten, in Verlegenheit gerät, kommt redensartlich *„in die Bredouille"*.

Das Wort klingt sehr französisch – die Deutschen sprechen es zwar etwas anders aus als die Franzosen – und stammt tatsächlich aus der französischen Sprache. „Bredouille" fand Eingang in den deutschen Sprachraum gegen Ende des 18. Jahrhunderts. Ursprünglich bedeutete es „Dreck, Matsch".

Es wird auch stark vermutet, dass der Ausdruck dem alten Trick-Track-Spiel (frz. Trictrac) entlehnt ist. Schon im 12. Jahrhundert wurde dieses beliebte Brettspiel zu zweit mit Würfeln gespielt. Wer alle Spielzüge gewann, ohne dass der Kontrahent überhaupt eingreifen konnte, spielte „bredouille". Der Verlierer saß, völlig *konsterniert* und gedemütigt, „in der Bredouille", in der Patsche, und es ging ihm „dreckig".

Im heutigen Französisch wird „bredouille" als Substantiv nicht mehr gebraucht. Jedoch ist der Ausdruck „revenir bredouille" (unverrichteter Dinge heimkehren), insbesondere bei erfolglosen Anglern und Jägern, sehr geläufig. Auf manche Schutzpatrone, z.B. *Petrus* und *St. Hubert*, ist nicht immer Verlass.

„In die Bredouille kommen" kann ins Französische mit der Redewendung „se fourrer dans le pétrin" (wortwörtlich „in den Backtrog hineingeraten") übersetzt werden.

Konsterniert: Von frz. consterner, und lat. consternare (zum Boden werfen).

Petrus: Schutzpatron der Angler, **St. Hubert:** Schutzpatron der Jäger. Zum Glück haben auch Tiere ihren Schutzpatron, **Franz von Assisi**.

Brie de Meaux

„Un repas sans fromage est une belle à qui il manque un oeil".
„Eine Mahlzeit ohne Käse ist eine einäugige Schönheit".

Jean Anthelme Brillat-Savarin

Der Käse der Könige und König der Käse ist unbestritten der *Brie de Meaux*.

In schwierigen Situationen, in einem Anflug von Niedergeschlagenheit oder Enttäuschung, hört man manchen Deutschen stöhnen: „Es ist alles Käse".

Eine solche deprimierende, undifferenzierte Feststellung lassen wir Franzosen natürlich nicht gelten, denn Käse ist nicht gleich Käse im Land der über eintausend Käsesorten mit unterschiedlichen Formen und Geschmacksrichtungen. Käse ist in Frankreich Kult und Kulturgut zugleich.

Die ehrwürdige *Confrérie des Chevaliers du Taste Fromage* de France in Paris, weltweit die älteste Bruderschaft ihrer Art, achtet streng auf die Einhaltung der Tradition bei der Käseherstellung in den französischen Regionen. In solche Käsebruderschaften werden in feierlichen *Zeremonie*n auch deutsche Käsefreunde und -förderer aufgenommen. Der Krefelder Käse-*Connaisseur* Siegfried Maurer ist Mitglied der *Guilde des Fromagers-Confrérie de Saint-Uguzon*. Die Ordensbrüder treffen sich alle zwei Jahre zu Kapitelsitzungen und besuchen Käsereien und Käsefeste. Jedes Jahr Ende März feiert Frankreich la Journée Nationale du Fromage, den Käse-Nationaltag, und alle zwei Jahre findet der *Salon du Fromage et des Produits Laitiers* statt. Ehrgeizige Käsefachleute aus zehn Ländern nehmen an der Olympiade der Bergkäse teil. Ende Oktober 2009 war die Schweiz Gastgeberland.

In einem deutschen Supermarkt kann man *Chaumes*, *Saint-Albray* oder *Roquefort* kaufen. Brie selbstverständlich auch, aber Käse ist nicht gleich Käse, Brie ist nicht gleich Brie. Beim Käsekauf sollte man die Etiketten sehr genau prüfen und auf die kontrollierte Herkunftsbezeichnung AOC (Appellation d'Origine Contrôlée) bzw. *AOP* (Appellation d'Origine Protégée) achten. Brie ist leider einer der meistkopierten Käse der Welt. Im Gegensatz zum (stink)normalen Brie, hat der Brie de *Meaux* das AOC-Qualitätssiegel, und Qualität hat ihren Preis. Der „König der Käse" verdient es, näher beschrieben zu werden. Er kommt aus der Stadt Meaux im Département Seine-et-Marne in der Region Île-de-France, der Wiege der französischen Kultur.

Als Erste erstellten Mönche in Rueil en Brie den einzigartigen Käse. 774 kam Karl der Große vorbei und war so angetan, dass er den Brie zweimal im Jahr nach Aachen liefern ließ. Der handgeschöpfte, charaktervolle Brie de Meaux ist ein großer tortenförmiger Weichkäse mit Nussaroma. Er hat eine samtige weiße Edelpilzrinde, die sich mit zunehmender Reife rötlich färbt. Ein Brie de Meaux wird ausschließlich aus Rohmilch hergestellt. Den vollen Reifungsgrad erreicht er nach fünf Wochen. Einziger, allerdings gewichtiger Nachteil: Brie de Meaux enthält 45% Fett. Als flüssigen Begleiter empfiehlt sich ein kräftiger und fruchtiger Burgunder.

Aber warum nennt man den Brie de Meaux den König der Käse? Nach dem Sturz Napoleons im Frühjahr 1814 beendete der erste Pariser Frieden den Krieg zwischen den Mächten der sechsten Koalition und der restaurierten Bourbonmonarchie unter Ludwig XVIII. Nach einem Artikel dieses Friedenvertrages sollte in Wien ein Kongress zusammentreten, um eine dauerhafte europäische Nachkriegsordnung zu beschlie-ßen. Der Wiener Kongress dauerte von Oktober 1814 bis Juni 1815. Eine lange Zeit mit langwierigen Verhandlungen. Der Kongress tanzte, kam aber nicht vorwärts. Es galt für die beteiligten Minister, diese Zeit totzuschlagen bzw. auch zu genießen, was Diplomaten bekanntlich auch gerne tun. An dem Kongress nahmen bedeuten-de Persönlichkeiten teil. Französische Interessen vertraten u.a. der gewiefte Außenminister *Charles-Maurice de Talleyrand* und der versierte Gastronomiekritiker *Jean Anthelme Brillat-Savarin*. Die Frage nach dem besten Käse der Welt hatte bei einem der zahlreichen Bälle die Gemüter so erregt, dass Talleyrand einen großen Käsewettbewerb vorschlug. Jeder Teilnehmer des Kongresses sollte den besten Käse seines Landes nach Wien bringen lassen. Man kann sich die mehrtägige Reise des Brie de Meaux in einer Postkutsche ohne Kühlung lebhaft vorstellen. Der arme Kutscher war nicht zu beneiden. Einerseits war er froh, an der frischen Luft zu sit-zen – Brie de Meaux hat nämlich eine intensive olfaktorische Präsenz – anderer-seits konnte er nur schwer der Versuchung widerstehen, den edlen, schmackhaften Käse zu vernaschen. Bei der Ankunft in Wien war der Brie auf den Punkt gereift, der Kutscher urlaubsreif.

Der Brie de Meaux gewann den Wettbewerb und wurde zum König der Käse gekürt. Der österreichische Bergkäse von Klemens Wenzel Fürst von Metternich war kein ernsthafter Konkurrent. Talleyrand und Brillat-Savarin lachten sich schimmelig, und so rächte sich Frankreich genüsslich für den verlorenen Krieg.

Brie de Meaux: Die Region Île-de-France ist bekannt für ihre schmackhaften Weichkäse. Der Brie de Meaux hat einen „kleinen" Bruder, den ebenfalls tortenförmigen Brie de Melun in der Nähe von Paris. Dieser ist noch kräftiger im Aroma als der Brie de Meaux. Und es gibt auch noch den Coulommiers!

Confrérie du Taste Fromage: Solche Bruderschaften sind in Frankreich wichtig. Die Confrérie du Taste Fromage existiert seit 1954, zählt 500 aktive Mitglieder und weltweit 15.000 Mitglieder. Die ehemaligen Staatspräsidenten Valéry Giscard d'Estaing und Jacques Chirac wurden zum Ritter geschlagen und geadelt. Noch älter und bedeutender ist in Burgund die Confrérie des Chevaliers du Tastevin (www.tastevin-bourgogne.com/Confrerie/Origine/).

Zeremonie: Von frz. cérémonie.

Connaisseur: Von frz. connaisseur (Kenner).

Guilde International des Fromagers – Confrérie de Saint-Uguzon: Diese Gilde der Käser (www.guilde-saint-uguzon.de) wurde 1970 gegründet und zählt 8.000 Mitglieder in 38 Ländern. Die Devise der Gilde lautet: „Compagnons de Saint-Uguzon, Fromages Maintiendront" (Ordensbrüder der Gilde Saint-Uguzon werden die Käsesorten aufrecht erhalten). Uguzon, Patron der Hirten und Käser war ein junger Hirte im Grenzgebiet zwischen Tessin und Italien.

Salon du Fromage et des Produits Laitiers: Fachmesse für Käse- und Molkereiprodukte. Sie findet in Paris statt.

Chaumes: Aus der Weinregion um den weltbekannten Weinort Saint-Emilion (Weinbaugebiet in der Nähe von Bordeaux) kommt der Chaumes, eine herzhaft-ursprüngliche Weichkäsespezialität.

Saint-Albray: Am Fuß der Pyrenäen liegt die Heimat des Weichkäseklassikers.

Roquefort: Der Roquefort hat auch eine lange Tradition. Der grün-blau marmorierte Edelschimmelkäse aus roher Schafmilch, wird in der Umgebung des Dorfes Roquefort-sur-Soulzon in der kargen Region Rouergue im Département Aveyron hergestellt. Als erster französischer Käse erhielt der Roquefort 1925 das AOC-Siegel.

AOP: Wörtlich, geschützte (protégée) Herkunftsbezeichnung (Appellation d'Origine).

Meaux: Ca. 50.000 Einwohner. Die deutsche Sprache ist einfach. In Köln leben Kölner, in Berlin Berliner, in Hamburg Hamburger. In der französischen Sprache geht es in dieser Beziehung manchmal sprachlich pervers zu. In Meaux leben die Meldois, in Châteauroux die Castelroussins, in Charleville die Carolopolitains etc.

Charles-Maurice de Talleyrand (1754–1838): Einer der bekanntesten Staatsmänner sowie Diplomat während der Französischen Revolution, der Napoleonischen Kriege und beim Weimarer Kongress. Dort schaffte der Adlige es geschickt, als Vertreter der Verliererseite so günstige Bedingungen auszuhandeln, dass Frankreich keine Gebietsverluste erleiden musste. Sein größter Coup war die Wiederherstellung der Grenzen von 1789. Talleyrand war sehr gewieft. Zu ihm sagte einmal Napoleon verächtlich: „Monsieur de Talleyrand, vous êtes de la merde dans un bas de soie" („Herr Talleyrand, Sie sind ein Stück Scheiße in einem Seidenstrumpf").

Jean Anthelme Brillat-Savarin (1755–1826): Er war französischer Schriftsteller, Philosoph und einer der bedeutendsten französischen Gastrosophen. Sein bekanntestes Werk ist „La Physiologie du Goût" (Die Physiologie des Geschmacks, 1826 erschienen, 1865 ins Deutsche übersetzt), an dem er 25 Jahre lang gearbeitet haben soll!

Budget

Als der englische Finanzminister den kleinen ledernden Geldsack aus Frankreich zum ersten Mal in die Hand nahm, sagte er entzückt: „What a nice boudgett!". Sorry Sir, aber Sie wurden Opfer Ihrer Aussprache, denn es hieß „bougette" und nicht „boudgett". Eine verzeihliche kleine sprachliche *Panne*.

Ursprünglich und im wahrsten Sinne des Wortes war die „bougette" die mittelalterliche Version des *Portemonnaie*s, im unsäglichen Neudeutsch: Portmonee. Damals hatte die Bekleidung keine Taschen. Reisende trugen das liebe Geld, also Geldstücke, am Körper in einem faustgroßen Ledersäckchen namens „bougette". Dieses wurde entweder am Gürtel getragen oder am Vorderteil des Pferdesattels aufgehängt und baumelte bei jeder Bewegung. Die ledernen Taschen, die einem Pferd auf beiden Seiten angehängt wurden, hießen im Altfranzösischen „bourses" (Geldbörsen). In diesen finsteren Zeiten begehrten Wegelagerer die mehr oder weniger prall gefüllten Geldbörsen ihrer Landsleute. Der lapidaren und unmissverständlichen Aufforderung „la bourse ou la vie!" („Geldbörse oder Leben!") folgten sie in der Regel sofort mit einem prompten *„d'accord"*. Das Geld ging zwar verloren, aber die „Lebensqualität" blieb erhalten. Letztere ist bekanntlich unbezahlbar. Die Bougettes und deren Inhalt waren zwar *„perdü"*, Hauptsache, man blieb am Leben.

Eines Tages kam die „bougette" nach England. Dort bezeichnete sie bald nicht mehr das Ledersäckchen selbst, sondern dessen Inhalt und später, im weiten Sinne, den *Etat* des Chancellor of the Exchequer. Ab Mitte des 19. Jahrhunderts tauchte das Wort in Frankreich wieder auf, diesmal und endgültig als anglisiertes *„Budget"*. Die *Retourkutsche* des damaligen Erzfeindes!

Panne: Entlehnt aus frz. panne gleicher Bedeutung. Das französische Wort war zunächst in der Sprache der Schifffahrt (und von dort aus übertragen auf die Bühnensprache) ein Ausdruck für „stecken bleiben", vermutlich ausgehend von frz. rester en panne u.ä. „steckenbleiben", wobei frz. panne eigentlich eine Stellung der Segel ohne Fahrtwind bezeichnet.

Portemonnale: Von frz. portemonnaie. Das Wort ist eine Zusammensetzung aus frz. porte (trage) und frz. monnaie (Geld, Münze).

D'accord: Von frz. d'accord (einverstanden), wörtlich avec le coeur (mit dem Herzen), also „vom Herzen", was bei einem Raubüberfall höchstunwahrscheinlich ist.

Perdü: Von frz. perdu (verloren).

Etat: Von frz. état (Zustand).

Budget: Von bougette, altfrz. für Ledersäckchen und aus lat. bulga (ledorner Sack, Geldsack). Die bouge war in mittelalterlichen bäuerlichen Hütten ein beutelartiges Behältnis zur Aufbewahrung von Gemüse. Das französische Verb bouger bedeutet „bewegen", „sich bewegen". Oft war die bougette mit einer Schnur oder einem Lederriemen verschlossen. In „0ekonomische Encyklopädie" von J.G. Krönitz (1773– 1858) wird das Wort bougette wie folgt definiert: „Ein kleiner lederner Sack, den man auf der Reise bey sich führt".

Retourkutsche: Siehe die Wortgeschichte „Retourkutsche".

Büfett / Buffet

Bevor Napoleon an die Macht kam, konnte die Schlemmerei bei einem Hofbankett mehrere Stunden dauern. Sitzfleisch war erforderlich. Der nervöse *Korse* zog es vor, sich frei im Raum zu bewegen und schaffte lange Tafel*zeremonie*n ab. Zur Selbstbedienung wurden die Speisen auf einer Anrichte aufgestellt. Somit konnte sich der Kaiser mit seinen Gästen besser unterhalten und diese wiederum untereinander. Es war die Geburtsstunde des *Buffet*s in Frankreich. Von da aus verbreiteten sich Stehempfänge in ganz Europa. Auch das französische Wort wanderte nach Deutschland.

Korse: Napoleon wurde als Napoleone Buonaparte (korsisch Nabulione) 1769 in Ajaccio auf Korsika geboren, die nach einem langen Unabhängigkeitskrieg gegen Genua 1768 an Frankreich verkauft worden war. Mit seiner Familie sprach der Kaiser corsu, also korsisch und in seiner Entourage bei Wutanfällen fluchte er erst recht auf korsisch.

Lesenswert: Informativ und spannend sind die Historienromane des französischen Schriftstellers Max Gallo. Napoleon, 2 Bände, von Max Gallo und Manfred Flügge von Aufbau TB, 2002.

Zeremonie: Von frz. cérémonie.

Buffet: 1150 taucht das Wort bufet im Altfranzösischen auf. 1268 werden damit ein Tisch oder eine Fleischbank bezeichnet. 1336 ist eine bufeterie eine Essighandlung.

Die Yeomen Warders, zeremonielle Wächter des Tower von London, werden im Volksmund auch „Beefeater" genannt. Sie gehörten damals zu den Bediensteten an der königlichen Tafel. Diese nannte man Buffetiers.

Café

Glaubt man an das Gute im Menschen, ist Gefahr im Verzug.

Paris, Freitag, 31. Juli 1914. Mehr als alle anderen glaubt *Jean Jaurès* an das Gute im Menschen. Der brillante Professor der Philosophie und Abgeordneter der radikalen Linken will *partout* den drohenden Krieg verhindern. Er mobilisiert die Massen, hält flammende Reden für den Frieden. Jaurès, ein Fels in der Brandung, der Held der Arbeiterklasse.

Am 31. Juli 1914 gegen 21 Uhr verlässt Jaurès die Redaktion seiner Zeitung „*L'Humanité*" und begibt sich in Begleitung eines Freundes in das nahe gelegene Café „Le Croissant". Und dort... zwei Schüsse aus nächster Nähe, Entsetzen, Tränen und Ohnmacht. *Passant*en schreien. „Ils ont tué Jaurès! Ils ont tué Jaurès!". Sie haben Jaurès getötet, die letzte Hürde für den ersehnten Krieg beseitigt, den letzten Funken Hoffnung auf Frieden ausgelöscht. Am 3. August 1914 erklärt das Deutsche Reich Frankreich den Krieg.

Jaurès Mörder heißt *Raoul Villain*, ein nationalistischer Heißsporn. Er behauptet, keine *Komplizen* zu haben. Sein Motiv: Jaurès hat das Vaterland verraten. Villain verbringt fast fünf Jahre in Untersuchungshaft. Erst nach Kriegsende wird ihm der „Prozess" gemacht. Das Urteil ist eine *Farce* ohnegleichen. Noch im Siegestaumel nach dem Ersten Weltkrieg sind elf von zwölf Geschworenen der Ansicht, dass der Attentäter Frankreich einen Dienst erwiesen hat. Die Ermordung von Jaurès wird lediglich als Vorfall vor dem Kriege, quasi als Kavaliersdelikt, eingestuft. Villain wird freigesprochen, die Witwe des Opfers muss sogar die Prozesskosten tragen.

Wer nach Paris fährt, denkt nicht daran, das heute noch existierende Café „Le Croissant" zu besichtigen. Warum auch? Einen Café Crème kann man überall bekommen. Wer interessiert sich schon für ein „Café Crime", wo ein fanatischer Wirrkopf den ersten tödlichen Schuss des Ersten Weltkrieges abfeuerte und für seine schändliche Tat sogar freigesprochen wurde?

Idealist Mensch, Bestie Mensch.

Café: Das Wort stammt ursprünglich aus dem Arabischen qahwa und vom Jemen aus eroberte es die Welt. In der türkischen Sprache bedeutet kaweh „Kraft". Die ältesten heute noch bestehenden Kaffeehäuser sind vermutlich das „Café Procope" im Quartier Latin, Rue de l'Ancienne Comédie in Paris und das Café „Zum Arabischen Coffe Baum" in Leipzig. Das „Café Procope", 1686 von einem Sizilianer, Francesco Procopio, gegründet, war seit eh und je ein Literaten-Café. Als beliebter Treffpunkt für Philosophen entwickelte sich dort im 18. Jahrhundert die neoliberale Philosophie Frankreichs. Voltaire, Rousseau, Diderot u.a. frequentierten dieses wunderschöne Café. Das Leipziger Café stammt aus dem 16. Jahrhundert und wurde 1725 im Barockstil umgebaut. Das Café restaurant historique „Le Croissant" existiert heute noch (146 rue Montmartre, 75002 Paris).

Jean Jaurès (1859–1914): Der charismatische Humanist und glänzende Redner war der bedeutendste Führer des demokratischen Sozialismus in Frankreich und mächtiger Vorkämpfer der Idee eines europäischen Friedens. 1904 gründete er die renommierte Zeitung „l'Humanité" („die Menschlichkeit"). Am Vorabend des Ersten Weltkrieges setzte er sich leidenschaftlich für die Sache des Pazifismus ein. Bei Friedensdemonstrationen und im Parlament trat er für eine politische Verständigung mit Deutschland ein. Dafür war er bei der politischen Rechten verhasst. 1924 wurde sein Leichnam ins Panthéon umgebettet. In Frankreich werden viele Straßen, Schulen und Plätze nach ihm benannt. Jacques Brel hat ihm ein berührendes Chanson gewidmet: „Pourquoi ont-ils tué Jaurès"?

L'Humanité: Seit 1923 Tageszeitung der Kommunistischen Partei Frankreichs (www.humanite.fr). Vom 10.-12. September 2010 veranstaltete die Tageszeitung ihr alljährliches Fest im Norden von Paris – ein Wochenende lang Debatten, Gaumenfreuden, Ausstellungen und Konzerte. Seit 80 Jahren feiert die Humanité ihr inzwischen legendäres Pressefest und läutet damit den politischen Herbst ein, der auch in Frankreich den großen Ferien folgt. Viele Gäste und Sympathisanten aus ganz Europa besuchen das Fest.

Partout: Von frz. partout (überall) und frz. tout (ganz). Im Deutschen hat das Wort andere Bedeutungen. Das deutsche Wort Passepartout stammt ebenfalls aus frz. passer (hindurchgehen) und partout (überall).

Passant: Von frz. passant (vorbeigehend). Der französische Ausdruck „en passant" lässt sich mit „im Vorbeigehen" übersetzen und bezeichnet im Schachspiel einen besonderen Zug eines Bauerns. Der Ausdruck wird auch verwendet, um z.B. eine Tätigkeit zu bezeichnen, die man nebenher, ohne viel Aufwand, erledigen kann. Das Verb passieren ist entlehnt aus frz. passer, aus lat. passus (Schritt).

Raoul Villain (1885–1936): Jaurès Mörder war Mitglied der nationalistischen Studentengruppe Ligue des jeunes amis de l'Alsace-Lorraine („Liga der jungen Freunde Elsass-Lothringens"). Nach dem Freispruch zog sich Villain nach Ibiza zurück, wo er bald als „der Irre vom Hafen" galt. Kurz nach Ausbruch des Spanischen Bürgerkriegs wurde er am Strand von San Vicente ermordet aufgefunden. Es wird vermutet, dass ihn Republikaner als vermeintlichen frankistischen Spion töteten.

Komplizen: Von frz. complice.

Farce: Von frz. farce, eigentlich „(Fleisch-)Füllung" – in dieser Bedeutung wird das Wort in die Küchensprache entlehnt –, zu lat. farcīre (stopfen). Die übertragene Bedeutung geht aus von Einlagen in geistlichen Schauspielen des Mittelalters, die sich dann zu eigenständigen Darbietungen verselbständigen.

Calvados

Für Gerd Ackermann.

Das Wort bezeichnet sowohl das *Département* in der *Basse-Normandie* als auch den berühmten Digestif in dieser Region unzähliger Apfelbäume. Der bernsteinfarbige Edelbrand ist als *„Vieille Réserve"* oder sogar als *„Hors d'Age"* mit einem ausgeprägten Apfel*bouquet* nach mindestens zwölf Jahren in kleinen Eichenholzfässern einem Cognac XO ebenbürtig.
Die normannische Küche ist köstlich, doch durch die Verwendung von viel Butter und Sahne nicht gerade kalorienarm. Dabei wirkt der Calvados verdauungsfördernd und beim sog. *„trou normand"* („normannisches Loch") zugleich appetitanregend. Bei reichhaltigen mehrgängigen Menüs wird manchmal zwischen zwei Gängen, in der Regel vor dem Hauptgang mit leckeren Kutteln nach Art von Caen die opulente Mahlzeit unterbrochen. Dann wird ein „Calva" wird als „Therapeutikum" der angenehmen Art gereicht, um ein „Loch", also Platz im gepeinigten Magen, für die Fortsetzung der Schlemmerei zu schaffen. Nach dem *„cul sec"* („ex trinken") kann es bis zum süßen Ende, z.B. mit einer *Tarte Tatin*, weitergehen.
„Calvados" klingt sehr spanisch. Das Wort hat eine sagenumwobene Herkunft. Unter dem Kommando von *Großadmiral* Herzog von Medina-Sidiona segelte im Sommer 1588 die vermeintlich „unbesiegbare" spanische Kriegsflotte, die *„Armada Invecible"* zum Sturz Elisabeth I. gegen das protestantische England. Nach der Seeschlacht von Gravelines im Ärmelkanal geriet die Armada in einen verhängnisvollen Sturm. Sie verlor 12.000 Soldaten und 64 Schiffe, darunter die Galeone San Salvador. Sie zerschellte an Riffs bei *Arromanches* an der normannischen Küste, der heutigen Côte de Nacre (*Perlmuttküste*). Aus San Salvador entstand zunächst in einer leicht abgewandelten Form der Name Calvador, dann Calvados, und gab angeblich dieser Region ihren Namen.
1990 zerstörte René Lepelley, Professor an der Universität *Caen*, diese stürmische Legende, die ihm zu spanisch vorkam. Auf einer Landkarte aus dem Jahr 1675 entdeckte der Linguist gleich zweimal das Wort Calvados, eingetragen im Landesinneren auf der Höhe der Steilküste zwischen Port-en-Bessin und Arromanches. Zwei kahle (vom lat. „calva") Anhöhen, damals „dos" (dt. „Rücken") genannt, waren 17 km voneinander entfernt. Sie dienten den Seeleuten als Orientierungspunkte, zur Umschiffung der Küste vorgelagerter, gefährlicher Riffs. Diese "kahlen Rücken" nannten sie "calvadô", ohne das s, wie im französischen "dos", auszusprechen. Unglückliche Spanier! Nach dem Verlust der Hälfte ihrer Kriegsflotte kam 400 Jahre später auch noch ein etymologisches Fiasko dazu. Alles *futsch*!

Département: Vor der Französischen Revolution war Frankreich in Provinces unterteilt. Seit dem 26. Februar 1790 gibt es départements. Heute gibt es in Frankreich selbst 96 davon. Vier DOM (Départements d'Outre-Mer), Martinique, Guadeloupe, Guyane und La Réunion, kommen dazu.

Basse-Normandie: Die Region umfasst die départements Calvados, Manche und Orne und hat viele Gesichter: Auf den Weiden grasen die massigen, bis 800 Kilo schweren, normannischen Kühe, die weltweit exportiert werden. Im Pays d'Auge gibt es unzählige Apfelbäume, eine Steilküste und an der Perlmuttküste wechseln sich lange feinsandige Strände mit romantischen oder schicken Badeorten (Deauville) ab. Eine hohe Qualität weisen die regionalen Produkte auf (Meeresfrüchte, die Käsesorten Camembert, Livarot und Pont-L'Évêque, Cidre, Poiré, ein Birnenschnaps). Gewöhnungsbedürftig für deutsche Touristen sind die andouilles/andouillettes (Kaldaunen/Kuttelwürste). Für Kulturinteressierte lohnen sich Abstecher nach Bayeux mit dem weltberühmten Wandteppich aus dem 11. Jahrhundert (www.tapisserie-bayeux.fr) und zur malerischen Hafenstadt Honfleur mit ihren Museen und zahlreichen Kunstgalerien. Der Mont-Saint-Michel befindet sich ebenfalls in der Basse-Normandie (siehe dazu die Wortgeschichte „Omelett"). Im Gegensatz zu ihren verwegenen, grausamen Vorfahren, den „Nordmännern", den Wikingern, gelten die heutigen Normands als tolerant, diskret und vorsichtig. Diese Unentschlossenheit drückt sich in „p'tèt ben qu'oui, p'tèt ben qu'non" (peut-être bien que oui, peut-être bien que non = vielleicht ja, vielleicht nein) aus.

Calvados „Vieille Réserve" und „Hors d'Age": 1942 erhielt der fruchtig duftende Edelbrand mit 40% Alkoholgehalt die Appellation d'Origine Contrôlée. Für seine Herstellung sind 48 Apfelsorten zugelassen. Ein Calvados Pays d'Auge Fine ist mindestens zwei Jahre alt, ein Calvados "Vieille Réserve" vier Jahre alt. Ein feinwürziger Calvados „Hors d'Age" (Age Inconnu = Unbekanntes Alter) muss mindestens sechs bis sogar zwanzig Jahre im Eichenfass reifen. Ein Cognac XO, also eXtra Old hat eine Fassreife von mindestens 12 bis 15 Jahre.

Bouquet: Von frz. bouquet und frz. bosquet, eine Verkleinerungsform von frz. bois (Holz, Wald). Die ursprüngliche Bedeutung „kleine Ansammlung von Bäumen und Sträuchern" wurde verallgemeinert auf eine Zusammenstellung von Blumen übertragen. Nach französischem Vorbild dann auch „Aroma des Weins".

Trou normand: Eine alte Tradition (seit ca. 1850). Nach dem Verzehr von Meeresfrüchten soll das „normannische Loch" vor eventuellen Magenverstimmungen schützen. Deshalb wird ein Calvados unmittelbar nach den Meeresfrüchten und vor dem Hauptgang serviert. Als alkoholfreie Alternative bietet sich ein Erdbeer- bzw. Zitronensorbet an. Das Wort „Sorbet" ist entlehnt aus frz. sorbet und ursprünglich aus türkisch serbet („süßer, kühlender Trunk") und arabisch sariba („trinken").

Cul sec: Wörtlich „trockener Arsch". Der Ausdruck faire cul sec (das Glas mit einem Zug leeren) ist nur scheinbar deftig, denn gemeint ist der „cul du verre", also der Boden des Glases, der trocken liegt, wenn das Glas leer ist.

Tarte Tatin: Der traditionelle französische karamellisierte Apfelkuchen wird verkehrt herum gebacken und warm serviert. Er ist nach den Schwestern Caroline und Stéphanie Tatin genannt. In ihrem Restaurant im Dorf Lamotte-Beuvron bei Orléans sollen die Demoiselles Tatin 1898 das Rezept zufällig bzw. durch ein Missgeschick erfunden haben. Rezept dazu in „Französische Spezialitäten", Culinaria, Könemann Verlag, S. 118.

Großadmiral: Von frz. amiral und ursprünglich arabisch amir (Befehlshaber).

Die Armada: Dt. „die Bewaffnete". Die Kriegsflotte des Königs Philipp II. bestand aus 130 schweren Schiffen mit 2.630 Kanonen und fast 30.000 Mann Besatzung. Die englischen Schiffe waren allerdings beweglicher und schwer zu treffen. Auf der Heimfahrt wurde die Armada durch Stürme zur Hälfte vernichtet.

Arromanches und die Perlmuttküste: In der Nähe des kleinen Badeortes (550 Einwohner!) landeten am 6. Juni 1944 die Alliierten. In Arromanches-les-Bains kann man das Musée du Débarquement" (das Museum der Landung) besichtigen. Nähere Informationen unter www.musee-arromanches.fr. Die feinsandige Perlmuttküste ist bei Touristen sehr beliebt und es gibt viele Camping-Plätze. Sie ist eine sehr natürliche, stellenweise unberührt wirkende Küste. Namen wie Gold Beach, Omaha Beach, Bunker und Soldatenfriedhöfe erinnern daran, dass dort viele Amerikaner und Kanadier bei der Landung fielen.

Caen: 114.000 Einwohner. Die Hauptstadt der Basse-Normandie ist sehenswert. Der Name – Nomen est Omen – ist altkeltisch und bedeutet so viel wie „Schlachtfeld". Erst am 9. Juli 1944 gelang es den Briten und Kanadiern, Caen einzunehmen. Im Verlauf der erbitterten Kämpfe wurde „die Stadt der hundert Kirchtürme" fast völlig zerstört, leider auch die alte Universität aus dem 15. Jahrhundert. Dennoch ist in Würzburgs Partnerstadt noch eindrucksvolle romanische Kunst (z.B. Klosterkirche Sainte-Trinité) zu bewundern. Die neue Université de Basse-Normandie zählt sogar 25.000 Studenten. Eine kulinarische Spezialität sind die tripes à la mode de Caen. Die Kutteln aus sorgfältig ausgewählten Eingeweiden, am besten vom Rind, werden in einer formschönen tripière, einem feuerfesten Topf, in einer Weißweinsauce lange zubereitet. Nicht verurteilen, sondern zunächst probieren und dann beurteilen! Rezepte für normannische Kutteln findet man in „Französische Spezialitäten, Culinaria", Könemann Verlag, S. 113.
Nähere Informationen über die Hafenstadt unter www.ville-caen.fr.

Futsch: Eine Lautgebärde wie „witschen" und „wutschen" (sich schnell davon bewegen) und nach Bedeutungsverschiebung einfach „weg". Lautlich nahe steht das französische foutu (verloren, aus, weg) von foutre, ursprünglich beschlafen. Im umgangssprachlichen foutre le camp („das Feld räumen" also „abhauen") wird der etymologische Zusammenhang zwischen futsch und foutu im Sinne von „weg" sehr deutlich. „Je m'en fous." = Es ist mir wurscht.

Lesenswert: René Lepelley, Calvados Qui es-tu, d'où viens-tu? Éditions Charles Corlet (1990).

Champignons

„Les champignons poussent dans les endroits humides. C'est pourquoi ils ont la forme d'un parapluie".

„Weil sie im Feuchten wachsen, haben Champignons die Form von Regenschirmen".

Alphonse Allais

Die Mykologen nennen ihn „Agaricus bisporus", die Franzosen „champignon de couche" oder „champignon de Paris". Eine notwendige Präzisierung, denn in der französischen Sprache bezeichnet das Wort „champignon" lediglich den Oberbegriff für die rund dreitausend Pilzsorten im Nachbarland. Und die Deutschen? Sie sagen einfach *„Champignons"*, sprechen es „Schampinions" oder so ähnlich aus, und meinen damit ausschließlich den weißen oder den aromatischeren braunen „champignon de Paris".

Der beliebte Speisepilz ist ein enger Verwandter des schmackhafteren Wiesenchampignons. Wegen seiner rosa Lamellen trägt dieser den poetischen Namen „rosé des prés". Als *Champion* der Champignons gilt der Jurist und Philosoph *Jean-Baptiste de la Quintinie*. Er war gegen Ende des 17. Jahrhunderts Direktor des „*potager du Roi*", des königlichen Gemüsegartens in Versailles. Der begabte Gärtner war der Erste, der die „rosés des prés" züchtete, eine begehrte *Delikatesse* am Hofe des Sonnenkönigs. Leider nur im Frühling erntefrisch. 1811 gelang es dem Agronom Chambry in Passy, einer kleinen Stadt in der Nähe von Paris, Champignons auf Pferdemist und im Dunkeln zu züchten. Zur Kultivierung von Wiesenchampignons nutzte er stillgelegte unterirdische Steinbrüche um Paris herum. Aus dem „champignon de Passy", der sich so provinziell anhörte, wurde der prestigeträchtigere „champignon de Paris". Alsbald erfreute er sich einer großen Nachfrage, nicht nur in Frankreich. Sogar die *Pariser Katakomben*, das Reich der Toten, beherbergten zahlreiche „champignonnières".

Als die Steinbrüche sich jedoch als extrem einsturzgefährdet erwiesen – einige stürzten tatsächlich ein und mit ihnen einige Häuser – musste schnell ein neues, geeignetes Domizil für die lichtscheuen Zuchtchampignons gefunden werden. Die fast eintausend Steinbrüche in der Umgebung der historischen Stadt *Saumur* an der Loire boten sich an. Und so emigrierten die Zuchtchampignons in „le jardin de la France", in den „Garten Frankreichs", wie man die schöne *Touraine* und das *Tal der Loire* nennt. In Tuffsteinhöhlen und kilometerlangen Stollen gedeihen sie seitdem prächtig unter optimalen Bedingungen: Eine konstante Temperatur von 12–16 Grad Celsius das ganze Jahr hindurch, bei einer Luftfeuchtigkeit von 90%. Alle 24 Stunden verdoppelt sich ihre Größe, nach nur zehn Tagen sind sie erntereif, viele werden exportiert.

Zur Freude der „champignonnistes", der Champignonzüchter der Touraine, hat die Schlossstadt Saumur eine berühmte Reitschule, die traditionsreiche École nationale d'Équitation. Dort werden Spitzenreiter in allen Reitdisziplinen auf höchstem Niveau ausgebildet. Zu den 200 Mitarbeitern der Reitschule gesellen sich 400 Pferde. Folgerichtig viel Pferdemist für den Kompost, ein Segen für die Zuchtchampignons.

Mehr als zwei Drittel aller sogenannten „champignons de Paris" werden im Loire-Tal produziert. Der Rest kommt aus der Aquitaine und dem Norden Frankreichs. Allein deshalb sollte man deutschen Konsumenten die kleine Wortamputation verzeihen, wenn sie sagen „Champignons" statt „Champignons de Paris".

Champignons: „Champignon" leitet sich von altfrz. champegneul und lat. campagniolius (champignon des champs = Feld-, Wiesenchampignon) ab.

Champion: Von frz. champion (Einzel-Kämpfer) und lat. campus in der Bedeutung „Kampfplatz".

Jean-Baptiste de la Quintinie (1624–1688): Der Spezialist für Obst- und Gemüseanbau bekleidete am Hofe ein wichtiges, arbeitsintensives Amt. Ludwig XIV. hatte einen gewissen Hang zum Schlemmen und wollte verwöhnt werden. Er schätzte seinen Gärtner sehr.

Le potager du Roi: Der königliche Gemüsegarten entstand 1678–1683 und ist seit 1921 „monument classé" (unter Denkmalschutz). Innerhalb seiner Mauern wachsen noch heute 200 Apfel- und Birnensorten, Feigen (Lieblingsfrucht Ludwigs XIV.), Aprikosen, Pfirsiche etc. Für jeden Versailles-Besucher ist die Besichtigung ein Muss. Siehe auch www.potager-du-roi.fr.

Delikatesse: Von frz. délicatesse und frz. délicat.

Die Pariser Katakomben: Frz. les Catacombes (www.catacombes-de-paris.fr).
So wurden die ehemaligen Steinbrüche unter Paris bezeichnet. Seit gallorömischer Zeit wurden die Kalkstein-lager unter den drei „Bergen" (Montparnasse, Montrouge, Montsouris) ausgebeutet. 1785 begann man, die aufgegebenen, leeren Steinbrüche mit Millionen Knochen und Schädeln der zahlreichen Friedhöfe zu füllen. Die Katakomben sind die Ruhestätte für 6 Millionen Pariser! Das Beinhaus, 1 Place Denfert-Rochereau im 14. Arrondissement, ist zu besichtigen. Am Eingang steht die Inschrift: „Arrête, c'est ici l'empire de la mort!" („Bleib stehen! Hier beginnt das Reich des Todes!").

Saumur: Mit knapp 30.000 Einwohnern liegt Saumur im Département Maine-et-Loire in der Region Anjou, einem bekannten Weingebiet. Neben einem der schönsten Schlösser der Loire hat Samur viele Sehenswürdigkeiten vorzuweisen: Altstadtviertel, Rathaus, romanische Kirche Notre-Dame de Nantilly. Zu besichtigen sind auch die geschichtsträchtige Kavallerieschule Cadre Noir (www.cadrenoir.fr) und das Musée du Champignon (www.musee-du-champignon.com). Die „galipettes", gefüllte Champignons, sind eine regionale Spezialität. Bekannt sind die weißen und roten Weine aus Saumur.

Die Touraine und das Loiretal: Eine der schönsten Kulturlandschaften in Europa. Im „Garten Frankreichs" sorgen das milde Atlantikklima und der nahrhafte Boden für üppige Vegetation. Viele alte Städte mit freundlicher Architektur (weiße Häuser). Im 16. Jahrhundert residierten die französischen Könige an der Loire. Am Hofe sprach man das beste Französisch. Deshalb wird behauptet, dass man heute noch an der Loire das schönste Französisch spricht. Am längsten (1013 km) „wilden" Fluss in Frankreich und seiner Nebenflüsse liegen insgesamt 400 Schlossanlagen. Berühmt sind u.a. Amboise, Azay-le-Rideau, Blois, Chambord, Chenonceau, Chinon, Loches und eben Saumur. Im Loiretal wird das Savoir-Vivre großgeschrieben. Kulinarische Spezialitäten, für Deutsche manchmal gewöhnungsbedürftig, sind u.a. die andouillettes de Tours (Kaldaunen-, Kuttelwürste aus Tours) sowie rillons (Grieben) und rilettes (fein gehacktes, gekochtes und im eigenen Fett konserviertes Schweinefleisch). Als flüssige Begleiter, bekannte Weine der Loire (Bourgueil, Chinon, etc.). Nähere Informationen unter www.loiretalatlantik.com.

Chansonniere

„Madame Édith Piaf a du génie. Elle est inimitable. Il n'y a jamais eu d'Édith Piaf, il n'y en aura plus jamais."

„Madame Édith Piaf ist ein Genie. Sie ist unnachahmlich. Es hat nie vorher eine Édith Piaf gegeben, und es wird nie wieder eine geben."

Jean Cocteau

Die Lerche kämpft aus voller Kehle gegen die einbrechende Abenddämmerung. Dann fällt sie vom Himmel wie ein Stein und verstummt. Ein Leben mit Höhen und Tiefen.

In den letzten Septembertagen fällt ein sanftes Licht auf das provenzalische Dorf Plascassier. Dorthin hat sich 1963 die todkranke *Chanson*sängerin Édith Piaf zurückgezogen. Sie teilt ein abgelegenes Haus mit ihrer Sekretärin und einer Krankenschwester. Zu dieser sagt die gläubige Sängerin: „Du wirst sehen, wenn ich tot bin, komme ich wieder und ziehe dich am Bein".

Rückblende: Auf den verrufenen Straßen von Ménilmontant und Pigalle singt ein armes Mädchen. Ihre Mutter hat sie verlassen, ihr Vater, ein Zirkusartist, ist Alkoholiker. Die kleine Édith Giaconna Gassion will nicht betteln. Sie kämpft ums Überleben, ein verlorener Spatz in Paris. Vor dem Goldkehlchen bleiben viele *Passant*en stehen. Eines Tages kommt Louis Llepée vorbei und bleibt auch stehen. Von der Stimme der Kleinen fasziniert, holt er sie aus der Gosse in sein Kabarett. Später wird Raymond Asso den Roh*diamant*en schleifen. Er fordert und fördert die Chansonniere, bringt ihr Mimik und Gestik bei, die Kunst der perfekten Selbstinszenierung. Édith entdeckt ihre Hände. Kann man auf der Bühne mit solchen zierlichen Händen den ganzen Schmerz der Welt ausdrücken? Die Göre, „la Môme", kann das.

Rückblende: Eine fulminante *Karriere* voller Glanz und Tragik, mit Höhen und Tiefen. Alsbald ist die Sängerin mit der unvergleichlichen Stimme weltweit das Idol der Massen. Auch Intellektuelle wie Jean Cocteau geraten ins Schwärmen und verehren sie: „Jedesmal, wenn sie singt, meint man, sie risse sich endgültig die Seele aus dem Leib". In ihrem schwarzen Kleidchen singt Édith Piaf „la Vie en rose".

Nach ihren Auftritten feiert sie ausgiebig ihre Erfolge mit einer *Clique*. *Profiteur*e sind selbstverständlich dabei. Es wird über die Maßen getrunken, das Geld verprasst. Auch nach Liebe ist die Piaf süchtig. Sie liebt leidenschaftlich. Leidenschaftlich heißt selbst leiden und leiden lassen. Dominant und zerbrechlich. Ihren Liebschaften, ihren „Milords" – Montand, Moustaki, Aznavour, Bécaud und vielen anderen – verhilft sie zum Ruhm. Als ihre große Liebe, der Boxweltmeister Marcel Cerdan, bei einer Flugzeugkatastrophe über dem Atlantik ums Leben kommt, ist sie der Verzweiflung nahe. Sie trinkt bis zur Besinnungslosigkeit, nimmt ständig Beruhigungs- und Aufputschmittel, ist morphiumsüchtig. Ans Aufhören denkt sie jedoch niemals. Auf der Bühne lebt Édith Piaf ihre Chansons, geht immer an die Leistungsgrenze, überschreitet sie und vor dem entsetzten Publikum bricht sie immer wieder zusammen. Sie ist nur noch ein Schatten im Rampenlicht. Es folgen eine Entziehungskur nach der anderen, sieben Operationen. Mit dem legendären Chanson „Non, je ne regrette rien" gelingt kurzweilig die Auferstehung. Sie bereut nichts, überhaupt nichts, denn sie liebt den zwanzig Jahre jüngeren Griechen mit dem Engelsgesicht, Théo Sarapo. Herrisch verbietet sie ihrem letzten Liebhaber das Schwimmen.

Édith Piaf war nur 1,47 m groß, doch ganz Frankreich lag ihr zu Füßen. Sie wollte unsterblich sein. Am 10. Oktober 1963 starb sie in Plascassier. Am selben Tag starb Jean Cocteau. Beide berühmt, sie doch viel bekannter und beliebter. Sie war 47 Jahre alt. Jeden Tag wird ihr Grab auf dem Friedhof Père Lachaise mit frischen Blumen geschmückt.

„Den Tod gibt es nicht" hatte die Piaf gesagt. Ihre Stimme bleibt.

Chansonniere: Im Deutschen hat eine Bedeutungsverschiebung des französischen Wortes stattgefunden. Das Wort „chansonnier/chansonnière" bedeutet eigentlich „Kabarettist/Kabarettistin". Chanson-Interpreten heißen in Frankreich „chanteurs/chanteuses". Mit „diseur/diseuse" (vom Verb dire = sagen) wird in Frankreich eher ein(e) Liedermacher(in) bezeichnet. Das Chanson ist in Frankreich ein Kulturgut, das ein breites Spektrum alltäglicher Themen abdeckt. Alle großen Sänger/innen legen Wert auf Qualität. Dies gilt sowohl für die sehr unterschiedlichen Textaussagen als auch für die Musik, die sie oft selber komponieren. In Frankreich werden Brassens, Brel, Léo Ferré, Barbara, Ferrat, Cabrel und Renaud als Dichter mit großer poetischer Kraft bewundert. Und Dichter interpretieren oft Dichter. Ferrat sang Gedichte von Aragon, Ferré Gedichte von Apollinaire, Rimbaud und Verlaine. Meisterlich!

Chanson: Von frz. chanson (Lied).

Passant: Von frz. passant (Vorübergehender). Die deutsche Sprache hat auch en passant (im Vorübergehen, also beiläufig) übernommen.

Diamant: Von frz. diamant.

Karriere: Von frz. carrière und ital. carriera (Fahrstraße).

Clique: Von frz. clique und altfrz. cliquer, clinquer (lärmen, klingen).

Profiteur: Von frz. profiter (profitieren).

Mehr über Édith Piaf (1915-1963) erfahren:

Lesenswert ist das Buch von Monique Lange, das zugleich als Hauptquelle für den obigen Text diente: „Édith Piaf" – Die Geschichte der Piaf, ihr Leben in Texten und Bildern, Insel Taschenbuch, Frankfurt 2007. Originalausgabe: „Histoire de Piaf", Monique Lange, Éditions Ramsay, Paris 1979. Übrigens, der Künstlername „Piaf" geht auf die umgangssprachliche Bezeichnung im Französischen für einen Spatz (frz. moineau) zurück. „La Môme" bedeutet „die Göre".

Sehenswert ist der Film von Olivier Dahan, „La Vie en Rose" (2006, www.piaf.film.de), auch als DVD erhältlich, vor allem aufgrund der schauspielerischen Glanzleistung von Marion Cotillard in der Hauptrolle. Dafür erhielt sie den Oscar. Der Film ist zwar informativ, die Vulgarität der ungebildeten Sängerin und des „Wracks" Piaf wird leider überbetont. Mehr Respekt hätte die großartige Chanson-Legende verdient.

Ein Tipp für Verehrer, die nach Paris fahren wollen: Im Pariser Viertel Ménilmontant beherbergt das privat betriebene Museum Édith Piaf, 5 rue Crespin du Gast, zahlreiche Erinnerungen (Kleider, Plakate, Briefe, Skulpturen) an die Künstlerin. Öffnungszeiten: Oktober – Mai, Mo-Mi 13-18 Uhr, Do 10-12 Uhr. Wer das Museum besuchen möchte, sollte vorher einen Termin vereinbaren (Tel.: 0033143555272).

Charmeur

Versailles, den 07. November 1921. Als der Angeklagte erscheint, geht ein Raunen durch den überfüllten Gerichtssaal.

Von kleiner Statur, kahlköpfig, ist der vollbärtige Henri-Désiré Landru eigentlich kein besonders gut aussehender Mann. Dennoch hat er viel *Charme*, ungeheuer viel. Am ersten Prozesstag erhält der wortgewandte Herzensbrecher sogar mehrere Heiratsanträge. Manche faszinierte Frau scheint sich in der Opferrolle zu gefallen. Und Opfer hatte es viele gegeben. Laut Anklage soll Landru 283 Frauen betrogen und elf davon bestialisch ermordet, zerstückelt und verbrannt haben. Die älteste, Berthe-Anne Héon war 55, die jüngste, Andrée-Anne Babelay, 19. In den Wirren des Ersten Weltkrieges waren fast alle verwitwet oder geschieden. Alle hatten sich sehr einsam gefühlt, alle waren dem unwiderstehlichen Charme des vorbestraften notorischen Betrügers erlegen. Beruflich gescheitert, hatte der ehemalige Messdiener und liebevolle Vater von vier Kindern dringend Geld benötigt, um seine Familie zu ernähren. Unter Tarnnamen hatte Landru Heiratsanzeigen geschaltet oder beantwortet, hinreißende Liebesbriefe an seine Opfer geschrieben. Er hatte sich als vermögender Witwer ausgegeben, diesen *naiv*en Herzen die Heirat versprochen. Durch erschwindelte Vollmachten hatte er ihnen ihr Geld abgeknöpft. Die elf spurlos verschwundenen Frauen hatte Landru in von ihm angemietete Villen in *Gambay* und *Vernouillet* eingeladen. Zeugen hatten ihn in Begleitung von immer anderen Frauen gesehen. Für seine Zugfahrten hatte der *Galan* für sich selbst stets eine Rückfahrkarte, für die betrogenen Damen jedoch eine einfache Fahrt bezahlt. In Gambay waren Landrus Nachbarn durch übelriechende Rauchschwaden aus dem Hauskamin, auch im Sommer, gestört worden und hatten die Polizei alarmiert. Beide Villen waren durchsucht worden. Bei der *Recherche* waren Knochenreste, Zähne, Damenhutnadeln, *Korsett*teile und viel Asche im Küchenofen und im Kamin gefunden worden. Bei seiner Verhaftung hatte Landru versucht, ein schwarzes Notizheft aus dem Fenster zu werfen. Er hatte alle *Rendezvous* mit seinen Opfern akribisch notiert, dazu präzise Angaben über Rechnungen für kleine Geschenke und Metallsägen gemacht. Somit hatte er einen *eklatant*en Fehler begangen.

Es kam zu einem spektakulären Indizienprozess gegen den „*Barbe-Bleue* de Gambay". Indizien gab es *en masse*, die Leichen der zerstückelten Frauen blieben jedoch unauffindbar. Der Forderung des eloquenten und provokanten Angeklagten – „Montrez-moi les cadavres!" („Zeigen Sie mir die Leichen!") – konnten zwar die Geschworenen nicht folgen, aber der Fall war für sie eindeutig. Bis zum Schluss beteuerte Landru seine Unschuld. Betrüger und Heiratsschwindler ja, Mörder niemals. Auch das *Plädoyer* der Verteidigung – Indizien seien keine Beweise – blieb erfolglos.

Zum wütenden Staatsanwalt sagte der schlagfertige Angeklagte: „Vous parlez toujours de ma tête, Monsieur l'avocat général. Je regrette de n'en avoir pas plusieurs à vous offrir". („Herr Staatsanwalt, Sie verlangen ständig nach meinem Kopf. Ich bedaure, Ihnen nicht mehrere davon anbieten zu können".) Ein *Bonmot* nach dem anderen, Lachsalven im Gerichtssaal.

Landru wurde zum Tode verurteilt. Am 25. Februar 1922, kurz vor seiner Hinrichtung vor dem Gefängnis in Versailles, hatte der Frauenmörder die letzte Zigarette und das Glas Rhum mit der Bemerkung „C'est mauvais pour la santé" („Es ist schlecht für die Gesundheit") abgelehnt. Kann Humor noch schwärzer sein?

Elf einsame, todunglückliche Frauen. Sie waren dem falschen Seelentröster begegnet, einem „charmanten Franzosen".

Übrigens, „Herzensbrecher" wird ins Französiche mit „bourreau des coeurs" übersetzt. Es heißt wörtlich „Herzenshenker".

Charmeur, Charme, charmant: Von frz. charme, einer Ableitung von frz. charmer (bezaubern) und lat. carmen (Zauberformel).

Naiv: Von frz. naïf und lat. nativus (natürlich).

Gambay und Vernouillet: Städtchen in der Nähe von Versailles.

Galan: Von frz. galant (liebenswürdig) und altfrz. gale (Vergnügen).

Recherche: Von frz. recherche (Suche).

Korsett: Von frz. corset und altfrz. cors (Körper).

Rendezvous: Von frz. rendez-vous. Ursprünglich aus der Militärsprache („ergebt euch"). Danach in der Bedeutung von „begebt euch (dorthin)".

Eklatant: Adjektiv von Eklat. Das Wort „Eklat" ist entlehnt aus frz. éclat (Splitter, Krach, Knall) und provenzalisch asclat (Holzsplitter) bzw. provenzalisch esclat (Lärm), und altfrz. esclater (in Splitter schlagen, lärmvoll brechen).

Barbe-Bleue: Dt. Blaubart. Der Blaubart (La Barbe Bleue) ist ein französisches Märchen von Charles Perrault, von den Brüdern Grimm übernommen. Das historische Vorbild für Blaubart war der Marshall von Frankreich und Mitkämpfer der Jeanne d'Arc, Gilles de Rais, ein berüchtigter Sadist und Knabenmörder im 15. Jahrhundert.

En masse: Im Endeffekt französisch. Entlehnt eigentlich aus mittelhd. masse und althd. massa. Bei den alten Römern bezeichnete massa den Teig, bei den alten Griechen war es maza (Brotteig).

Plädoyer: Von frz. plaidoyer und frz. plaid (Streitfall).

Bonmot: Von frz. bon mot (witzige Bemerkung), eigentlich „gutes Wort". Siehe auch die Wortgeschichte „Bonmot".

Sehenswert ist der Film „Landru" (1963) von Claude Chabrol, auch als DVD erhältlich. Wer in französischer Sprache mehr über Landru erfahren möchte: http://grands.criminels.free.fr/ und www.francesoir.fr/faits-divers-landru.html sowie www.histoire-en-questions.fr/personnages/landruproces.html

Chauvinismus

Solche überbegeisterten und aufopfernden Soldaten wie Nicolas Chauvin hatte sich Napoleon immer gewünscht. Armer Chauvin! Mit 18 in die *Grande Armée* eingetreten und nicht weniger als 17 Mal im Krieg verwundet und schwer verstümmelt. Für seinen heldenhaften Einsatz erhielt er vom Kaiser einen Ehrensäbel und eine gute *Pension*. Nach der napoleonischen Zeit wurde allerdings Nicolas Chauvin nicht mehr bewundert, sondern in Komödien verspottet und *avancierte* zu einer lächerlichen Theaterfigur. Und so entstand der Begriff „Chauvinismus" für einen exzessiven, auch aggressiv überzogenen Nationalismus und *Patriotismus*.

Grande Armée: Das Wort Armee ist entlehnt aus frz. armée (Bewaffnete). Als La Grande Armée (frz. für die große Armee) wurde ab 1805 die französische Armee Napoleons bezeichnet. Es war wohl der buntscheckigste Soldatenschar aller Zeiten. Für den verheerenden Russlandfeldzug hatte der Kaiser Truppen aus ganz Europa zusammengetrommelt. Anfänglich ca. 200.000 Mann groß, dann 1815 bis ca. 560.000 Mann. Nur 270.000 waren Franzosen. Die übrigen Soldaten stammten aus den verbündeten Ländern (90.000 Polen, 40.000 Österreicher, 30.000 Bayern und 23.000 Preußen). Aber auch Italiener, Schweizer, Kroaten, Spanier und Portugiesen gehörten zur Grande Armée.

Pension: Von frz. pension, (Gehalt, Ruhegehalt) und lat. pensio (Zahlung).

Avancieren: Von frz. avancer (vorrücken).

Patriotismus: Von frz. patriotisme und frz. patriote und lat. patriota (Landsmann).

Clochard

Eugène *Bonheur* ist ein glücklicher Clochard. Er lebt wie Gott in Frankreich.

Jeden Tag teilt er *Baguette*, manchmal saucisson (Salami) und immer piquette (Rachenputzer, Fusel) mit seinem *Kumpel* Prosper *Sanssouci*. Jeden Abend bewundern beide Überlebenskünstler den klaren Sternenhimmel über der Lichterstadt, philosophieren ein wenig wie Rousseau und Voltaire und versinken in einen friedlichen Schlaf unter einer idyllischen Brücke.

Eugène Bonheur ist ein *Klischee* und diese idealisierte sozialromantische Geschichte hinkt, oder wie die Franzosen sagen würden: „Cela cloche". Die *S.D.F.*, wie die Clochards heutzutage heißen, erleben bzw. erleiden eine ganz andere harte Realität. Sie können froh sein, dass es *Restaurants du Coeur* gibt, um in der kalten Jahreszeit dem Erfrierungstod zu entrinnen.

Das Wort Clochard leitet sich von clocher (hinken, lat. cloppus „hinkend") ab. Viele Bettler im Mittelalter waren verkrüppelt. Im Französischen bedeutet cloche (lat. clocca) auch Glocke. Die Version der modernen Restos du Coeur existiert seit geraumer Zeit. Es war eine mittelalterliche Tradition, nach einem üppigen Festmahl, eine Glocke zu läuten, um Bedürftige und Bettler zum *Rest*essen zu rufen.

In Frankreich schrieb *Beaumarchais*: „En France, tout se termine par la chanson" („In Frankreich endet alles mit einem Chanson").

        Je te promets pas le grand soir
        Mais juste à manger et à boire
        Un peu de pain et de chaleur
        Dans les restos, les restos du coeur.

        Aujourd'hui on n'a pas le droit
        Ni d'avoir faim ni d'avoir froid.

Ich verspreche Dir keinen tollen Abend
Aber gerade genug zum Essen und Trinken
Etwas Brot und Wärme
In den Restaurants, in den Restaurants des Herzens.

Heute ist es verboten
Unter Hunger und Kälte zu leiden.

La Chanson des Restos, Jean-Jacques Goldman 1985

Bonheur: Dt. Glück. Ursprünglich „la bonne heure", „die gute, günstige Stunde".

Baguette: Siehe die Wortgeschichte „Baguette".

Kumpel: Siehe die Wortgeschichte „Kumpel".

Sanssouci: Sans souci, dt. ohne Sorge. Siehe die Wortgeschichte „Sanssouci".

Klischee: Von frz. cliché (nachgebildet) und clicher (einen Abklatsch herstellen).

S.D.F.: Abkürzung für Sans Domicile Fixe (ohne festen Wohnsitz), also obdachlos. In Frankreich heißen die sans domicile fixe, die Obdachlosen, auch die sans abri (ohne Schutzdach) oder gar itinérants.

Restaurants du Coeur, abgekürzt **Restos du Coeur:** Restaurant des Herzens ist eine französische Initiative, die während der Wintermonate Nahrung und Kleidung an Bedürftige verteilt. Gegründet wurde sie im September 1985 von dem französischen Komödianten und Filmschauspieler Coluche, mit bürgerlichem Namen Michel Colucci. Coluche war es eine Herzenssache, gegen Rassismus und Armut mit Witz und Humor anzukämpfen. Im Gründungsjahr konnten 8,5 Millionen kostenlose Mahlzeiten an S.D.F. verteilt werden. In Deutschland hat die Stadt Leipzig das französische Konzept übernommen. Jedes Jahr vom 6. Dezember bis zum 6. Januar erhalten Bedürftige ein dreigängiges Menu im „Restaurant des Herzens".

Rest: Von frz. reste (Rückstand).

Beaumarchais (1732–1799): Der Unternehmer und Schriftsteller ist vor allem bekannt als der Autor einer der meistgespielten französischen Komödien, Le Mariage de Figaro (Die Hochzeit des Figaro). Er konnte auch mehrere Musikinstrumente spielen. Der vielseitige Pierre Augustin Caron de Beaumarchais erfand mit 20 einen neuen Mechanismus für die Ankerhemmung von Taschenuhren.

Cocktail

Frei, endlich frei!

Sichtlich gerührt, genießt *Toussaint l'Ouverture* das Bad in der jubelnden Menge.
Bis tief in die Nacht hinein tanzen die schwarzen Sklaven in den Straßen von *Port-au-Prince*. Sie sind in die Hauptstadt *Haiti*s gekommen, um mit ihrem Anführer
den Sieg über die Kolonialmacht Frankreich zu feiern. Und sie wollen sich rächen.

1793 müssen 10.000 Kreolen die Insel verlassen und wandern nach *Louisiana* aus.
Unter ihnen befindet sich ein junger Apotheker namens Antoine Peychaud. In *La
Nouvelle-Orléans*, der größten Stadt Louisianas, lässt es sich gut leben. Man spricht
Französisch, die lokale Küche ist kreolisch, Peychaud fühlt sich wohl.
In seiner Apotheke im French Quarter behandelt er Krankheiten mit Magenbitter.
In seinem Beruf ist der kreative *Kreole* gewohnt, verschiedene Substanzen zu
mischen. Eines Tages mixt er Roggenwhisky mit Absinth und aromatischen Pflanzen
und serviert dieses Getränk in Eierbechern. Weil seine amerikanischen Freunde das
französische Wort für Eierbecher, „coquetier", nicht richtig aussprechen können,
machen sie „Cocktail" daraus.

Über die Entstehung des Cocktails rankt sich allerdings eine andere plausible
Geschichte. Das Mischgetränk hätte seinen Namen den grausamen Hahnenkämpfen
zu verdanken. Nach beendetem Kampf hatte der Besitzer des Siegerhahnes das
Recht, dem getöteten Hahn die bunten Schwanzfedern auszureißen.
Bei anschließendem Umtrunk wurde diese Trophäe mit einem Getränk „on the
cock's tail" (auf dem Hahnenschwanz) begossen. Später nannte man diese nach
den Kämpfen gereichten Getränke „Cocktails".

Ob Antoine Peychaud der Erfinder des ersten Cocktails ist oder nicht, auf jeden Fall
bleibt er der moralische Sieger.

Toussaint L'Ouverture (1743–1803) („Der den Weg öffnet"): Der haitianische Nationalheld afrikanischer Herkunft wurde in eine Sklavenfamilie geboren. Die französische Revolution im Jahre 1789 wurde auch auf Haiti zum Fanal für die ersten größeren Aufstände. Zu diesem Zeitpunkt zählte man auf Haiti 500.000 schwarze Sklaven, 25.000 Mulatten – Mulatte ist eine Bezeichnung für Menschen mit einem weißen und einem schwarzen Elternteil – und 30.000 Weiße. 1793 schaffte Toussaint L'Ouverture die Sklaverei ab, führte eine Landreform ein und brachte es bis zum General in der französischen Kolonialverwaltung. Dieser geschickte Heerführer, manchmal „der schwarze Napoleon" genannt, vertrieb die Franzosen von der Insel. Um dem Einfluss Toussaints 1802 zu begegnen, entsandte Napoleon 79 Schiffe mit 40.000 Soldaten und brachte die verlorene Kolonie wieder unter seine Kontrolle. Toussaint L'Ouverture wurde in Ketten nach Frankreich deportiert, wo er 1803 starb.

Port-au-Prince wurde 1749 von französischen Zuckerrohrpflanzern gegründet.

Haiti: Frz. Haiti, haitianisches Kreol: Ayiti – Der Landesname des Inselstaates bedeutet „bergiges Land". Der Staat Haiti in der Karibik war ehemals (Saint-Domingue) die reichste Kolonie Frankreichs. Heute herrschen Armut (nach dem verheerenden Erdbeben mehr denn je) und Kindersklaverei. 300.000 Jungen und Mädchen, „Restavèks" (vom Französischen „rester avec" übersetzt „bei jemandem bleiben") genannt, müssen in fremden Familien wie Leibeigene schuften. Die heutigen 9,4 Mio. Einwohner sind größtenteils afrikanischer Abstammung.

Louisiana: Bundesstaat im Süden der USA. Der Name wurde zu Ehren König Ludwigs XIV. von Frankreich gewählt. 1681 beanspruchte Frankreich das Mississippigebiet für sich und besiedelte es dauerhaft. 1803 kaufte US-Präsident Thomas Jefferson die französische Kolonie von Napoleon für 15 Mio. Dollar.

Cajun ist der westfranzösische Dialekt der Cajuns, die im Cajun Country in Louisiana leben. Die Sprache war die der französischsprachigen Einwanderer aus der ostkanadischen Provinz Akadien. Das Wort „Cajun" ist eine Verballhornung von „Akadien". Heute sprechen ca. 200.000 Bewohner Louisianas Französisch. Somit ist Französisch die zweithäufigst gesprochene Sprache in diesem Bundesstaat.

La Nouvelle-Orléans: New Orleans gilt als „Wiege des Jazz". Die Stadt am Mississippi River wurde 1718 zu Ehren von Philipp II., Herzog von Orléans, von dem Franzosen Jean-Baptiste Le Moyne gegründet. La Nouvelle-Orléans ist bekannt für seine historische Altstadt, das French Quarter, und deren schöne Architektur aus der französischen Kolonialzeit.

Kreole: Das Wort Kreole ist eine Ableitung von dem spanischen Wort criollo und bedeutet so viel wie „Eingeborener". Im 16. Jahrhundert wurden so die Spanier genannt, die in den spanischen Kolonien in Südamerika geboren wurden. In Lousiana wurden so im 17. und 18. Jahrhundert die Nachkommen der französischen und spanischen Kolonisten genannt. Im Bundesstaat Louisiana und vor allem in New Orleans ist die kreolische Küche beheimatet. Die sog. „Heilige Dreifaltigkeit" (Holy Trinity) bildet die Grundlage für viele Gerichte. Sie besteht aus fein gehackten Zwiebeln, Gemüsepaprika und Staudensellerie. Hier im Text Cocktail Bezeichnung für jeden auf der Insel geborenen Nachkommen französischer Einwanderer.

Concierge

Seit eh und je spielen Concierges eine Schlüsselrolle.

Vor tausend Jahren trug der Concierge in Frankreich als Torhüter oder Pförtner einer Burg eine große Verantwortung. Diese wurde noch größer gegen Ende des 14. Jahrhunderts. In der Pariser Conciergerie, einem imposanten wehrhaften Palastgebäude an der Seine, sorgte der Concierge in seiner Eigenschaft als königlicher Haushofmeister und Verwalter für die nötige Sicherheit im Palast. Er hatte die Schlüsselgewalt.

Als die Conciergerie ihre Wehrfunktion verlor, diente sie als finsteres Staatsgefängnis für 1.200 Gefangene. Während der Revolution verwandelte sich der einstige *Stadtpalast* zum „Vorzimmer" der Guillotine. Der seinerzeit edle Concierge wurde zum Gefängniswärter (concierge de prison) degradiert und das Wort „Concierge" wurde seiner Herkunft gerecht. „Concierge" hat mit cierge (dt. Kerze) nichts zu tun, sondern leitet sich vom lat. „conservus" ab, was Sklavenbegleiter (compagnon d'esclavage) bedeutet. Bekanntlich teilt ein Gefängniswärter ein wenig das Schicksal der Gefangenen.

Das Schicksal jeden Mitbewohners eines Mietshauses in den 50er Jahren in Frankreich war das Vorbeigehen an der *Loge* der geschwätzigen Concierge, Madame Pipelet. Ihr und ihrem frechen Papagei Coco entging nämlich nichts, auch nicht das kleinste Gerücht.

Heutzutage, vor allem in der Luxushotellerie, ist der hoch qualifizierte Chefconcierge der Mann, der niemals nein sagt. Er ist kein Hausmeister oder *Portier*, sondern am Empfang tätig. Während sich seine Kollegen um den Check-in kümmern, organisiert er alles, was über das Standardangebot des Hotels hinausgeht: Tickets für die Oper oder das Theater, für ausgebuchte *Restaurant*s oder Sportveranstaltungen, etc. Er erfüllt die ausgefallensten Wünsche der anspruchsvollen Klientel. Concierge: ein Beruf mit Höhen und Tiefen auf der Achterbahn der Geschichte.

(Stadt-)Palast: Von altfrz. palais und lat. Palatium, ursprünglich Name des palatinischen Berges in Rom, einem der sieben Hügel, auf denen die Stadt erbaut wurde.

Loge: Von frz. loge und frz. loger (unterbringen).

Portier: Von frz. portier und frz. porte (Tür).

Restaurant: Von frz. restaurant (wiederherstellend).

Cordon bleu

Wenn ein *charmant*er Franzose (s)eine Frau als „cordon bleu" bezeichnet, hält er sie nicht für ein mit Käse und Schinken gefülltes *paniert*es Schnitzel vom Kalb, sondern für eine ausgezeichnete Köchin. Er macht ihr ein großes *Kompliment*!

Das „Cordon bleu", wortwörtlich „blaues Band", war ein himmelblaues Ordensband, das um 1600 von den Rittern des französischen Ordens vom Heiligen Geist (Ordre du Saint-Esprit) getragen wurde. Dieser Orden, von König Henri III. gegründet, galt als der höchste und elitärste Ritterorden Frankreichs. Mit der Zeit wurde „le Cordon bleu" nicht nur als Bezeichnung für diesen Orden selbst und seine Ritter gebraucht, sondern sehr bald auch als allgemeines Synonym für hervorragende Leistungen in den unterschiedlichsten Disziplinen verwendet, insbesondere jedoch für *exzellent*e kulinarische Leistungen. König Ludwig XV. zeichnete sogar die Köchin seiner *Mätresse* Madame Dubarry, wider aller Regeln, mit dem „Cordon bleu" aus. 1895 wurde die Kochschule „Cordon bleu" in Paris gegründet. Heute ist diese internationale Kochschule mit 26 Schulen in 15 Ländern und rund 18.000 Schülern führend auf dem Sektor der gastronomischen Ausbildung.

Aber wie kam es zur Namensentstehung des Gerichts? Vermutlich stammt das Rezept aus der Schweiz. Eine These lautet, dass das Schnitzel erstmals 1929 zur Feier der schnellsten Atlantiküberquerung der „Bremen" vom Schweizer Koch dieses Schiffes zubereitet wurde. Deshalb wahrscheinlich die leckere Käsefüllung!

Charmant: Von frz. charmant und charme und ursprünglich aus dem Lateinischen carmen (Gesang, Spruch, Zauberformel).

Paniert: Von frz. paner („mit Brotbröseln bestreuen") und frz. pain (Brot).

Kompliment: Von frz. compliment und span. complimiento (Fülle).

Exzellent: Von frz. excellent (herausragend).

Mätresse: Von frz. maîtresse (eigentlich „Gebieterin, Meisterin").

Coupé-Cabriolet

Mitte Juni, in einem schnittigen Coupé-Cabriolet („CC") mit geöffnetem Dach auf der *Autoroute du Soleil* Richtung Côte d'Azur brausen und ab nach *Saint-Tropez*! Solche sportlichen Autos mit ihrem *elegant*en *avantgardistischen* Design sind u.a. bei der *Jeunesse dorée* (goldene Jugend) schwer in *Mode*.

Ein Coupé-Cabriolet ist ein französisches *Kofferwort*. Der Name Coupé (frz. coupé = geschnitten, abgeschnitten) stammt ursprünglich von einer vierrädrigen Kutsche mit zwei Sitzplätzen in der Kabine, bei welcher der Fahrer weit vorne und außerdem draußen saß. Von der Seite betrachtet, sah dieses Fahrzeug aus wie eine viersitzige Kutsche, bei der man den Teil, wo sich normalerweise die vorderen Sitzplätze befinden, abgeschnitten hatte. Die ersten Coupés der Automobil*industrie* waren zweitürig, heute sind große viertürige Coupés im Trend.

Der Begriff Cabrio ist eine Abkürzung für das französische Wort cabriolet. Ein Cabriolet war in Frankreich ein Ausflugswagen für Schönwettertage und bezeichnete einen leichten, offenen, einspännigen (Pferde-)Wagen, der nicht schwer auf der Straße lag und deshalb Sprünge machte (frz. cabrioler = wie ein Bock, ital. capro = Bock, eine Ziege, die Luftsprünge macht). In der heutigen Zeit, mit dem Klimawandel, ist es das Wetter, das Kapriolen macht.

Autoroute du Soleil: „Autobahn der Sonne" entlang des Rhônetals im Südosten Frankreichs. Während der französischen Sommerferien (les grandes vacances) kommt es oft zu langen Staus. Unbedingt meiden sollte man die A 7 in beiden Richtungen am letzten Juli- und ersten Augustwochenende.

Saint-Tropez: Brigitte Bardot machte das malerische Fischerdorf (5.592 Einwohner) an der Côte d'Azur weltbekannt. Vor allem im Sommer, ist „Saint-Trop." der kultige Treffpunkt der Schönen und Reichen. (www.saint-tropez.fr). Hochwertige Kunstsammlung (Signac, Matisse, Bonnard) im Musée de l'Annonciade.

Elegant: Von frz. élégant und lat. elegans (auslesend, auswählend).

Avantgarde: Von frz. avant-garde. Das Wort bezeichnet eine Vorreiterrolle, „Trendsetter". Der Begriff stammt ursprünglich aus dem Sprachschatz des französischen Militärs und bezeichnet die Vorhut (frz. avant = vor und frz. garde = Bewachung, Wache). Das Gegenstück war die Nachhut (veraltet arrière-garde im Französischen). Zwischen Vorhut und Nachhut marschiert die Hauptmacht, das „Gros" (von frz. gros für „dick").

Jeunesse dorée: Der Begriff stammt aus dem Französischen und stand früher für die reiche, leichtlebige und genusssüchtige Jugend der Großstädte. Die Wurzeln des Begriffes finden sich in den Aktivitäten von reaktionären jungen Männern des französischen Bürgertums, die nach der Hinrichtung Robespierres 1794 als Gegner der volksnahen Jakobiner auftraten. Mit Knüppeln bewaffnet, machten diese jungen Monarchisten Front gegen die Jakobiner. Das Kampflied der Jeunesse dorée erreichte fast die Bedeutung der Marseillaise.

Mode: Von frz. mode und lat. modus (Maß, Art und Weise).

Kofferwort: Koffer ist entlehnt aus frz. coffre (Truhe), Ein Kofferwort ist z.B. das deutsche Wort „Politesse" (Polizei und Hostess).

Industrie: Von frz. industrie, eigentlich „Fleiß" und aus lat. industrius (betriebsam).

Couragiert

Paris, 13. Juli 1793, rue des Cordeliers 20.

In seiner bescheidenen Wohnung bläst der radikale Revolutionär und Arzt *Jean-Paul Marat* Trübsal. Ausgerechnet am morgigen Nationalfeiertag wird er nicht beim jubelnden Volk sein. Seine Freunde, die *Sansculotten*, werden ihn sehr vermissen.

Marat ist krank. Er leidet unter einer chronischen Hautkrankheit und kann an den Sitzungen des Konvents nicht teilnehmen. Der Gedanke an das wohltuende abendliche Bad tröstet ihn. Sitzend kann er in seiner Holzbadewanne arbeiten und der Revolution dienen. Auf einem Brett stapeln sich Briefe und *Papiere*, denn Marat ist nicht nur Arzt, sondern auch einer der wichtigsten Anführer der *Jakobiner* und Herausgeber der volksnahen, antimonarchistischen Zeitung „L'Ami du Peuple" („Der Freund des Volkes"). In messerscharfen Artikeln wettert er gegen die Feinde der Revolution, u.a. die gemäßigten *Girondisten*. Der gefürchtete Marat predigt den Terror, fordert ständig Köpfe, seine Feder ist sein Schwert.

Am Nachmittag hat Marat zwei Briefe von einer jungen Patriotin aus der Normandie erhalten: „Je viens de Caen. Votre amour pour la patrie doit vous faire connaître les complots qu'on y médite. J'attends votre réponse". Marat ertrinkt in Arbeit, er findet keine Zeit, diese Briefe zu beantworten. Um 19 Uhr meldet sich eine junge Frau in Marats Wohnung. Sie will ihn unbedingt sprechen, führende Girondisten, die *Komplott*e schmieden und sich in Caen verstecken, denunzieren. Die „patrie" schwebe in höchster Gefahr! Eine erfreuliche Nachricht für Marat. Er sitzt in seiner Badewanne, erinnert sich an die beiden Briefe. *Charlotte Corday* wird hereingelassen. Der Volksvertreter begrüßt freundlich sein *Visavis*, fragt nach den Namen der Verräter der Revolution und greift zur Feder. Ein einziger Artikel wird wohl reichen, bald werden deren Köpfe rollen. Plötzlich holt Charlotte Corday ein Küchenmesser aus ihrer *Corsage* und erdolcht den wehrlosen Marat. Er stirbt auf der Stelle.

Marat, der vom Volk so beliebte Marat, der aufrichtige Marat, der so gerne seine Gegner in den Tod schickte, hatte ein fatales *Rendezvous* mit dem eigenen. Der Tod trug die feinen Gesichtszüge der schönen Aristokratin und Anhängerin der Girondisten, Charlotte Corday. Sie hatte niemanden über ihr Vorhaben informiert. Die Ermordung Marats bedeutete für die *couragiert*e junge Frau den sicheren eigenen Tod. Sie war sich dessen bewusst. Vier Tage später wurde Charlotte Corday in einer Karre durch die Straßen von Paris zum *Schafott* geführt. Sie trug das rote

Hemd der Mörder und Giftmischer. Der wütende Pöbel sang „Ça ira", schrie und beleidigte pausenlos die Verurteilte. Vom Henker wurde sie aufgefordert, sich hinzusetzen.

Sie blieb stehen.

Für den Mord an Marat zahlten die Girondisten einen hohen Preis. Ihre Anführer wurden Ende Oktober 1793 guillotiniert, der Terror griff um sich, wurde noch schlimmer. Massenhinrichtungen waren die Folge. Aus Marat, dem blutrünstigen Monster der Revolution, machte das Volk einen Märtyrer. Seine Ermordung war letztendlich eine sinnlose Tat.

Ein Schlag ins Wasser.

Jean-Paul Marat (1743-1793): Der Intellektuelle und Naturwissenschaftler Jean-Paul Marat war einer der radikalsten Führer der Französischen Revolution und ein Jakobiner. Marat war sehr gebildet (Medizinstudium in Bordeaux), beherrschte perfekt die englische Sprache. Er verbrachte zehn Jahre in England und veröffentlichte dort eines seiner berühmtesten Werke, „Chains of Slavery" („Ketten der Sklaverei"). Ferner schrieb er Bücher über Physik, Theorie der Politik, Recht und Physiologie. Seine Zeitung „L'Ami du Peuple" war die einflussreichste und gefürchteste radikale Zeitung Frankreichs. Juli 1790 befürwortete Marat das Guillotinieren von 500 Gegnern. 1792 begrüßte er die Septembermassaker gegen Unabhängige und Royalisten. Marat war befreundet mit Robespierre und Danton. Wegen seiner Radikalität mieden ihn allerdings zahlreiche Parteifreunde. Aus Idealismus lebte Marat freiwillig in ärmlichen Verhältnissen. Das einfache Volk konnte sich mit ihm identifizieren und verehrte ihn.

Sansculotten: Frz. les Sansculottes. Von frz. sans culotte (ohne Kniebundhose), selbst abgeleitet von frz. cul (Hintern). So wurden während der Französischen Revolution die Pariser Arbeiter und Kleinbürger bezeichnet, die im Gegensatz zu den von Adligen und Klerus getragenen Kniebundhosen lange Hosen trugen, weil diese zur Arbeit geeignet waren. Die Sansculotten unterstützten die Jakobiner.

Papiere: Von frz. papier. Ursprünglich ein ägyptisches Wort.

Jakobiner: Frz. les Jacobins. Sie waren die Mitglieder des wichtigsten politischen Klubs während der Französischen Revolution. Der Name leitet sich vom Ort ihrer Versammlungen her, dem Dominikanerkloster Saint-Jacques in Paris. Durchdrungen von den Gedanken Rousseaus, wollten sie die in der Französischen Revolution erreichte konstitutionelle Monarchie durch eine Republik ersetzen. Die Jakobiner machten Politik für das einfache Volk, Arbeiter (Sansculotten) und Kleinbürger.
Sie wollten soziale Gerechtigkeit. 1792 erzwangen sie gegen den Willen ihrer gemäßigten Gegenspieler, den Girondisten, einen Prozess gegen den König Ludwig XVI. Unter der Führung von Robespierre errichteten sie ab 1793 ein Schreckensregime, die Terrorherrschaft (frz. la Terreur) und eliminierten die Girondisten.

Girondisten: Frz. les Girondins. Die Girondisten waren die Mitglieder einer einflussreichen Gruppe („Gironde") von Abgeordneten während der Französischen Revolution. Sie trugen ihren Namen nach dem Département Gironde mit der Hauptstadt Bordeaux, aus dem viele Abgeordnete stammten. Generell kamen die Girondisten aus den Hafenstädten im Westen und im Süden Frankreichs. Sie waren Anwälte oder Kaufleute und Verfechter eines aufgeklärten Bürgertums. Sie wollten eigentlich die Revolution beenden, um ihre Interessen zu wahren und ihr Eigentum zu verteidigen. Im Konvent verloren sie allmählich ihre Macht an die Jakobiner. Der Aufstand der Sansculotten Ende Mai 1793 führte zur Verfolgung und Hinrichtung 21 führender Girondisten am 31. Oktober 1793.

Komplott: Das Wort stammt aus dem Französischen. Es setzt sich aus altfrz. con (mit) und altfrz. pelote (Spielball) zusammen. Schon im alten Rom waren Bälle (pila) mit Haaren (pilus) gefüllt. Die Bälle wanderten als pelote nach Frankreich. Bekannt ist die pelote basque im Baskenland.

Charlotte Corday (1768–1793): Die Adlige Marie Anne Charlotte Corday d'Armont war die Urenkelin des Dramatikers Pierre Corneille. Für sie war Marat die treibende Kraft der Schreckensherrschaft. In der Beseitigung Marats sah sie die Rettung Frankreichs. Sie hatte eigentlich geplant, Marat am 14. Juli 1793, dem Jahrestag der Erstürmung der Bastille, in der Öffentlichkeit zu erstechen. Aber Marat konnte wegen seiner Skrofulose seine Wohnung nicht verlassen. Durch den Mord erlangte Charlotte Corday den Status einer Märtyrerin der Konterrevolution.

Visavis: Von altfrz. vis (Gesicht). Das altfranzösische Wort findet man noch im Adverb vis-à-vis (gegenüber).

Corsage: Von frz. corsage und frz. corps (Körper).

Rendezvous: Von frz. rendez-vous (begeben Sie sich oder ergeben Sie sich).

Couragiert: Von frz. courage (Mut) und aus frz. coeur (Herz).

Schafott: Von altfrz. chafaud und neufrz. échafaud (Blutgerüst).

Pöbel: Von altfrz. poble (gemeine Leute) und frz. peuple (Volk).

Ça Ira: Frz. wörtlich: Das wird gehen, im übertragenen Sinne: Wir werden es schaffen. Es ist der Beginn eines Kampfliedes aus der Zeit der Französischen Revolution. Das Lied rief zum Kampf des Volkes gegen Aristokratie, Klerus und Adel auf.

Crêpes

„Mardi-Gras, ne t'en vas pas, je ferai des crêpes, je ferai des crêpes,
Mardi-Gras, ne t'en vas pas, je ferai des crêpes et t'en auras".
„Mardi-Gras, gehe nicht weg, ich werde Crêpes backen, ich werde Crêpes backen,
Mardi-Gras, gehe nicht weg, ich werde Crêpes backen und du wirst welche haben".

Französisches Kinderlied

Sie sind in aller Munde, die goldgelben runden Pfannkucken aus der Bretagne: die
Crêpes. Aber warum sind sie die Vorboten des Frühlings?

Unweit von Quimper und der bretonischen Küste liegt das historische Dorf Locronan.
Es gehört zu den schönsten Frankreichs. Auf dem Grand'Place *gruppieren* sich um
die Kirche Saint-Ronan Crêperien in Granithäusern aus dem 17. und 18. Jahrhundert.
Dort kann man herzhafte *Galettes* und „krampouezh", süße Crêpes aus Weizenmehl,
genießen. Als flüssige Begleitung bietet sich eine „*bolée de cidre*" an.

In Locronan kommen und gehen die Touristen, die Zeit aber ist stehen geblieben.
Gerade in der Winterzeit, an neblig-trüben Tagen, haben der Ort und der nahe
gelegene heilige Wald von Saint-Nivet etwas Magisches. Sie laden zu einer Reise in
die Vergangenheit ein, in die geheimnisvolle Welt der Mythen, Rituale und Symbole.

Hart war das Leben der *Kelten*, lang und entbehrungsreich die Winter. Von den
Launen der Natur waren die Vorfahren der Bretonen völlig abhängig. Als am ersten
Februar die Tage deutlich länger wurden und der als Lebensquell verehrte Sonnen-
gott Sulis, das allsehende Auge des Himmels, an Strahlkraft gewann, feierten die
Kelten „imbolc", das Fest der Reinigung des Wassers. Im fünften Jahrhundert
wählte die katholische Kirche den darauffolgenden Tag für Maria Lichtmess. Im
Gegensatz zu Deutschland wird in Frankreich der zweite Februar mit einem schönen
kulinarischen Brauch, dem Backen von Crêpes, gefeiert. Es ist die Chandeleur, die
„fête des chandelles", das Fest der Kerzen. Zur Chandeleur muss man seine Crêpe
wenden, indem man in der rechten Hand die Pfanne und in der linken ein
Goldstück hält. Gelingt diese akrobatische Operation, hat man das ganze Jahr über
Glück. Zwei Wochen nach der Chandeleur, am *Mardi-Gras* („am Fetten Dienstag"),
findet ein weiterer Tag der Crêpes statt. Dann wird gefastet.

Wie ist die auf den ersten Blick bizarre Assoziation zwischen Kerzen und Crêpes entstanden? Zur Chandeleur trug man im Mittelalter in Prozessionen geweihte Kerzen zur Kirche und brachte anschließend welche heim. Sie wurden überall aufgestellt und angezündet, das Kerzenlicht sollte Unheil fernhalten: Blitzschläge, Gewitter, Hungersnot, Wölfe, den „Mann mit den eisernen Nägeln", wie die Bauern den Teufel nannten, und den Tod. Dabei wurden Crêpes gebacken, aus blé noir, Buchweizenmehl natürlich, denn Weizenmehl und Zucker waren unerschwinglich. Die Crêpes sollten Fruchtbarkeit und Glück bringen. In der dunklen Jahreszeit symbolisierte ihre Kreisform die Sonne und mit ihr die ersehnte Wiedergeburt des Frühlings, die Hoffnung auf eine ertragreiche Ernte.

Das französische Wort crêpe selbst ist entlehnt aus dem Altfranzösischen crespe, aus dem Lateinischen crispus, was „wellig, frisiert" bedeutet. Bei der Zubereitung wellt sich der zarte Teig.

Die bretonischen Pfannkuchen haben längst Einzug in Deutschland gefunden. Ein Farbtupfer, ein Lichtblick in grauen Fußgängerzonen sind Crêperien-Stände. Dort warten die Crêpes auf Kinder mit großen Augen und auf wintergeplagte, sonnenhungrige *Passanten*. Alle, Jung und Alt, lachen die Crêpes an und wünschen auf bretonisch „Kalon digor"! Sie haben es verstanden.

Crêpes: Die bretonische Spezialität, die „crêpe de froment" („Weizenmehlpfannkuchen") ist eigentlich eine Verfeinerung der Galette. Im 17. Jahrhundert brachten bretonische Seeleute von ihren Schiffsreisen Rum, Orangenblütenwasser, Vanille und Zimt mit, die Crêpes-Bäckern sehr gelegen kamen. Die Königin der Crêpes ist die Crêpe Suzette. Als der spätere englische König Edward VII., in Begleitung einer Französin namens Suzette im Café de Paris in Monte Carlo Crêpes zum Dessert bestellte, erfand aus Versehen der junge Koch Henri Charpentier die Crêpe Suzette. Als er die Crêpes am Tisch zubereitete, entflammte sich der daneben stehende Orangenlikör. Der geistesgegenwärtige Koch servierte die flambierten Crêpes zweimal gefaltet. Das neue Rezept schmeckte dem galanten Prince of Wales. Er taufte die Crêpes auf den Namen seiner hübschen Begleiterin. Es gibt aber auch andere Interpretationen. Die heutigen Crêpes Suzette werden zu „quarts de plaisir" („Vierteln des Vergnügens") zusammengelegt und mit Cointreau oder Grand Marnier flambiert. Wer Lust hat, kann unter www.essen-und-trinken.de/rezept/157454/ crepes-suzette.html experimentieren.

Quimper und Locronan: Quimper (67.000 Einwohner) hat eine schöne Altstadt, Kathedrale und Fayencen und die hauchdünnen Crêpes dentelle (Spitze). Dem pittoresken Dorf Locronan mit seinen 800 Dorfbewohnern stehen jährlich bis 800.000 Touristen gegenüber.

Gruppieren: Das Wort Gruppe ist entlehnt aus frz. groupe (männlich).

Galettes: Jahrhundertelang war die „galette de sarrasin", auch „galette de blé noir" genannt („Buchweizen- Pfannkuchen") das preiswerte Grundnahrungsmittel der Bretonen. Buchweizen, das „sarazenische Korn", wurde von den Kreuzrittern nach Frankreich gebracht. Die Galettes wurden ursprünglich als Brotersatz auf einem heißen, flachen Stein, „jalet" in der bretonischen Sprache, gebacken. Die heutigen Galettes eignen sich ganz besonders für herzhafte Füllungen (Schinken, Speck, Käse, Eier, Räucherfisch etc.).

Bolée de cidre: Dt. Schale Apfelwein (bretonisch „bolennou chistr"). In Frankreich wird Apfelwein vor allem in der Normandie und der Bretagne produziert. Als Kir breton wird ein Mischgetränk aus crème de cassis (schwarzer Johannisbeer-Likör) und cidre bezeichnet.

Die Kelten: Frz. les Celtes. Um 500 v. Chr. erreichten keltische Stämme „Armorika", das „Meerland", die heutige Bretagne. Die Gottheiten dieses kriegerischen Volkes waren Naturkräfte. In der keltischen Mythologie haben die Sonnenwenden einen großen Stellenwert. Auch in der Bretagne findet man keltische Kreuze, meist aus Stein gehauen. Sie verbinden die traditionelle Kreuzform mit einem Kreis. Dieser symbolisiert das Sonnenrad ohne Anfang und ohne Ende, die heilende Kraft der Sonne, ihre ewige Wiederkehr („l'éternel retour"). Als Schmuck verhilft das keltische Kreuz seinem Träger zu Reichtum.

Mardi-Gras: Wörtlich „Fetter Dienstag". Es ist die Bezeichnung für den letzten Karnevalstag in Frankreich. Die Kinder verkleiden sich und „plats gras" („fette Gerichte") wie beignets (Krapfen) und Crêpes werden an diesem Tag gegessen.

Passanten: Von frz. passant (vorbeigehend) und lat. passus (Schritt).

Bretagne, Bretonen und bretonische Sprache: Die über 2.800 km lange abwechslungsreiche Küste, kontrastreiche Landschaften, schöne alte Städte und ein reiches Kulturerbe machen das Land der Menhire (maen=Stein, hir=lang, also „langer Stein") und anderer Megalithen zu einem beliebten Reiseziel. Überall sind Traditionen (Volksmusik, Trachten, Festivals) und Bräuche lebendig. Die Bretagne ist von Religiosität (Calvaires, Wallfahrten, „Pardons", tausende von Landkapellen) durchdrungen. Nähere Informationen unter www.breizh.de.

Die Bretonen gelten bei vielen Franzosen als stolz, störrisch („être têtu comme un Breton" = „Dickköpfig wie ein Bretone sein"), oft introvertiert, trinkfest und kämpferisch. Fakt ist, dass die Bretonen warmherzig, umweltbewusst, stolz auf ihre kulturelle Identität und solidarisch sind. Sie essen und feiern gerne im Familien- und Freundeskreis.

Die ca. 240.000 von den vier Millionen Bretonen, die die bretonische Sprache („Brezhoneg") beherrschen, werden „bretonnants" genannt. Die Sprache selbst ist eine alte keltische, mit dem Walisischen verwandte Sprache. Sie klingt sehr fremd und ist wahrlich nicht einfach. „Ich spreche ein wenig bretonisch", frz. „je parle un peu breton", wird so übersetzt: „Komz a ran un tamm brezhoneg".

Croissant

„Un café-crème et deux croissants, s'il vous plaît!" Diesen Satz werden Sie in Frankreich öfter hören.
Wörter sprechen. Wenn Sie ein Wort fragen, wird es Ihnen sehr gerne seine Geschichte(n) erzählen.

Monsieur Croissant, beim Frühstück schmecken Sie köstlich, Sie sind ein Botschafter des Savoir-vivre, ein Nationalsymbol Frankreichs, Sie sind legendär.

Das stimmt. Vielen Dank!

Wo sind Sie zur Welt gekommen?

1683 in Wien, als das türkische Heer die Stadt belagerte. Es war eine sehr kritische Situation, weil...

Was ist passiert?

Fallen Sie mir bitte nicht ins Wort. Um Wien einnehmen zu können, haben die Türken einen *Tunnel* unter die Stadtmauern gegraben. Zum Glück haben es die Wiener Bäcker, die früh am Morgen ihrem Handwerk nachgingen, gemerkt und Alarm geschlagen. Die Türken mussten die Belagerung aufgeben. Als Zeichen des Triumphs haben die Bäcker das Emblem des Türkenreiches, den zunehmenden Mond (frz. lune croissante), aus leckerem Blätterteig geformt. Und hier bin ich!

Hat diese Legende ihre Richtigkeit?

Das meinen viele.

Wann und wie sind Sie nach Frankreich gekommen?

1770. Aus Gründen der *Staatsräson* wurde Marie-Antoinette, Maria Theresias Tochter, nach Frankreich verheiratet. Der österreichische Leibbäcker der Königin hat mich als Kipferl gebracht. Das hat den Franzosen geschmeckt. Wegen der halbmondförmigen Erscheinung des Hörnchens haben sie mich „croissant" getauft.

In Frankreich sind Sie sehr beliebt. Geht es Ihnen dort gut ?

Comme ci, comme ça. Wenn die Franzosen frühstücken und mich in den Milchkaffee tunken, fühle ich mich falsch verstanden.

Monsieur Croissant, herzlichen Dank für dieses aufschlussreiche Gespräch.

Tunnel: Von englisch tunnel und ursprünglich frz. tonnelle und tonne (Gewölbe).

Staatsräson: Von frz. raison d'État und frz. raison (Vernunft, Verstand).

Comme ci, comme ça: Dt. nicht besonders; mal so, mal so.

Denim

Manches Wort ist nur eine Frage der Rechtschreibung. Auf diesem Gebiet sind die Deutschen sehr flexibel.

In fast keinem Kleiderschrank fehlen die Blue Jeans. Die Denim Jeans stammt ursprünglich aus den Werkstätten „de Nîmes", zu deutsch, aus *Nîmes*. In der geschichtsträchtigen südfranzösischen Stadt wird seit dem 16. Jahrhundert die *„serge de Nîmes"* hergestellt, ein sehr robuster, köperbindiger *Baumwollstoff*. Er wird mit dem tiefblauen Farbstoff Indigo gefärbt. Aber wie kam das Wort „Denim" nach Deutschland, und in welchem Zusammenhang steht es mit den berühmten Jeans?

1847 wandert die jüdische Famile Strauss aus Oberfranken nach Amerika aus und sucht in New York ihr Glück im Textilhandel. Unterdessen verbreitet sich an der Ostküste die Nachricht von verlockenden Goldfunden in Kalifornien. *Levi Strauss* erliegt dem Goldrausch, geht nach San Francisco und nimmt Stoffballen, Zeltplanen und Nähzeug mit. Bei ihrer harten Arbeit benötigen die Goldgräber strapazierfähige Hosen. Aus den mitgebrachten Zeltplanen lässt Levi Strauss braune Hosen aus Hanf und mit Hosenträgern anfertigen. Bald steigt er auf Denim um. Diese Hosen erfreuen sich großer Beliebtheit bei den Goldgräbern, weisen jedoch eine gravierende Schwachstelle auf: die Taschen. Diese halten das teilweise schwere Werkzeug der Goldgräber nicht aus. Abhilfe schafft Jacob Davis, ein Schneider litauischer Abstammung. Er verstärkt die Hosentaschen mit Nieten eines Pferdegeschirrs. Weil ihm das Geld für die *Patentierung* seines Verfahrens fehlt, wendet er sich an Levi Strauss, der ihm Stoffballen liefert. 1873 lassen die beiden die vernieteten „Waist Overalls" patentieren. Aufgrund der riesigen Nachfrage, nicht nur in Kalifornien, sondern in ganz Amerika, nicht nur im Arbeiter*milieu*, sondern in allen Gesellschaftsschichten, entsteht ein florierendes Unternehmen.

Als amerikanische Soldaten im Zweiten Weltkrieg die *Jeans* nach Europa bringen, werden diese bald zum Kultobjekt. Die deutsche Jugend stürzt sich auf die „Nietenhosen", Symbol des Protestes gegen das *etablierte* Bürgertum und Symbol der Freiheit und der Sportlichkeit.

Indirekt auch der Stadt Nîmes zu verdanken.

Nîmes: 137.000 Einwohner. Die Hauptstadt des Départements Gard ist eine alte Römerstadt unweit des berühmten Pont du Gard. Sehenswert sind das römische Amphitheater „Les Arènes" (Platz für über 20.000 Zuschauer), wo auch während der Férias Stierkämpfe (seit 1854!) stattfinden, die Maison Carrée (römischer Tempel) und der malerische historische Stadtkern. In Nîmes wurde Jean Nicot geboren. Siehe die Wortgeschichte „Nikotin".

Serge de Nîmes: Gewebe aus Nîmes.

Baumwollstoff: Das Wort „Stoff" ist entlehnt aus altfrz. estoffe. Siehe dazu die Wortgeschichte „Stoff".

Levi Strauss (1829– 1902): Sein Vorname war eigentlich „Löb". Als er 16 war, geriet die vielköpfige Familie Strauss im oberfränkischen Buttenheim in wirtschaftliche Not und wanderte nach Amerika aus. In New York nannte sich Strauss Levi und erwarb die amerikanische Staatsbürgerschaft. Er kehrte nicht nach Deutschland zurück. In seinem Geburtsort Buttenheim ist das Levi Strauss Museum zu besichtigen (www.levi-strauss-museum.de).

Patentierung: Von frz. patente (Bestallungsbrief, Gewerbeschein) und Abkürzung von frz. lettre patente (offener Brief).

Milieu: Von frz. milieu (eigentlich „Mitte"), einer Zusammensetzung aus frz. mi (mittlerer, halb) und frz. lieu (Ort).

Jeans: Der Begriff kam 1920 auf. Baumwollhosen aus Genua kamen in die USA. Aus der französischen Form des Städtenamens „Gênes" entstand in Amerika der Begriff „Jeans".

Etabliert: Von frz. établi (bestehend) und ursprünglich établi als „table de travail" (Arbeitstisch).

Dessous

„Ich kann allem widerstehen, außer der Versuchung".
„Je peux résister à tout sauf à la tentation".

Oscar Wilde

Sinnlicher kann *Lingerie* nicht sein.

Eine Fülle vielversprechender Attribute verwandelt einen durchaus belanglosen Begriff (frz. dessous = darunter) in ein schönes „Reizwort". Dessous können nämlich *schick*, entzückend, erotisch, frech, *frivol*, geheimnisvoll, heiß, hinreißend, pfiffig, trendy, sportlich, stilvoll, sündhaft teuer, süß, verführerisch, zauberhaft sein.

Die Geschichte der Dessous ist vor allem die Geschichte der Befreiung des weiblichen Körpers aus dem gesellschaftlichen *Korsett* aufgezwungener *Prüderie*. Es ist auch die Geschichte der hart erkämpften Befreiung der Frau selbst.

Im Französischen wird das Wort meistens im Plural verwendet. Dies ist kein Zufall, denn im 18. und 19. Jahrhundert hatten die Frauen der oberen Schichten durch ihre äußere Erscheinung zu zeigen, dass sie nicht der arbeitenden Klasse angehörten. Deshalb glich eine elegante, züchtige Dame einer schwer einnehmbaren Festung aus langen Beinkleidern mit Spitzenbesatz, mehreren *Unterröcke*n mit originellen Namen („der Bescheidene", „der Verschmitzte", „der Verborgene"), beengenden tückischen Schnürbändern sowie körperunfreundlichen *Accessoires* wie Fischbeinstäbchen und *Cul de Paris*. Alle diese *bizarr*en Konstruktionen erwiesen sich entweder als sichere Liebestöter oder aber beflügelten *voyeur*istische Männerfantasien. Nicht nur Frauen wurden eingeschnürt, sondern auch die Sprache selbst „stranguliert". Es war sogar unschicklich, Brust, Schenkel und Unterhosen beim Namen zu nennen.

Heute entscheidet die moderne Frau selber, sie feiert ihre Reize und sich selbst.

Lingerie: Damenunterwäsche. Der französische Begriff hat sich in Deutschland durchgesetzt.

Schick: Von frz. chic und frz. (dial.) chiquer, „hinwerfen (von einer Zeichnung), spritzig entwerfen". Möglicherweise ist das Wort eine Abkürzung von dt. Geschick („Haltung" in der militärischen Sprache).

Frivol: Von frz. frivole (leichtfertig). Frivolités sind modische Accessoires. Eine femme frivole ist eine leichtsinnige Frau.

Korsett: Von frz. corset und altfrz. cors (Körper).

Prüderie: Von frz. pruderie. Ursprünglich bedeutete das Adjektiv prude ehrenhaft. Eine prude femme war eine ehrenhafte Frau. Ein Zusammenhang mit dem Adjektiv prudent (vorsichtig) besteht.

Unterröcke: Gegen 1850 trug die Frau der Romantik sechs oder sieben Unterröcke. Je höher der Stand einer Frau war, desto mehr Unterröcke trug sie.

Accessoires: Von frz. accessoires (zusätzlich).

Cul de Paris: Wortwörtlich „Arsch von Paris". Der so genannte Cul de Paris, der Pariser Hintern, kam erstmals 1870 auf. Es war eine Tournüre. Eine üppige Rockverzierung wurde über dem Gesäß der feinen Dame angebracht und betonte deren Hinterteil. Mit Hilfe von Bändern, Drahtgestellen oder Polstern aus Rosshaar wurde der Po in die richtige Form gebracht. Der Cul de Paris oder Faux-cul (falscher Hintern) behauptete sich bis ca. 1890.

Bizarr: Von frz. bizarre und ital. bizarro sowie baskisch bizar (Bart, als Symbol für Kraft).

Voyeur: Von frz. voyeur, eigentlich „Zuschauer" und frz. voir (sehen).

Enfant terrible

„J'ai tendu des cordes de clocher à clocher; des guirlandes de fenêtre
à fenêtre; des chaînes d'or d'étoile à étoile, et je danse".

„Ich habe Saiten gespannt von Glockenturm zu Glockenturm; Girlanden von
Fenster zu Fenster; Goldketten von Stern zu Stern, und ich tanze".

Arthur Rimbaud

„Er verwandelte den Schmutz seines Lebens in poetisches Gold".

Henning Boetius

Arthur Rimbaud (1854–1891) gilt als das *Enfant terrible par excellence* der französischen Literatur. Für Paul Valéry ist der *Provokateur* „der größte aller Dichter". In
nur vier Jahren schreibt der hochbegabte, zornige und kompromisslose Bürgerschreck
aus der Provinzstadt *Charleville* in Nordfrankreich Gedichte, die zu den Meister-
werken der Weltliteratur zählen, u.a. das berühmte Antikriegsgedicht „Der Schläfer
im Tal" („Le Dormeur du Val") und das visionäre „Trunkene Schiff" („Le Bateau
Ivre"). Für Rimbaud ist der Poet ein Seher („voyant"), ein Feuerdieb („voleur de
feu"), Prometheus gleich, bringt er den Menschen Kultur und Fortschritt, indem er
den Göttern das Feuer entreißt. Im Alter von 20 Jahren begreift Rimbaud, dass sein
Anspruch, die Welt mit Hilfe der Poesie zu verändern, völlig utopisch ist und hört
mit dem Schreiben endgültig auf.

Ein ruheloses, abenteuerliches Wanderleben führt das Enfant terrible. Als er 16 ist,
reißt der frühreife Rebell immer wieder aus, trotz hervorragender Schulleistungen
macht er kein Abitur, sondern folgt einer Einladung von *Paul Verlaine* nach Paris.
Beide Dichter experimentieren mit Absinth und Drogen, haben ein homosexuelles
Verhältnis und führen ein skandalöses Leben in Künstlerkreisen. Nach dem trauma-
tischen Drama von Bruxelles, wo Verlaine versucht, seinen jungen Freund zu töten
und zu zwei Jahren Gefängnis in Mons verurteilt wird, will Rimbaud diese verhängnisvolle Liebes*affäre* endgültig beenden und nimmt eine Stelle als Hauslehrer bei
der Familie Wagner in Stuttgart an. Nachdem Verlaine frühzeitig aus dem Gefängnis
entlassen wird, kommt es zu einem letzten turbulenten Treffen und Versöhnungs-
versuch beider Dichter in Stuttgart.

Danach werden sie sich nie wiedersehen. Dennoch wird Verlaine, der Rimbaud
immer bewundert hat und von ihm dominiert wurde, alles unternehmen, um
seine Werke zu veröffentlichen, und dies wird ihm gelingen.

Nach seinem kurzen Aufenthalt in Stuttgart ist Rimbaud, nach eigener Aussage, „le maître du silence, der „Meister des Schweigens". Er ist pausenlos unterwegs, meistens zu Fuß und mittellos, bereist mehrere Länder, lernt spielend mehrere Sprachen, übt eine Vielzahl von sehr unterschiedlichen beruflichen Tätigkeiten aus und verbringt einige Jahre in Afrika, wo er sogar Waffenhandel betreibt. Mit 37, schwerkrank, tritt er seine letzte Reise nach Marseille an.

Das folgende Gedicht ist eine Hommage an den rastlos Suchenden und *radikal*en, genialen Dichter, der u.a. Georg Trakl, Bob Dylan, Patti Smith und die *Surrealisten* maßgeblich beeinflusste.

Enfant terrible: Der Ausdruck stammt aus dem Französischen und bedeutet wörtlich „schreckliches Kind", sinngemäß Familien- oder Bürgerschreck. Der Grafiker und Karikaturist Paul Gavarni (1804–1866) gilt als Erfinder dieses Ausdrucks. Er gab einer seiner Bilderfolgen den Titel „Les enfants terribles".

Par excellence: Von frz. und gleichb. par excellence, also in ganz besonderem Maße.

Provokateur: Von frz. provocateur.

Charleville: Die Hauptstadt des französischen Départements Ardennes hat 52.000 Einwohner. Sehenswert ist der prachtvolle Place Ducale, der dem Pariser Place des Vosges ähnelt. Fans von Rimbaud pilgern nach Charleville, um dort das Maison de Rimbaud, das Rimbaud-Museum (www.mairie-charlevillemezieres.fr/ htm/visite/lemuseerimbaud/htm) und die Ruhestätte des Dichters auf dem Friedhof zu besichtigen.

Paul Verlaine (1844–1896): Bedeutender französischer Lyriker des Symbolismus. Bereits im Alter von vierzehn Jahren begann der „Prinz der Dichter" Gedichte zu schreiben. Verlaine ist berühmt für seine melancholischen, sehnsuchtsvollen und melodischen Gedichte. Sein Gedicht „Chanson d'Automne" (Herbstlied) gilt als Meisterwerk. Die ersten Zeilen dieses Gedichtes (gesendet von Radio Londres) kündigten die Landung der Alliierten am 6. Juni 1944 in Frankreich an. Im September 1871 begann Verlaine, zu diesem Zeitpunkt bereits ein arrivierter Dichter in Pariser Künstlerkreisen, ein Verhältnis mit dem 16-jährigen Arthur Rimbaud, der ihm Gedichte zugeschickt und den er daraufhin nach Paris eingeladen hatte. Im Juni 1870 hatte Verlaine die junge Mathilde Meuté de Fleurville geheiratet und war Vater eines Sohnes. Wegen Alkoholexzessen war die psychische Verfassung des Dichters wenig stabil, er bedrohte und misshandelte seine Frau, konnte sich allerdings sehr schwer von ihr trennen, was Rimbaud mächtig ärgerte. Schließlich kehrte Mathilde zu ihren Eltern zurück und im Juli 1872 verließ Verlaine zusammen mit Rimbaud Paris. Sie reisten durch Nordostfrankreich, England und Belgien. Es folgten Trennungen und Versöhnungen und Mathilde verließ endgültig ihren depressiven Ehemann. Auch Rimbaud wollte sich in England von Verlaine trennen und ging nach Brüssel.

Affäre: Im 17. Jahrhundert aus dem französischen affaire, einer Zusammenrückung aus frz. (avoir) à faire („zu tun (haben)") entlehnt. Die Redensart „sich aus der Affäre ziehen" gibt das französische „se tirer d'affaire" wieder. Die Wortbedeutung ist zunächst nur „Angelegenheit", dann wird Affäre ein Euphemismus für „Liebschaft", besonders für diejenigen, die als skandalträchtig empfunden werden.

Radikal: Von frz. radical und lat. radix (Wurzel).

Surrealisten: Die surrealistische Bewegung (mouvement surréaliste) wurde offiziell 1924 mit der Publikation des „Manifeste du Surréalisme" begründet. Der französische Schriftsteller und Kritiker André Breton (1896–1966) führte die Bewegung zusammen mit Aragon und Éluard. Ziel des Surrealismus war es, das Unwirkliche und Traumhafte sowie die menschliche Logik begrenzenden Erfahrungsbereich durch das Phantastische und Absurde zu erweitern.

„Arthur Rimbaud, der Schönste aller bösen Engel."
„Arthur Rimbaud, le plus beau de tous les mauvais anges."

Paul Verlaine

Reisender ins Licht

Il faut changer la vie
Man muss das Leben ändern
Avec la poésie
Mit der Poesie

Ich bin sechszehn
Enfant terrible
Mit Engelsgesicht
Hochbegabt
Unglücklich
Hasse
Charleville
Die blödeste Stadt Frankreichs
Langweilig
Kleinbürgerlich
Fürchterlich

Ich bin siebzehn
Mit Verlaine
In Paris
Verlaine
Der große Dichter
Mein Förderer
Mein Liebhaber
Dieser Waschlappen
Wir die wilden Herrscher der Nacht
Er immer betrunken
Ich der Feuerdieb
Visionär
Schreibe geniale Gedichte
Manche scharf wie Säure
Alle meisterlich

Il faut changer la vie
Avec la poésie

Ich bin achtzehn
Mit Verlaine
In London
Dieser Waschlappen
Weinerlich
Denkt nur an sein dummes Weib
Sie oder ich!

Ich verlasse Verlaine
In Brüssel
Findet er mich
Er betrunken
Schießt zweimal
Meine Hand schmerzt fürchterlich
Glück gehabt
Der Idiot wird eingelocht

Ich bin zwanzig
In Stuttgart
Hauslehrer
In zwei Monaten Deutsch gelernt
Wie langweilig
Verlaine
Dieser Waschlappen
Findet mich
Trägt einen Rosenkranz
Ich soll an Gott glauben
Wir betrinken uns
Schlagen uns
Halbtot lasse ich ihn
Am Neckarufer liegen

Je veux changer ma vie
Ich will mein Leben ändern

Schluss mit dem Schreiben
Ich ist ein Anderer
Poesie ist Spülwasser
Mein Leben ein wilder Fluss
Je suis le maître du silence
Ich bin der Meister des Schweigens
Die Schweiz
Zu Fuß durch die Alpen
Mailand

Ich bin in Marseille
Hafenarbeiter
Verlaine findet mich nicht
Wie ein trunkenes Schiff
wandere ich auf sieben Meeren
Java
Ich bin Söldner
Spreche Niederländisch
Desertiere rechtzeitig
Ab nach Irland
Und leider wieder Charleville
Langweilig
Kleinbürgerlich
Fürchterlich
Ich lerne Russisch
Träume von Sibirien

Ich bin in Bremen
Will nach Amerika
Geht nicht
Hamburg
Stockholm
Ich bin Dolmetscher
In einem Zirkus
Mit sechs Sprachen jonglierend

Auf zu neuen Ufern
Reisen ins Licht
Zypern
Abyssinien

Ich bin Waffenhändler
Poesie ist Spülwasser
Denke nur ans Geld
Spreche Arabisch
Mein Knie schmerzt fürchterlich

Und hier liege ich
Im Krankenhaus
In Marseille
Knochenkrebs
Verliere ein Bein
Wie jämmerlich
Ich bin siebenunddreißig

Diese Welt ist zu klein für mich
Nous ne sommes pas de ce monde
La vraie vie est ailleurs

Wir sind nicht von dieser Welt
Das wahre Leben ist anderswo
Schnell nach Aden und Harare zurück
Je me suis baigné dans le poème de la mer
Im Gedicht des Meeres habe ich gebadet
Das glitzernde silberne Meer
Die sengende Sonne von Afrika

L'Éternité. C'est la mer allée avec le soleil
Die Ewigkeit. Es ist das Meer mit der Sonne davongegangen

Isabelle meine liebe Schwester
Warum weinst Du?

Warum schauen sie mich so besorgt an?
Ich bin ein Reisender ins Licht
Diese Welt ist zu klein für mich

Kapitän
Wann legt das Schiff nach Aden ab?

Pierre Sommet

Empfohlene Lektüren:

Arthur Rimbaud, Sämtliche Dichtungen, dtv, Zweisprachige Ausgabe,
Henning Boetius, Ich ist ein anderer – Das Leben des Arthur Rimbaud, Roman,btb,
Yves Bonnefoy, Rimbaud, rororo,
Enid Starkie, Das Leben des Arthur Rimbaud, Biografie, Matthes & Seitz.
Poèmes de Rimbaud en bandes dessinées, Édition Petit-à-Petit Verlag, www.petitapetit.fr,
mehrere Bücher beim Rimbaud-Verlag, Aachen.

Weitere Empfehlungen:

Total Eclipse – Die Affäre von Rimbaud und Verlaine, Film und DVD. Mit Leonardo DiCaprio in der Hauptrolle.
Léo Ferré chante Verlaine et Rimbaud, CD.
Im Internet: www.poetes.com und www.mag4.net/Rimbaud/
Die Künstler Georg Cadora und Étienne Szabo haben sich sehr intensiv mit Rimbaud und anderen Dichtern
befasst: http://home.arcor.de/gcadora.art/cadora.html und www.etienne-szabo.de

En garde!

Der Geist von Henri de Saint-Didier lässt sich kein einziges internationales Fechtturnier entgehen. Von der Ehrentribüne aus, unsichtbar für alle, verfolgt er vergnügt das unblutige Ballett der maskierten und reaktionsschnellen Leistungssportler
in Weiß auf der *Planche*. Er versteht fast alle Kommandos des Obmanns und die
begeisterten Kommentare des sachkundigen Publikums:

„Messieurs, *en garde*!" „Haben Sie diese schöne *Parade* gesehen?"
„*Simultané*!" „Das war eine großartige *Riposte*!" „*Touché*!"

Die Fechter sind verkabelt, die Trefferanzeige erfolgt elektronisch, leuchtet grün
oder rot. „Welch ein Fortschritt!" denkt der Geist von Henri de Saint-Didier und
freut sich wie ein Schneekönig. Diesmal ist ein junger Deutscher, Peter Joppich,
Florett-Weltmeister. Der Geist gratuliert ihm herzlich zum Titelgewinn. Aber auch
seine Landsleute, die *agil*en Franzosen, schneiden beim Turnier ganz gut ab.
Diese positive Entwicklung des gefahrlosen Kampfsports begrüßt der Geist von
Henri de Saint-Didier ausdrücklich. Zu Lebzeiten hatte der provenzalische Adlige
1573 das erste Buch über die Fechtkunst geschrieben und die meisten Fachaus-
drücke erfunden. Heute noch ist Französisch die offizielle Sprache des Fechtens.
Damals in Frankreich war das Duell quasi eine Modeerscheinung mit oft tödlichen
Folgen. Allein zwischen 1594 und 1610 wurden 8.000 Adlige und Offiziere in Duellen
getötet. Durch ein Edikt vom 2. Juni 1626 hatte Kardinal Richelieu das Duell unter
Todesstrafe gestellt. Dennoch ignorierten die meisten Adligen das Edikt, sie
duellierten munter und unbestraft weiter. Ein besonders gefürchteter, aufbrausender
Finsterling war François de Montmorency-Boutille. Trotz des geltenden Duellverbots
war er immer wieder in Zweikämpfe verwickelt und schickte in einem einzigen Jahr
über 20 unkonzentrierte Kontrahenten ins Jenseits. König Ludwig XIII. musste ein
Exempel statuieren und der Zornige wurde öffentlich hingerichtet. Besonders
fintenreich war ein gewisser Guy Chabot de Jarnac. Am 10. Juli 1547 wurde der
„*coup de Jarnac*" zwischen Guy Chabot und François de Vivonne de la Châtaigneraie
in Gegenwart des Königs Heinrich II. ausgetragen. Eigentlich nur eine Auseinander-
setzung um die Ehre zweier adliger Familien, die in einem Duell endete. Mit seinem
Schwert lieferte Guy Chabot dem favorisierten Gegner einen geschickten, entscheidenden Schlag an die Wade, der ihn bewegungsunfähig machte. Seitdem gilt der
„coup de Jarnac" als entscheidender Überraschungsschlag, der nicht ganz der Regel
entspricht. 1584 wurde Guy Chabot de Jarnac in einem Duell getötet. Auch er konnte
es nicht lassen. Ironie des Schicksals.

Heute ist Fechten eine faszinierende Sportart und olympische Disziplin.

Am Ende dieser Wortgeschichte werden Sie einwenden, dass es völlig unrealistisch ist, dass ein französischer Geist ein Fechtturnier besuchen kann. Seien Sie aber nicht so sicher, denn Französisch ist eine geistreiche Sprache.

Touché?

Planche: Von frz. planche (Brett), hier Fechtbahn.

En garde! Von frz. en garde für „aufgepasst!". Kommando beim Fechtsport zum Einnehmen der Kampfposition.

Parade: Von frz. parade und parer (abwehren, parieren).

Simultané: Von frz. simultané (gleichzeitig). Greifen beide Fechter gleichzeitig an und treffen beide (egal ob gültig oder ungültig), erhält keiner den Treffer. Zweck dieser Regel war ursprünglich, Doppeltreffer zu vermeiden, also den Fechtern beizubringen, zuerst zu parieren und erst dann anzugreifen, was bei einem Duell überlebenswichtig war.

Riposte: Von frz. riposte (Gegenangriff). Als Riposte bezeichnet man einen unmittelbaren Gegenangriff aus dem erfolgreichen Parieren heraus. In der französischen Sprache bezeichnet das Wort auch eine schlagfertige Antwort.

Touché: Französischer Ausruf für „berührt!", der beim Fechten zur Anzeige eines Treffers benutzt wird.

Florett: Von frz. fleuret und frz. fleur (Blume). Historisch war das Florett ursprünglich eine reine Übungswaffe. Es entstand aus gewöhnlichen scharfen Degen, die für den Übungsgebrauch entschärft wurden, indem eine stumpfe sog. „Knospe" (frz. fleuret) über die Spitze gestülpt und die Klinge mit einer Folie umwickelt wurde. Wurde in der Vergangenheit ein Duell mit Blankwaffen, meist mit dem Degen oder dem Säbel ausgetragen, gab es in Frankreich auch Duelle mit scharfen Floretts, bei denen nur die Treffer auf den Rumpf der Duellanten berücksichtigt wurden.

Agil: Von frz. agile.

Coup de Jarnac: Bekannte Redewendung in Frankreich. „Geschickter und unfairer Schlag".

Filou

Im Gras versteckt, schleicht sich ein Schlitzohr auf leisen Pfoten an die ahnungslose Diebin heran. Kater Filou ist sprungbereit, die Elster mit einem glitzernden Ring im Schnabel hat den geschmeidigen Gauner noch nicht bemerkt. Flink sind sie beide, mit scharfem Blick, das Ende ist offen.

Im 17. Jahrhundert machten es *skrupellos*e Diebe lieber unter sich aus. Im *Argot* wurden die „*fileurs de laine*" (Wollspinner) „Filous" genannt. Diese waren schlaue Diebe, die anderen Dieben unauffällig folgten, ihre Diebstähle beobachteten und ihnen drohten, sie an die Polizei auszuliefern. Zum Kompromiss gezwungen, musste der aktive Dieb seine Beute mit dem ungebetenen Erpresser teilen. Ironischerweise wurde der Betrüger zum „Opfer".

Um seine Ziele zu erreichen, tritt heutzutage ein Filou meist *charmant* auf. Das Wort ist eher positiv besetzt, dumm ist eigentlich nur, wer sich übervorteilen lässt. Weil „Filou" niedlich und sympathisch klingt, wird der Begriff oft als Aushängeschild für Bistros, Restaurants, Wein, Diskotheken, einer *französischen Automarke* und einer Vielzahl von Geschäften benutzt. Auch Kleinkünstler und Alleinunterhalter schmücken sich gerne damit.

Skrupellos: Von frz. scrupule und lat. scrupulus (spitzes Steinchen).

Argot: Das Argot ist ursprünglich die Bezeichnung für den Soziolekt der Bettler und Gauner Frankreichs im Mittelalter, der dem Rotwelschen entspricht. Der Begriff wird teilweise heute auch für die einfache Umgangssprache Frankreichs benutzt. Eine besondere Spielart ist die heute noch weit verbreitete Jugendsprache Verlan (hier wird die Reihenfolge der Silben umgekehrt und ein Wort verballhornt. Z.B. flic heißt im Verlan keuf, femme (Frau) meuf, mec (frz. für Typ) keum.

Fileur de laine: Dt. Wollspinner. Filer quelqu'un bedeutet „jemanden beschatten". Das französische Verb filouter wird entweder mit „beklauen" (filouter une personne) oder „stibitzen" übersetzt. Eine filouterie ist eine Betrügerei.

Charmant: Im 17. Hahrhundert von frz. charmant (bezaubernd) übernommen und ursprünglich lat. carmen (Gesang, Lied, Zauberspruch).

Französische Automarke: Modelle von Peugeot heißen Grand Filou und Petit Filou.

Firlefanz

„Mors sui, si je ne vous voy,
Dame d'amour".

„Geliebte Dame, ich werde sterben, wenn ich Sie nicht sehen kann".

Guillaume de Machaut

Umgangssprachlich bedeutet „*Firlefanz*" Schnickschnack, überflüssiges, wertloses Zeug, und auch Albernheit, Kinderei. Unterdessen ist es kein überflüssiges, sondern ein sehr hübsches und interessantes Wort.
Es stammt von dem mittelhochdeutschen virlefanz, das sich wiederum vom französischen Wort Virelai (von altfrz. virer, „drehen", „biegen") ableitet. Vom 13. bis zum 15. Jahrhundert war das Virelai in Frankreich ein Tanz- und Liebeslied. Neben der *Ballade* und dem *Rondeau* war das Virelai eine der am weitesten verbreiteten Liedarten im Mittelalter. Am Beginn und am Ende des dreistrophigen Virelais stand der *Refrain*. Deshalb klingt das Virelai so melodisch. Der Komponist und Dichter, Guillaume de Machaut (1300–1377) aus Reims, war ein Meister dieser Form.
Schöne Altlyrik ist kein Firlefanz.

Firlefanz: Von mittelhochdeutsch firlei (ein Tanz), und ursprünglich altfrz. vire-lai (Ringellied).
Ballade: Von frz. ballade (Tanzlied).
Rondeau: Dt. Rondeau, von frz. rond (rund). Die ersten Verse des Gedichtes werden am Ende wiederholt.
Refrain: Von frz. refrain, bedeutet ursprünglich das Wort „Rückprall der Wogen von den Klippen" und ist eine Ableitung von altfrz. refraindre (brechen).

Fisematenten / Fisimatenten

Voulez-vous „cliché" avec moi?

Ach, diese Franzosen, diese unglaublichen Liebhaber!
Zu Napoleons Zeiten, als Deutschland weitgehend unter französischer Besatzung
stand, versuchten immer wieder forsche französische Soldaten, junge deutsche
Mädchen mit dem primitiven Anmachspruch „Visitez ma tente, Mademoiselle"
(„Besuchen Sie mein Zelt, Fräulein") zu verführen. Bei den autoritären, besorgten
Müttern der Mädchen führte das zu einer ernsten Ermahnung. „Mach mir keine
Fisematenten!", also mach keinen Unsinn! Ungehorsame Töchter, die sich bedenk-
lich lange im Zeltlager der französischen Truppen aufhielten, wurden unverzüglich
zum *Rapport* bestellt.

Diese Interpretation kann absolut nicht stimmen, denn eine Charmeoffensive à la française findet auf eine *subtil*ere Art und Weise und manchmal sehr zur Verwunderung vieler deutschen Frauen statt.

Ein leiser Flüsterton ins Ohr... Ein zartes „Je t'aime, ma chérie", mon petit chou (dt. Kohl), mon petit canard (dt. meine kleine Ente), ma poule (dt. mein Huhn), mon petit loup (dt. mein kleiner Wolf), ma biche (dt. meine Hirschkuh) *Blablabla*... etc. Die *Palette* der Kosenamen ist breitgefächert, denn die einfallsreichen Franzosen verwandeln gerne Frauen in eine beliebte deutsche Gemüsesorte oder in alle möglichen Tierarten. Was Französinnen gerne hören, kommt in Deutschland nicht unbedingt gut an. Oder haben die Soldaten billets doux (Liebesbriefchen) geschrieben? Aber auch das kann absolut nicht stimmen, weil alle *seriös*en Sprachforscher die originelle Legende für baren Unsinn halten. Das Wort „Fisematenten/Fisimatenten" ist als ein „visimetent" seit 1499 in der Cronica van der hilliger Stat van Coellen (Köln) belegt: „It is ein viserunge (leeres Geschwätz) ind ein visimetent (überflüssiges Getue)". Das Wort stammt aus dem lateinischen „Visae patentes". Dies war ursprünglich ein ordnungsgemäß verliehenes Patent. Der Begriff „visae patentes" wurde später für überflüssige oder komplizierte Verwaltungsakte benutzt. Daraus wurden dann „visament" („Schnickschnack an einem Wappen") und letztlich „Fisimatente/Fesematente" in der Bedeutung von Unfug, Unsinn. Wie enttäuschend und spröde!

Liebe Sprachforscher! Seien Sie bitte gnädig und lassen Sie uns an schöne Legenden glauben. Merci!

Fisematenten/Fisimatenten: Auch als visipatent u.ä. „Ausflüchte, Winkelzüge" (16. Jh.). Vermutlich Streckform zu frühneuhochdeutsch fisiment „bedeutungsloser Zierat (am Wappen)" zu mittelhochdeutsch visieren, das u.a. „die Wappenfiguren ordnen und beschreiben" bedeutet. Zahlreiche andersartige Erklärungsversuche können nicht ausreichend gestützt werden.

Subtil: Von frz. subtil und lat. subtilis (feingewebt).

Rapport: Von frz. rapport, eigentlich „das Wiederbringen" und frz. apporter (herbeibringen).

Blablabla: Von frz. blabla und ursprünglich frz. blaguer, eigentlich lügen, heutzutage leeres Gerede.

Palette: Von frz. palette, ursprünglich von provenzalisch pala (Schaufel). Dies war die Vorstufe zum Farbenmischbrett und anschließend zur Vielfalt wegen der verschiedenen Farben auf der Malerpalette.

Seriös: Von frz. sérieux (ernst).

Merci: Die ursprüngliche Bedeutung des Wortes ist „Gnade" (frz. grâce). „Être à la merci de quelqu'un" = Jemandem auf Gnade oder Ungnade ausgeliefert sein. „Dieu merci!" = Gott sei dank!

Friseur / Friseurin

Friseur? Friseurin? Frisör? Frisöse? In Frankreich und in der Deutschschweiz würde niemand solche Wörter benutzen. Es heißt dort *coiffeur / coiffeuse*. Bei unseren Nachbarn ist eine Frisur eine coiffure und ein Frisiersalon, ein salon de coiffure. Das Wort Friseur klingt zwar eindeutig Französisch, ist aber lediglich die Französierung einer damals in Frankreich wichtigen beruflichen Tätigkeit. Im frühen Barock kam die *Perücke* in Mode. Perückenmacher (perruquiers), die Perücken kunstvoll frisieren konnten, waren sehr gefragt. Als der eitle Sonnenkönig Ludwig XIV. wegen seines schütteren Haars zur Perücke griff, musste das *imposant*e königliche *Accessoire* sehr sorgfältig frisiert werden. Vorher trugen nur Höflinge und Kahlköpfige nicht besonders ansehnliche Perücken. Durch den Sonnenkönig wurde die Perücke zu einem wichtigen Standessymbol und Attribut der höfischen Kleidung in Europa. Das Frisieren kam nach Deutschland und die Wörter frisieren (auch für statistische Erhebungen, Fahrzeuge) und Frisör blieben haften. Die Friseure ersetzten die vielseitigen, handwerklich begabten *Barbier*e, die nicht nur rasieren, sondern auch Zähne ziehen und Klistiere verabreichen konnten.

Ähnlich wie bei der *Haute Couture* gibt es in Frankreich eine lange Tradition der Haute Coiffure. 1872 entwickelte Marcel Grateau, ein Franzose, die bis in die 60er Jahre erfolgreiche ondulation (Welligkeit, Welle). 1906 revanchierte sich der deutsche Friseurmeister Karl Nessler mit der Erfindung der *Dauerwelle*. Das *Toupet* kam als Halbperücke ursprünglich aus Frankreich und auch die französischen Hugenotten leisteten ihren Beitrag. Aus einer hugenottischen Familie stammte François Haby, der *renommiert*e deutsche Hoffriseur Kaiser Wilhelms II. Sein berühmtestes Produkt waren die Bartwichse samt Bartbinde. Es war die Geburtsstunde des Schnurrbarts nach Art Kaiser Wilhelms II., dessen Enden nach oben gezwirbelt wurden.

Coiffeur / Coiffeuse: Von altfrz. coife (Haube) ab, das die Auskleidung eines Helms von Schwertkämpfern bezeichnete.

Perücke: Von frz. perruque (eigentlich Haarschopf).

Imposant: Von frz. imposant.

Accessoires: Von frz. accessoire, zu frz. accessoire (zusätzlich). In der deutschen Sprache im Plural.

Barbier: Von altfrz. barbier und frz. barbe (Bart).

Haute Couture: Als Haute Couture (frz. für gehobene Schneiderei) werden im Gegensatz zu Prêt-à-porter (frz. für „bereit zum tragen") die exquisiten, maßgeschneiderten Kreationen großer Modehäuser bezeichnet.

Dauerwelle: Frz. permanente.

Toupet: Von frz. fauxtoupet, wörtlich „falsches Haarbüschel" und altfrz. top, toup (Haarbüschel).

Renommiert: Von frz. renommé und dem Verb renommere (berühmt), und frz. nom (Name).

Gaga

„Das Altern ist ein *Massaker*".

Philip Roth

Auch auf dem Gebiet medizinischer Fachausdrücke ist der Volksmund ein Meister der Verniedlichung und der Vereinfachung.

Gleich in drei Sprachen, Deutsch, Englisch und Französisch, verwendet man das Wort „Gaga". Seit dem 19. Jahrhundert steht es in Frankreich umgangssprachlich für „gâteux" („verkalkt") und die tückische, schleichende Krankheit, „gâtisme" genannt. Heutzutage wird dieser Begriff durch neue Begriffe wie „Demenz" oder „Senilität" ersetzt. Diese klingen zwar menschenwürdiger und wesentlich wissenschaftlicher als „Verkalkung", ändern allerdings am irreversiblen Krankheitsverlauf und am *rasant*en Anstieg der Pflegebedürftigen nichts.

Wie das französische Wort nach Deutschland und England kam, ist rätselhaft. Wer hierzulande „total gaga" ist, wird entweder als nicht recht bei Verstand oder als Exzentriker bzw. Exzentrikerin wie Lady Gaga abgestempelt. In der französischen Sprache verdeutlicht das kindersprachliche Wort vor allem den infantilen Aspekt der Krankheit im Endstadium. Beim *rapide*n Abbau der geistigen Kräfte der Betroffenen schließt sich der Kreis. Oder wie wir Franzosen sagen: „On retombe en enfance". Man fällt wörtlich in die Kindheit zurück und wird wieder kindisch.
Als er erst 68 Jahre alt war, sagte der weltberühmte Sänger und Schauspieler Yves Montand in einem Interview mit der Zeitschrift Paris-Match: „Vive le gâtisme!" „Es lebe die Verkalkung!". Vor geistiger Umnachtung fürchtete sich Montand nicht. Zu Recht, denn es kam nie dazu.
Zwei Jahre später erlag der Star einem Herzinfarkt.

Massaker: Von altfrz. macecle, macecre (Gemetzel). Siehe auch die Wortgeschichte „Massaker".
Rasant: Von frz. rasant (streifend) und frz. raser (rasieren, streifen).
Rapide: Von frz. rapide und lat. rapidus (reißend).

Grande Dame

„Die kluge Frau wünscht sich immer ein bißchen mehr als ihr Mann ihr bieten kann, aber niemals so viel, dass er entmutigt wird".

Sarah Bernhardt

Sie spielte *souverän*, der *Souffleur* hatte keine Arbeit, *Claqueur*e waren nicht nötig.

Als „Heiliges Monster" (*monstre sacré*) bezeichnete Jean Cocteau plastisch das Ausnahmetalent, die in aller Welt verehrte, größte Schauspielerin des 19. und frühen 20. Jahrhunderts, Sarah Bernhardt.
1882 feierte sie Le Figaro überschwänglich als „das achte Weltwunder". „Die Göttliche mit der goldenen Stimme" spielte sowohl in klassischen als auch in modernen Gesellschaftsstücken. Als Tragödin in Phedra war sie unvergleichlich.
Zu ihrem *facettenreich*en *Repertoire* zählten auch Männerrollen, wie Hamlet oder L'Aiglon von Edmond Rostand. Sarah Bernhardt konnte auch malen und bildhauern, sie schrieb Lustspiele, Romane und ihre *Memoiren*, sie wirkte sogar in Stummfilmen mit.
Als Großunternehmerin mit eigener Theatertruppe eroberte die Diva ganz Europa, Amerika und sogar Australien. Wo Rampenlicht ist, ist auch manchmal Schatten. In einer Zeit der rigiden Sexualmoral stoßen ihre zahlreichen *Liaison*s, u.a. mit dem um 40 Jahre älteren Victor Hugo, auf heftige Kritik. Als Theaterstück für eine *Tournee* in Kanada wählte Sarah Bernhardt ausgerechnet die Rolle der *Kurtisane* Marguerite Gautier in der „Kameliendame" von Alexander Dumas. Bei der *Premiere* in Montreal warfen schockierte Katholiken Gegenstände auf die Bühne, die „unchristliche" *skandalös*e Tournee musste umgehend abgebrochen werden.
Sarah Bernhardt, der exzentrische und launische Weltstar, fiel manchmal aus der Rolle, rauchte wie die Schriftstellerin George Sand dicke Zigarren, verprügelte ab und an ihren Boxlehrer und beherbergte in ihrer Pariser Wohnung eine *Menagerie* heimischer und exotischer Tiere. Ihre „Menagerie" nannte sie auch ihren erlesenen Freundeskreis aus Künstlern. Das gemeinsame Feiern mit den Partylöwen endete für manches Tier tragisch. So starb ihr Babykrokodil, Ali Gaga, an einer Überdosis Sekt. Ihre Riesenschlange beging den fatalen Fehler, Kissen im Wohnzimmer zu verschlingen, und die überspannte „*Dompteuse*" erschoss sie auf der Stelle. Um sich vom hektischen mondänen Leben zu erholen, erwarb Sarah Bernhardt einen originellen Sommersitz auf Belle Île in der Bretagne. Sie ließ ein heruntergekommenes *Fort* für eine Million Francs Or luxuriös restaurieren und bestellte 5.000 Frösche, um ihren „Gesang" in der Abenddämmerung zu genießen. Ein ganz besonderer Chor.

Die „Göttliche" war nicht nur auf der Bühne eine Meisterin der Selbstdarstellung. Zu Werbezwecken verkaufte sie Fotos, auf denen zu sehen war, wie sie in einem Sarg lag und ihre Rollen einstudierte oder schlief. Theatralisch eben.

1915, als Spätfolge eines Unfalls auf der Bühne in Rio de Janeiro, musste ihr rechtes Bein unterhalb der Hüfte amputiert werden. Das Holzbein hinderte sie jedoch nicht daran, bis ins hohe Alter weiterzuspielen. Während des Ersten Weltkrieges engagierte sich Sarah Bernhardt und spielte hinter der *Front* in Zelten, Scheunen und *Lazarett*en auf improvisierten Bühnen.

Eine außergewöhnliche, faszinierende Frau. In prominenter Gesellschaft ruht sie auf dem Friedhof Père Lachaise, in ihrem eigenen Sarg aus Rosenholz. Als sie fünfzehn war, schlief sie schon darin. Lebenslustig und todernst. Ein „monstre sacré" bestimmt selbst, wie es lebt und schläft, in einem Bett oder in einem Sarg.

Unsterblich ist es sowieso.

Souverän: Von frz. souverain und ursprünglich lat. super (über).

Souffleur/Souffleuse: Von frz. souffle (Hauch, Atem) und souffler (blasen, hauchen).

Claqueur: Von frz. claquer (klatschen) eigentlich „knallen, klappern", dieses eine Vermengung aus frz. cliquer (lärmen) und mittelfrz. claper (lärmen). Die Gesamtheit der Claqueure in einem Theater wird „die Claque" genannt. Auf französisch bedeutet das Wort claque auch Ohrfeige.

Monstre sacré: Der französische Schriftsteller, Maler und Filmregisseur („Orphée") Jean Cocteau (1889-1963) erfand diesen Begriff für die Grande Dame des Theaters, den ersten Weltstar, Sarah Bernhardt. Ein „heiliges Monster" übt eine gewisse Faszination aus. So werden in Frankreich große Schauspieler/innen (Adjani, Deneuve, Huppert, Gabin, Delon, Belmondo, Depardieu etc.) und Sänger/innen (Piaf, Gréco, Aznavour, Bécaud etc.) ehrfürchtig bezeichnet.

Facettenreich: Von frz. facette, einer Verkleinerungsform von frz. face (Seite, Vorderseite).

Repertoire: Von frz. répertoire und lat. repertorium (Verzeichnis).

Memoiren: Von frz. mémoire (schriftliche Darlegung oder aber Gedächtnis).

Liaison: Gleichbedeutend frz. liaison, aus frz. lier (verbinden).

Tournee: Von frz. tournée, erweiterte Form von frz. tour, was eigentlich „Drehung", „Wendung" bedeutet.

Kurtisane: Geliebte eines Adligen. Von frz. courtisane, altfrz. court (Hof) und ital. corte (Hof, Fürstenhof).

Premiere: Von frz. première (représentation) = erste (Aufführung) = Erstaufführung zu frz. premier (erster). Die letzte Vorstellung heißt Derniere, aus frz. dernière (letzte). In der Theatersprache gibt es deutsche Begriffe, die aus dem Französischen entlehnt sind: z.B. Foyer (eigentlich „Raum mit Feuerstelle"), aus lat. focus (Feuerstätte), also beheizbarer Raum, Aufenthaltsraum, Kulisse (von frz. coulisse und altfrz. coleïse (Schiebefenster), Matinee (von frz. matinée), Pause (vom altfrz. pause) etc.

Skandalös: Von frz. scandale und altgriechisch skandalon (Fallstrick).

Menagerie: Von frz. ménagerie und frz. ménage (Haushalt).

Dompteur/Dompteuse: Von frz. dompteur/dompteuse und dompter (zähmen).

Fort: Von frz. fort (stark).

Front: Von frz. front (Stirn).

Lazarett: Von frz. lazaret und ital. lazaretto; nach der venezianischen Quarantäne auf der Insel lazaretto vecchio. Im Italienischen bedeutet lazzaro „Aussätziger" (nach Lazarus in der Bibel).

Grippe

„I had a little bird,
Its name was Enza.
I opened the window
and in-flu-enza."

Kinderreim 1918

Im Sommer 1918 verlief die erste Welle ziemlich harmlos.

Von *Bordeaux* aus erreichte ein unbekanntes Virus Spanien. Deshalb nannte man es „*Spanische Grippe*". Die Kranken hüteten nur drei Tage das Bett.

Dann kam die zweite Welle.

Ende August 1918 lief ein amerikanisches Kriegsschiff in den Hafen der bretonischen Stadt *Brest* ein. Mit den Soldaten ging unerkannt ein blinder *Passagier* an Land. Es war der Tod. Er griff um sich, schlug brutal und erbarmungslos zu. In Windeseile breitete sich das extrem aggressive Virus in ganz Frankreich aus. Vor allem junge Menschen im besten Alter starben wie die Fliegen. Über 400.000 nach nur drei Tagen. Überlebende brauchten Monate, um sich zu erholen. Von Frankreich aus wütete die Spanische Grippe durch ganz Europa und erreichte die Kolonien.

Dann kam die verheerende dritte Welle. Nicht mehr aufzuhalten. Eine Pandemie.

Im Ersten Weltkrieg verloren weltweit fast acht Millionen Menschen ihr Leben. Im Zweiten Weltkrieg, durch den „technischen Fortschritt", waren es 60 Millionen. Mehr als ein Drittel der europäischen Bevölkerung fiel der Schwarzen Pest von 1348 zum Opfer. Auf 20 bis 50 Millionen wird die Zahl der Opfer der Spanischen Grippe geschätzt.

Manchmal ist die Natur wie die Menschen: ungeheuerlich.

Bordeaux: Die elegante Hauptstadt (220.000 Einwohner) der Region Aquitaine liegt an der Garonne. Auf mehrere Kilometer ziehen sich hohe, schmale Bürgerhäuser das Ufer der Garonne entlang. Der historische Stadtkern mit schönen Plätzen und Brücken ist UNESCO-Weltkulturerbe. Die Place des Quinconces ist mit einer Fläche von 126.000 qm einer der größten unbebauten Plätze Europas. Bordeaux ist Universitätsstadt (70.000 Studenten) und Messestandort (Buchmesse, Vinexpo). Seehandel und Wein sind noch heute Wirtschaftsfaktoren. Das Weinbaugebiet Bordeaux, auf französisch Bordelais, ist das größte zusammenliegende Anbaugebiet der Welt für Qualitätswein. Es gibt etwa 4.000 Châteaux genannte Weingüter, die die weltberühmten Weine erzeugen. Während 1ers Crus wie Château Mouton Rothschild oder Château Margaux, relativ erschwinglich sind (ca. 140 EUR pro Flasche), gilt der Château Petrus als der teuerste Wein überhaupt. Der Flaschenpreis kann bis 2.400 EUR liegen. Nähere Informationen über die Partnerstadt Münchens unter www.bordeaux.fr.

Grippe: Von frz. grippe und agripper (ergreifen). Das Wort hat auch eine germanische Herkunft: Altd. „grippen" (greifen). Das französische Wort ist eine der volkssprachlichen Bezeichnungen, mit denen die einander ähnlichen, aber nicht gleichen epidemischen Krankheiten benannt wurden; als „la grippe" erstmals die von 1743 genannt, während die vorausgehende „la follette" hieß.

Spanische Grippe: Die „grippe espagnole" (Influenza) war eine weltweite Epidemie, eine sog. Pandemie. Sie wurde zwischen 1918 und 1920 durch einen ungewöhnlich virulenten Abkömmling des Influenzavirus (Subtyp A/H1N1) verursacht. Zu den Opfern der Grippewelle gehörten die Dichter Edmond Rostand („Cyrano de Bergerac") und Guillaume Apollinaire („Rhénanes"), der deutsche Soziologe Max Weber und der österreichische Maler Egon Schiele.

Brest: Die französische Hafenstadt (150.000 Einwohner) im Département Finistère liegt in einer geschützten Lage und ist seit Jahrhunderten ein bedeutender Marinehafen Frankreichs. Während des Ersten Weltkrieges war Brest wichtiger Hafen für den Nachschub der US-Truppen in Europa. Fast vollständig zerstört durch die Bombardierungen der Allierten in 1944, musste Brest von Grund auf neu aufgebaut werden. Heute eine weitgehend gesichtslose Planstadt mit Betonbauten. In Barbara, einem berühmten Gedicht von Jacques Prévert, dem populärsten Lyriker Frankreichs, wird an die Kriegszeiten erinnert: „Rappelle-toi Barbara il pleuvait sans cesse sur Brest ce jour-là..." („Erinnere Dich Barbara wie es in Brest unaufhörlich regnete...") „Quelle connerie la guerre ..." („Welch' ein Schwachsinn der Krieg...").

Lesenswert: Jacques Prévert, Gedichte und Chansons, Zweisprachige Ausgabe Französisch/Deutsch, Rowohlt Verlag.

Passagier: Von frz. passager (Reisender) und und frz. pas (Schritt).

Guillotine

Mensch, Guillotin.

Paris, den 10. Oktober 1789. Die Revolution ist nicht ganz ein Jahr alt, und noch hat sie ihre Kinder nicht gefressen. In der Nationalversammlung lauschen die Abgeordneten den Worten ihres hoch angesehenen Kollegen Joseph-Ignace Guillotin:

„Die Guillotine ist eine *Maschine*, die den Kopf im Handumdrehen entfernt, und das Opfer nichts anderes spüren lässt als ein Gefühl erfrischender Kühle."

Der Arzt und Politiker meint es gut mit seinem Antrag. Er beschwört den Geist der Revolution: Gleichheit für alle, auch für Delinquenten, die künftig auf eine humane Art, schnell und schmerzlos hingerichtet werden sollen. Alle üblichen grausamen Hinrichtungsarten sollen endlich abgeschafft werden. Mit Begeisterung wird der Antrag angenommen und ein deutscher *Klavier*bauer, Tobias Schmidt, baut die Tötungsmaschine. Mit Schafen und Leichen wird erfolgreich experimentiert, bis dann die erste öffentliche Hinrichtung vor einer riesigen Menge am 27. April 1792 in Paris stattfindet. Blitzschnell wird der Dieb, Nicolas-Jacques Pelletier, enthauptet und die Enttäuschung ist bei den *Sans-culottes* und *Tricoteuses* groß. Man/Frau sehnt sich nach den guten alten Zeiten, als exquisit gerädert wurde. Diesmal versagt der *Maître de plaisir*, der Henker. Er wird gnadenlos ausgebuht.

Dennoch: In den darauffolgenden Jahren rollen die Köpfe; die von König Ludwig XVI. und seiner Gemahlin Marie-Antoinette, aber auch die der Revolutionäre *Danton*, *Saint-Just* und *Robespierre*. Während der sogenannten Schreckensherrschaft ist die Guillotine pausenlos im Einsatz, sechs Stunden am Tag. Bis zu 50 Köpfe innerhalb einer Stunde rollen in den Korb unter dem *Schafott*.

Das Blutgerüst nannte das Volk u.a. la raccourcisseuse (die Kurzmacherin), le rasoir national (das nationale *Rasier*messer), la veuve (die Witwe) und letztendlich la Guillotine, nach dem Namen des Antragstellers. Dieser Name klebte wie Blut an seinem Arztkittel, er hatte es nicht so gewollt. Bekanntlich ist der Weg zur Hölle mit guten Absichten gepflastert.

1814 starb untröstlich „le bon docteur Guillotin". Seine Angehörigen ließen ihren ominösen Familiennamen umgehend ändern.

Maschine: Von frz. machine.

Klavier: Von frz. clavier (Tastenbrett).

Maître de plaisir: Person, die ein Fest ausrichtet, früher oft in einem Maison de Plaisance (Schloss).

Schafott: Von altfrz. chafaut.

Rasieren: Von frz. raser.

Akteure der Revolution:

Sansculotten: Von frz. sans-culottes (ohne Kniebundhose, Culotte) selbst abgeleitet von cul (Hintern) waren die Pariser Arbeiter und Kleinbürger, die im Gegensatz zu Adligen keine Kniehosen, sondern lange Hosen trugen, weil diese für die Arbeit geeignet waren.

Tricoteuses: Die berüchtigten Strickerinnen waren politische Aktivistinnen, die mit ihrem Strickzeug auf Bänken an der Guillotine saßen und Witze rissen, während sie auf die Verurteilten warteten.

Guillotin (1738–1814): Er war nicht der Erfinder der Guillotine. Er hatte aber Skizzen der sogenannten „Schottischen Jungfrau" (Scottish Maiden) gesehen. Dieses ähnliche Hinrichtungsinstrument war der Vorläufer der Guillotine.

Danton (1759–1794): Aus einer kleinbürgerlichen Familie stammte der Rechtsanwalt Georges Danton. Er war einer der Führer der unteren Volksschichten. Ein begnadeter Redner bis zum bitteren Ende. Als er zur Guillotine geführt wurde, sagte der hässliche Revolutionär zum Henker Sanson: „Montre ma tête au peuple, elle en vaut la peine" („Zeig dem Volk meinen Kopf, er ist es wert").

Saint-Just (1767–1794): Louis Antoine de Saint-Just, auch er Rechtsanwalt, war ein eifriger Anhänger Robespierres. Saint-Just war entscheidend am Sturz der Girondisten und Dantons beteiligt. Seine Radikalität zeigte sich in seinem Ausspruch: „Nicht die Gefängnisse haben überfüllt zu sein, sondern die Friedhöfe". Als der „Archange de la Terreur" („Erzengel der Schreckensherrschaft") zusammen mit Robespierre guillotiniert wurde, war er erst 26 Jahre alt.

Robespierre (1758–1794): Maximilien de Robespierre, Rechtsanwalt aus Arras, der Anführer der Jakobiner („Bergpartei") war sogar in den eigenen Reihen gefürchtet. Kühl, fleißig, sachlich, er wurde „l'Incorruptible" („der Unbestechliche") genannt. Seine Diktatur endete am 28. Juli 1794. Gemeinsam mit 21 seiner Anhänger wurde er guillotiniert.

Hasardeur

Mesdames et Messieurs
Faites vos jeux!

Roulette an der *Börse*
Verrückter *Aktiencoup*!
Hausse, Hausse, Hausse
Millionär und Privatier
Vive la vie!

Mesdames et Messieurs
Faites vos jeux!

Roulette an der Börse
Baisse, Baisse, Baisse
B
    a
        i
           s
               s
                  e

Perdu
Bankrott
Finanzjongleur
Keine *Garantie*
Das Spiel ist aus
Profiteur
Rien ne va plus!
RIEN NE VA PLUS!

Le hasard
C'est la vie.

Hasardeur: Glücksritter, Wagehals. Das französische Wort Hasard (Zufall) kam über Spanien – im Spanischen bedeutet azar „Zufall" – im XII. Jahrhundert nach Frankreich. Die Herkunft des Wortes ist arabisch. Az-zahr ist das arabische Wort für „Würfel" oder „Würfelspiel". Arabisch zahr (Blumen, Blüten) bezog sich zunächst auf die Seite des Würfels, die die Eins zeigt. Vielleicht waren die Punkte des Würfels zunächst in Form von Blüten.

Durch die Mauren war der Einfluß der arabischen Kultur in der spanischen Sprache sehr groß. In Frankreich wurde im Mittelalter ein Würfelspiel „hasart" genannt. In Deutschland hieß es hasehart.

„Faites vos jeux!" Mit dieser Aufforderung bittet der Croupier die Spieler um ihre Einsätze. Das deutsche Wort ist entlehnt aus frz. croupier, einer Ableitung von frz. croupe (Hinterteil). Zunächst als Bezeichnung für eine Person, die hinter dem Reiter sitzt und mitreitet, dann verschiedene Übertragungen über die Bedeutungskomponenten „helfen" und „profitieren". In der heutigen Bedeutung, „Assistent beim Spiel".

Roulette: Von frz. roulette (Rädchen) und altfrz. roele (Rädchen). Das Roulette bezeichnet das Glücksspiel und die Roulette, die Roulettemaschine.

Börse, Aktien, Bankrott: Diese Wörter sind im Französischen sehr ähnlich (Bourse, actions, banqueroute), stammen aber logischerweise aus europäischen Ländern, die im Mittelalter und während der Renaissance den Handel und die Finanzwelt beherrschten, nämlich Flandern und Oberitalien. Man vermutet, dass der Begriff „Börse" eine Ableitung vom Namen der Patrizierfamilie „De Bourse" aus Brügge ist, vor deren Haus sich regelmäßig italienische Kaufleute zu Geschäftsgesprächen trafen. Das erste offizielle Börsengebäude der Welt wurde 1613 in Amsterdam eröffnet. Der Ausdruck „Bankrott", von ital. banca rotta (zerbrochene oder leere Bank des Geldwechslers) stammt von den Geldwechslern im mittelalterlichen Oberitalien. Diese hatten zur Markt- oder Messezeit Tische (vergl. die Bank „Kreditinstitut") aufgebaut, auf denen sie unterschiedliche Währungen zum Tausch anboten. War der Tisch leer, so hatte der Wechsler, ähnlich wie der Bankrotteur, kein Geld mehr.

Das Wort „Aktie" entstammt dem Niederländischen actie (Anrecht).

Coup: Gelungenes, riskantes Unternehmen. Von frz. coup und lat. colaphus (Faustschlag).

Hausse: Steigende Kurse an der Börse. Von frz. hausse (Erhöhung).

Baisse: Sinkende Kurse an der Börse. Von frz. baisse (Senkung).

Millionär: Das Wort entstammt dem Französischen. Es entstand im Jahre 1719 anlässlich der Spekulationsblase mit den Aktien der von John Law gegründeten Mississippi-Kompanie.

Vive la vie! Es lebe das Leben!

Perdu: Veraltet, von frz. perdu (verloren).

Finanzjongleur: Das Wort „Jongleur" ist entlehnt aus frz. jongleur und lat. ioculator (Spaßmacher).

Garantie: Von frz. garantie und frz. garantir (bürgen).

Profiteur: Von frz. profiteur, frz. profit und lat. profectus (Wachstum, Vorteil).

Rien ne va plus! Ansage des Croupiers „Nichts geht mehr!". Danach darf nicht mehr gesetzt werden.

C'est la vie: Der Ausspruch kommt aus dem Französischen und heißt auf Deutsch, wörtlich übersetzt, „Das ist das Leben", was so viel bedeutet wie „So ist das Leben eben".

Hommage

Das männliche französische Wort „*Hommage*" hat sich im Deutschen einer Geschlechtsumwandlung unterzogen. Ursprünglich ist die Hommage eine reine Männersache, die auf eine feierliche *Zeremonie* im mittelalterlichen Frankreich zurückgeht. Feudalpächter oder *Vasall*en bekundeten ihre Lehnstreue gegenüber dem Lehnsherrn. Es handelte sich dabei um eine symbolische Bestätigung des Vasallenvertrages, der zwischen zwei freien Männern geschlossen worden war. Der Vasall versicherte dem Lehnsherrn, dessen „Mann" (frz. homme) zu sein. In der damaligen feudalen Gesellschaft galt das Wort. Die öffentliche Bekundung unter Zeugen war ebenso bindend wie ein schriftlicher Vertrag. Die Zeremonie wurde später häufig durch die Kirche geleitet und dabei dokumentiert. Bei Rechtsstreitigkeiten konnte die Kirche als zuverlässiger Zeuge auftreten, da sie allgemein als vertrauenswürdig angesehen wurde.

Liebe deutsche Freunde, die Wortherkunft ist eindeutig männlich. Leisten Sie keinen sprachlichen Widerstand! Ab sofort heißt es wie im Französischen der Hommage.

Hommage: Von frz. hommage. Die Hommage = l'hommage (männlich im Französischen).

Vasall: Von altfrz. vassal (Gefolgsmann) und lat. vasallus (Mann im Dienstgefolge). Der Vasall stellte sich freiwillig als Gefolgsmann in den Dienst eines anderen Herrn und verpflichtete sich diesem für bestimmte militärische oder diplomatische Dienstleistungen. Er musste eine bestimmte Anzahl an Soldaten zur Verfügung stellen, um so den Dienstherren in dessen Krieg zu unterstützen. Umgekehrt genoss der Vasall den Schutz seines Lehnherren.

Zeremonie: Von frz. cérémonie.

Hortensie

Wenn Pflanzen sprechen könnten, würden wir von der *Hortensie*, der „Königin des Gartens", folgende exotische Liebesgeschichte erfahren:
Es waren glückliche aufregende Zeiten für abenteuerlustige Naturforscher, es gab viel zu entdecken. Gefährliche Zeiten zugleich, weil der Ausgang einer langjährigen Reise auf den sieben Meeren stets ungewiss blieb. 1766 führte die Bougainville-Expedition ans unbekannte Ende der Welt. An Bord der königlichen Fregatte „La Boudeuse" („die Schmollende") befand sich der Arzt und Botaniker *Philibert Commerson*. 1768 erreichte das Schiff die Île de France, die heutige Insel *Mauritius* im Indischen Ozean. Im Auftrag König Ludwigs XV. forschte Commerson auf der Trauminsel. Im Garten von Pamplemousses entdeckte er die seltensten Blumen- und Pflanzenarten, darunter die blaue Hortensie. Vermutlich war sie aus chinesischen Gärten zu den *Maskarenen* gekommen.

Commerson war keineswegs ein weltfremder Wissenschaftler, sondern „un grand buveur, *amateur* de femmes et bagarreur" (Larousse encyclopédique). Der trinkfeste, rauflustige Pflanzen- und Schürzenjäger nannte die völlig fremdartige Pflanze „Peautia coelestina", „die himmlische Peautia", als Anspielung und *Hommage* an die Mathematikerin und Astronomin Nicole-Reine Lepaute. Die „*femme savante*" war die Gattin seines Freundes Jean-André Lepaute, dem Uhrmacher des Königs. War der *passionierte* Naturforscher in sie verliebt? Eine solche Bezeichnung der Pflanze erschien ihm jedoch allzu wissenschaftlich. Daraufhin nannte er sie in Hortensia um. Erneut ging es um eine Frau, diesmal mit dem blumigen Vornamen Hortense. Aber welche? War die Gewürdigte, wie manche meinen, die bildhübsche *Prinzessin* Hortense de Beauharnais? Absurd, denn die künftige Mutter des Kaisers Napoleon III. wurde 1783, zehn Jahre nach Commersons Tod, geboren. Vielmehr ist anzunehmen, dass es sich bei der Namensgeberin der Hortensie um Hortense von Nassau-Siegen handelte. Sie war die Tochter des deutsch-französischen Abenteurers Karl-Heinrich, Prinz von Nassau-Siegen. Auf der Flucht vor seinen Gläubigern hatte sich der Glücksspieler und *Libertin* der Weltumseglungsexpedition des Bougainville angeschlossen. Der Prinz interessierte sich sehr für Botanik und war mit Commerson befreundet. Hatte er ihm seine Tochter versprochen? Nichts ist bewiesen. Sicher ist aber, dass es Jeanne Baret, der Assistentin Commersons, gelang, das umfangreiche Herbarium des Botanikers nach Paris zum Jardin du Roi zu bringen. Und so kam die Hortensie als getrocknete Pflanze erstmalig nach Frankreich. Sicher ist auch, dass Sie die schönsten Exemplare der wassersüchtigen blauen Hortensien in der Bretagne finden werden. Ein Augenschmaus bei jedem Wetter.

"Dites-le avec des fleurs!" („Sagen Sie es mit Blumen"!) lautet ein französischer Spruch. Und welche Frau würde sich nicht über einen unerwarteten Blumenstrauß freuen? Sehr aufmerksam von Ihnen, cher Monsieur! Auch Philibert Commerson, der unverbesserliche „amateur de femmes", wollte auf seine Art seine *Galanterie* unter Beweis stellen. Als der Botaniker, auf der fernen Île de France, eine wunderschöne Pflanze mit großen blauen Blütendolden und *dekorativ*en Blättern entdeckte, dachte er wehmütig an Frankreich und an seine geliebte Hortense.

Mit 46 starb Commerson auf Mauritius. Wer war diese rätselhafte Hortense?

Oh là là! *Cherchez la femme!*

Hortensie: Frz. l'hortensia (männlich) bzw. rose du Japon. Herkunftsländer der Hydrangea sind China und Japan. Rein etymologisch betrachtet ist das Wort aus lat. hortus (Garten) entlehnt. Im alten Rom gab es eine Frau namens Hortensia. Sie war die Tochter des Konsuls Quintus Hortensius Hortalus und eine begabte Rednerin. Die blaue Hortensie symbolisiert („Vos caprices me peinent"/„Ihre Launen bereiten mir Kummer") Schönheit, aber auch Kälte und Gleichgültigkeit.

Philibert Commerson (1727-1773): Der Naturforscher studierte Medizin und Botanik an der berühmten Universität Montpellier in Südfrankreich. Während der Bougainville-Expedition katalogisierte er neu entdeckte Tier- (z.B. den Commerson-Delphin) und Pflanzenarten (ca. 3.000). 1773, kurz vor seinem Tod, forschte er auch auf der damaligen Île Bourbon (der heutigen Insel Rèunion) und auf Madagaskar.

Mauritius: Frz. l'Île Maurice. Von den Portugiesen entdeckt, gehörte die Insel von 1598 bis 1710 den Holländern. Danach war Mauritius ein Piratenstützpunkt. 1735 gründeten französische Siedler die Hauptstadt Port-Louis. 1810 eroberten die Engländer die Insel. Die Sklaverei wurde abgeschafft und viele Inder kamen als Arbeitskräfte. Eine multikulturelle Trauminsel par excellence. Amts- und Unterrichtssprache ist Englisch, während das Französische das öffentliche Leben beherrscht. Viele originelle französische Ortsbezeichnungen wie z.B. Trou d'Eau Douce („Süßwasserloch"), Flic en Flac, Kap Malheureux („Unglücklich") etc. Die Umgangssprache ist Kreolisch. In vielen Familien hört man auch indische Sprachen und Kantonesisch. Vor der Ankunft der Holländer war die Insel unbewohnt. Heute zählt sie 1,2 Millionen Einwohner. Neben weißen Traumstränden zählt der botanische Garten von Pamplemousses zu den Schönsten der Welt.

Die Maskarenen: Frz. Les Mascaraignes. Die Inselkette besteht aus Mauritius, dem französischen Übersee-Département La Réunion und Rodriguez. Alle waren strategische Orte/Posten auf der Gewürzroute.

Amateur: Von frz. amateur in der Bedeutung „Kunstliebhaber" und lat. amator („Liebender").

Hommage: Siehe die Wortgeschichte „Hommage".

Femme savante: Hier ist nicht die eingebildete Frau von Molière gemeint, sondern eine sehr gebildete, „wissende" Wissenschaftlerin. Solche Frauen waren damals eine Ausnahme.

Prinz/Prinzessin: Von frz. prince (Fürst).

Passioniert: Von frz. passion (Leidenschaft) und lat. passio („das Leiden").

Hortense Eugènie Cécile de Beauharnais (1783-1837): Eine Zeitlang war die bildhübsche Prinzessin und Mitglied der kaiserlichen Familie Königin von Holland (1806-1810).

Libertin: Von frz. libertin und frz. libre (frei). Den libertins wurde gegen Ende des XVI. Jahrhunderts in Frankreich libertinage, also eine zügellose, „freizügige" Lebensweise vorgeworfen.

Galanterie: Das Wort galant ist entlehnt aus frz. galant (liebenswürdig) und altfrz. gale (Vergnügen, Freude).

Dekorativ: Wesentlicher Einfluss von frz. décorer.

Cherchez la femme!: Dt. „Machen Sie die Frau ausfindig!". Eine ins Deutsche übernommene französische Redewendung.

Hotel

Im Lateinischen bedeutet hospitale „Gastzimmer". Im Französischen kann l'hôte sowohl den Gast als auch den Gastgeber bezeichnen. Wenn das Wort „Gastfreundlichkeit" mit hospitalité übersetzt wird, ist dies kein Zufall, denn hôtel und hôpital (Krankenhaus) weisen in der französischen Sprache eine gemeinsame Wortherkunft auf.

Wer nach Burgund fährt, sollte sich die Besichtigung des berühmten Hôtel-Dieu in der kleinen Weinstadt Beaune nicht entgehen lassen. Die ersten Hôtels-Dieu (wortwörtlich Gotteshotel) sind aus dem 7. Jahrhundert bekannt und waren ursprünglich Pilgerherbergen, die meist in der Nähe der Kirche oder Kathedrale errichtet wurden. Im Laufe der Jahrhunderte wandelte sich die Nutzung von der reinen Beherbergung hin zur Versorgung von Alten oder Kranken. Das Hôtel-Dieu in Beaune, Weltkulturerbe der UNESCO, ist ein sehenswertes ehemaliges Krankenhaus, im Jahre 1443 vom Stifter Nicolas Rolin gegründet, und wurde sogar bis 1971 als hôpital genutzt.

Der Begriff entwickelte sich im 17. Jahrhundert. Das Hôtel bezeichnete in französischen Städten, vor allem in Paris, repräsentative adlige Wohnhäuser (*hôtels particuliers*) und manchmal öffentliche Gebäude. Ein deutsches Hotel ist immer ein Beherbergungs- und Verpflegungsbetrieb für Gäste gegen Bezahlung. Das französische Wort hingegen kann sich auch auf ein Polizeipräsidium (hôtel de police), ein Rathaus (hôtel de ville) oder ein Versteigerungsgebäude (hôtel des ventes) beziehen.

In der deutschen Hotelhierarchie findet man zahlreiche französische Bezeichnungen: *Sommelier*, *Chef de Rang*, *Demichef de Rang*, *Commis de Rang*, *Chef de Bar*, Demichef de Bar und Commis de Bar. Das Küchenpersonal allerdings wurde eingedeutscht. Aus dem chef de cuisine wurde der Küchenchef, aus dem hors-d'œuvrier der Vorspeisenkoch.

Eines der luxuriösesten und exklusivsten Hotels der Welt ist das Fünf-Sterne-Hôtel de Crillon am Place de la Concorde in Paris. Der prachtvolle ehemalige Adelspalast aus dem Jahr 1758 verfügt über *Suites*, deren Preis Otto Normalverbraucher den Schlaf rauben würde. Nuit blanche – weiße Nacht also eine schlaflose Nacht – wie die Franzosen sagen, garantiert!

Ein Einzelzimmer kann allerdings für knapp unter 800 Euro für eine Übernachtung gebucht werden.

Über viel *Flair* verfügt auch das legendäre Luxushotel Ritz am Place Vendôme. *Coco Chanel*, die *Grande Dame* der Mode, fühlte sich dort so wohl, dass sie permanent in einer Suite lebte.

Im ehrwürdigen Hôtel-Dieu in Beaune gibt es einen faszinierenden Armensaal (la Chambre des pauvres) mit bemalter Holzdecke. Selbstverständlich ist eine Übernachtung dort nicht möglich und wäre in einem *unkomfortablen* mittelalterlichen Krankenbett wirklich nicht zu empfehlen. Aber auf ihre einmalige Art verdient dieses Chambre des pauvres fünf Sterne.

Hôtel particuIier: „Particulier" bedeutet „privat". Manche Hôtels particuliers sind berühmt, z.B. das Hôtel Salé im Pariser Maraisviertel beherbergt das Picasso Museum.

Sommelier/Sommelière: Er/Sie berät fachmännisch die Gäste über das Weinangebot. Die Herkunft des Wortes ist die Provence. „Sommelier" kommt von provenzalisch saumalier. Dieser führte Lasttiere. Historisch ging der Beruf des Sommeliers aus dem mittelalterlichen Hofamt des Mundschenks hervor.

Chef de Rang: Stationskellner. „Chef" ist aus dem Französischen entlehnt, von lateinisch caput, Kopf. „Rang" kommt von frz. rang (Reihe, Ordnung). In der Hierarchie eines Serviceteams ist ein Chef de Rang dem Restaurantleiter und dessen Stellvertreter unterstellt. Er empfängt die Gäste, platziert sie, spricht Empfehlungen aus und nimmt die Bestellungen auf. Eventuell übernimmt er die Funktion des Sommeliers. Filetieren (aus frz. filet = Netz): Die knochenlosen Fleischstücke wurden früher häufig nach Art einer Roulade (aus dem gleichbedeutenden französischen roulade, von rouler, „rollen", entlehnt) mit einem Netz zusammengebunden und so zubereitet), Tranchieren (aus frz. tranche = Scheibe, also in Scheiben schneiden) und Flambieren (aus frz. flamber = abflammen) von Speisen sind ebenfalls Aufgaben des Chef de Rang.

Demichef de Rang: Stellvertretender Stationskellner. Aus gleichb. frz. demichef de rang.

Commis de Rang: Jungkellner, oft ein Auszubildender.

Chef de Bar: Barmixer.

Suite: Von frz. suite (Folge).

Flair: Persönliche Note, Ausstrahlung. Von frz. flair („Geruchsinn") und frz. flairer (wittern, riechen).

Coco Chanel (1883–1971): Gabrielle Bonheur Chanel. Die Näherin aus der Provinz erlebte einen märchenhaften Aufstieg. In Moulins trat sie in ihrer Jugend als Sängerin auf und trug das damals bekannte Chanson „KoKoRiKo" (cocorico = Kikeriki) vor. Ihr Spitzname Coco stammt aus dieser Zeit. Siehe auch die Wortgeschichte „Parfüm".

Grande Dame: Siehe die Wortgeschichte „Grande Dame".

Unkomfortabel: Komfort stammt von frz. comfort, altfranzösisch bedeutete es Trost, Stärkung.

Ingenieur

„Les hommes naissent tous roturiers. Il n'y a que leurs actions qui les anoblissent".

„Die Menschen werden alle als einfache Bürger geboren. Allein ihre Taten adeln sie".

Vauban in seiner Denkschrift an den Herzog von Burgund

Ohne Fleiß kein Preis.
Der Preis für den arbeitswütigen, begabten *Ingenieur*-Soldaten Sébastien Le Prestre
de *Vauban* ist 1655 seine Ernennung zum „Ingénieur ordinaire du Roi". Vauban
stammt aus bescheidenem burgundischen Landadel. Er ist zweiundzwanzig Jahre alt,
steht am Anfang einer *brillant*en *Karriere*. Sein Aufstieg zum „*Lieutenant-Général
des Armées du Roi*" und zum „Maréchal de France" wird unaufhaltsam sein.
Aus gutem Grund wird Frankreich das Hexagon genannt. Die natürlichen Grenzen des
Landes bilden die Kanten eines Sechsecks. Im Osten der Rhein, der Jura und die Alpen,
im Südosten das Mittelmeer, im Südwesten die Pyrenäen, im Westen der Atlantik und
im Nordwesten der Ärmelkanal. Nur im Nordosten, gen Belgien, Luxemburg und die
Rheinpfalz ist die Grenze nicht durch die Geographie gegeben. Vauban ist besorgt,
denn diese Grenzen sind ungeschützt. Der kriegslüsterne Sonnenkönig hat sich in
ganz Europa Feinde gemacht. Von allen Seiten gefährden sie das Königreich. 1673
schreibt Vauban an den Kriegsminister Louvois: „*Sérieusement, Monseigneur, le
roi devrait un peu songer à faire son pré carré*" („Eure Exzellenz, der König sollte
ernsthaft ein wenig an den Schutz seines Königreiches denken").
Wenn es sein muss, kann Ludwig XIV. klugen Strategen gut zuhören. Er schätzt
Vauban, der Ingenieur ist kein Schmeichler und Heuchler wie die anderen Höflinge.
Der König beauftragt ihn mit einer wahren Herkulesaufgabe: das Ziehen einer
„enceinte de fer", eines eisernen Gürtels ringsum das Königreich, das „pré carré"
(quadratische Wiese). An allen strategischen Stellen sollen uneinnehmbare Befesti-
gungsanlagen mit *Bastion*en gebaut oder restauriert werden. Vauban nimmt die
Herausforderung an. Der loyale und überzeugte Staatsdiener ist der Mann fürs Ganze.
Unermüdlich bereist er das Land, lässt fein konzipierte, sternförmige, teilweise
*imposant*e Zitadellen errichten. Der Befestigungsgürtel zieht sich durch den von
den Spanischen Niederlanden besonders bedrohten Norden von Lille bis Maubeuge
und Luxemburg, den Osten (Neuf-Brisach, Saarlouis und Landau), die Atlantikküste
(Brouage und Saint-Martin de Ré), die Alpen (Entrevaux und Briançon) bis zum
Languedoc-Roussillon (Villefranche-de-Conflent) und den Pyrenäen (Montlouis).

Und so werden in 56 Dienstjahren 30 Festungen und Festungsstädte gebaut und 300 wieder instand gesetzt. Nebenbei leitet der mutige Königliche Generalkommissar für Festungswesen fünfunddreißig Belagerungen, wird mehrmals verwundet. Das Blutvergießen ist allerdings nicht seine Sache. Mit hoher Verteidigungskunst geht es ihm in erster Linie um das Wohlergehen der Soldaten und der Bevölkerung. Nicht er ist der verschwendungssüchtige Kriegstreiber. Nicht er verursacht so viel Leid und Not, nicht er denkt an seinen persönlichen Ruhm.

Der besonnene Festungsbaumeister erhebt seine Stimme, scheut sich nicht, soziale Missstände aufzuzeigen, verfasst politische Schriften. Er protestiert offen gegen die ungerechte, erdrückende Steuerlast für die ärmeren Schichten und schlägt einen angemessenen „Königs-Zehnten", also Steuergleichheit, vor. Ausdrücklich warnt er vor den ökonomischen Folgen der Verfolgung und Vertreibung der Hugenotten nach der Aufhebung des Ediktes von Nantes. In Zeiten des Absolutismus darf nur Ludwig XIV. Grenzen überschreiten und so fällt Vauban am Ende seines Lebens beim König in Ungnade und wird in den „Ruhestand" versetzt. Dennoch ist der König zutiefst betroffen, als er 1707 vom Tod seines überragenden Militäringenieurs erfährt.

Er wusste genau, warum.

Ingenieur: Von ital. ingegnere (Kriegsbaumeister) und später frz. ingénieur.

Vauban (1633–1707): Der bedeutendste, geniale Militärarchitekt der Barockzeit bewies schon sehr jung eine Begabung für Mathematik. Seine Festungsstädte, die heute zum UNESCO-Welterbe zählen, sind gebaute Geometrie. Fontenelle urteilt über ihn: „Dies war sein wichtigstes Ziel, die Erhaltung von Menschenleben." Im Larousse Universel von 1923 steht: „Eine von Vauban belagerte ist eine eroberte Stadt; eine von Vauban befestigte oder verteidigte ist eine uneinnehmbare Stadt." Vauban war unermüdlich, – er reiste jedes Jahr 3.000 bis 6.000 km, meistens zu Pferd – mutig, ein offener und freimütiger Berater des Sonnenkönigs. Als Meisterleistungen gelten die Festungsanlagen/städte von Lille („Königin der Zitadellen"), Belfort, Neuf-Brisach im Elsass, Besançon und Saint-Martin de Ré auf der Insel Ré an der Atlantikküste. Neben dem Festungsbau befasste sich Vauban mit Fragen der Stadtplanung, der Landwirtschaft, der Finanzpolitik, der Religion und der Philosophie. Der engagierte Katholik verfasste 1689 eine Denkschrift gegen die Aufhebung des „Ediktes von Nantes" und schilderte die schlimmen Folgen dieser Willkürentscheidung, mit der der Sonnenkönig („Le Roi Très-Chrétien") der protestantischen Minderheit die bürgerlichen und religiösen Rechte raubte und sie aus Frankreich vertrieb. Vauban: Ein Mann mit Herz. Sein Herz wird im Invalidendom in Paris aufbewahrt. Über das Leben und das Werk von Vauban gibt es eine DVD von Jacques Trefouel, „Vauban, le vagabond du roi" (2008).

Brillant: Von frz. brillant und frz. briller (glänzen).

Karriere: Von frz. carrière und ital. carriera (Fahrstraße).

Lieutenant-Général du Roi: Er war der Stellvertreter des Königs im Heer oder in einer Festung. Sehenswert ist die Lieutenance (17. Jh.) im malerischen Hafen von Honfleur in der Normandie, wo der Lieutenant residierte. Das deutsche Wort „Leutnant" ist entlehnt aus frz. lieutenant, zu frz. lieu (Ort) tenant (haltend), also Stellvertreter, Statthalter.

Pré carré: Wörtlich „quadratische Wiese". Den Ausdruck erfand Vauban und er bedeutet „sein Reich oder seine Domäne schützen". Wird heute noch im modernen Französisch benutzt.

Bastion: Von frz. bastion, altfrz. bastie (Gebäude) und bastir (bauen). Eine Bastion ist ein vorgezogener Verteidigungspunkt einer Festung, die dazu dient, Angreifer von der Seite oder von hinten beschießen zu können.

Imposant: Von frz. imposant (beeindruckend).

Jalousie

Hoher Besuch steht an. In der Abenddämmerung durchdringt das gelbe Gift der Eifersucht die Gemächer des *Harem*s.

Fenstergitter verhindern, dass Fremde in die luxuriösen *Interieur*s blicken können. Er, und nur er, der eifersüchtige Sultan, darf die abgeschirmten Räume betreten. Die zuverlässigen schwarzen Eunuchen überwachen seine Frauen. Sie verfluchen ihn und ihr eigenes Schicksal. Aber auch sie, die hübschen Haremsdamen, sind gegenseitig eifersüchtig. Welche *Favoritin* wird mit dem Herrscher die Nacht verbringen dürfen? Wer wird ihm den ersten Sohn gebären? „Bin ich nicht schöner und klüger als alle anderen Frauen. Warum sie und nicht ich"? Ach, wenn die funkelnden Blicke dieser *Rivalinnen* töten könnten. Leidenschaft, Intrigen, Hass und Mord schwelen im Harem. Das Wort „*Jalousie*" stammt aus dem Französischen „Jalousie", was „Eifersucht" bedeutet. Der Begriff bezeichnete in Frankreich zunächst Fenstergitter nach orientalischem Vorbild. Bezeichnenderweise gibt es auf französisch zwei Wörter für den Sicht- und Sonnenschutz: gleichbedeutend „jalousie" aber auch „persienne" (persisch, aus Persien). Diese Fenstergitter waren so beschaffen, dass sie den Blick nach außen ermöglichten und gleichzeitig von dort aus die Sicht ins Innere verhinderten. Ebenso wie diese orientalischen Gitter waren auch die ersten Jalousie-Einsätze für europäische Fensterläden anfangs nicht verstellbar.

Am 14. April 1812 meldete der Tischler Cochot in Paris seine Erfindung zum *Patent* an: eine mit verstellbaren und wendbaren Brettchen (Lamellen) versehene Jalousie, die dem heute noch verwendeten Prinzip entspricht.

Harem: Das arabische Wort bedeutet soviel wie „verboten" (für andere) oder „unerlaubt". Mit der Zeit wurde es aber auch mit „geschützt" und „reserviert" übersetzt.

Interieur: Von frz. intérieur (das Innere).

Favoritin: Von frz. favori (Günstling) und ital. favorito.

Rivalinnen: Rivale ist entlehnt aus frz. rival, lat. rivalis (Nebenbuhler) und rivus (Bach). Das Wort bedeutet eigentlich „zum (gleichen) Bach gehörig". Es ging im alten Rom um die Rechte, Wasser aus dem Bach zu entnehmen, und die Rivalen waren die Konkurrenten am gleichen Wasserlauf.

Jalousie: „Gelb vor Eifersucht" wird im Französischen mit „vert de jalousie", also „grün vor Eifersucht" übersetzt. Das Wort geht ursprünglich auf das italienische und provenzalische gelosia zurück. In der eigentlichen Bedeutung „Eifersucht" ist es eine Ableitung von frz. jaloux (eifersüchtig), das zurückgeht auf lat. zelus (Eifer) und griechisch zelos.

Die arabischen Fenstergitter waren tatsächlich die Urform der modernen Jalousien. Exotisch und temperamentvoll klingt die französische Redewendung jaloux comme un tigre/jalouse comme une tigresse (eifersüchtig wie ein/e Tiger/in). Dafür gibt es keine deutsche Entsprechung. Das französische Wort jalousie hat zwei Bedeutungen: Eifersucht, aber eine Jalousie ist auch in der militärischen Sprache eine exponierte, leicht einnehmbare Stelle.

Die Jalousie (Die Eifersucht), ein Roman (1957) des französischen Autors Alain Robbe-Grillet (1922–2008), stellt ein Hauptwerk des Nouveau Roman dar. Der französische Originaltitel wird auf Deutsch in seinen zwei Bedeutungen von (Fenster-) Jalousie und Eifersucht übersetzt. Diese Doppelbedeutung spiegelt sich in der Handlung wider.

Patent: Von frz. patente (Bestallungsbrief) und (lettre) patente (offener Brief).

Kanapee

Wenn ein „kunúpi" seinen Opfern einen Besuch gestattet, bleibt manche griechische Nacht unvergessen.

Ungemein flink verwandelt der winzige, siegreiche Feind den gepiesackten Urlauber in einen Streuselkuchen. Tatsächlich gab das lästige Insekt dem heutigen Möbelstück seinen Namen. „*Kanapee*" stammt aus dem Griechischen „kônôpeion" (Stechmücke). Das lateinische „conopeum" bezeichnete zunächst eine mit einem Mückennetz geschützte Lagerstätte und dann ein Bett. Seit 1648 ist das Wort „Canapé" in Frankreich belegt und überschritt später die deutsche Grenze.

Zahlreiche französische Begriffe für Möbel des 18. und 19. Jahrhunderts wurden in die deutsche Sprache übernommen. In Zeitungsanzeigen für Antiquitäten werden u.a. *Chaiselongue*s, *Chiffonière*s, *Fauteuil*s, *Kommode*n und *Récamière*s zum Kauf angeboten. Gerade die Récamière erlebt in Deutschland eine *Renaissance*. Bekanntlich bezeichnet das Wort „Canapé" auch köstliche Appetithäppchen. A priori ist ein Zusammenhang mit dem Möbelstück nicht erkennbar. Es wird vermutet, dass um 1900 der Begriff aus dem Englischen kommt, aber dies ergibt eigentlich keinen Sinn. Oder könnte der Belag auf einem Canapé eine Art Übertragung der Polsterung der *Couch* sein?

Die zweite Bedeutung des Wortes ist wirklich „ein Fall für die Couch".

Kanapee: Von frz. canapé. Eine Schlafcouch ist im Französischen ein canapé-lit oder ein convertible. Die Begriffe „Sofa" und „Diwan" (frz. divan) stammen aus dem Arabischen. „Diwan" ist das arabische Wort für „Amtszimmer".

Chaiselongue: Von frz. chaise longue (langer Stuhl). Seit 1850 gibt es das niedrige, gepolsterte Liegemöbel mit erhöhtem Kopfende für eine Person. Im Gegensatz zum Kanapee ging dieses Möbel nicht aus dem Ruhebett hervor, sondern aus einem durch einen Tabouret (frz. tabouret) verlängerten Fauteuil. Nach und nach verschmolz die zweiteilige Chaiselongue, in Frankreich plastisch auch duchesse brisée (gebrochene Herzogin) genannt, zu einem einzigen Möbelstück.

Chiffonière: Pfeilerkommode. Schmales hohes Möbel mit zahlreichen übereinander liegenden Schubladen. Das deutsche Wort Chiffon ist aus dem Arabischen Schiff entlehnt und bezeichnet ein feines, durchsichtiges Gewebe aus Natur- und Kunstseide. Der Begriff kam über die französische Sprache nach Deutschland. Ein chiffon auf französisch ist wertlos und bezeichnet lediglich Stofffetzen oder Lumpen.

Fauteuil: Der Fauteuil war im 17. und 18. Jahrhundert ein beliebtes gepolstertes Sitzmöbel mit Armlehnen. Interessanterweise wird zwar das Wort aus dem Französischen entlehnt, ist jedoch urdeutscher Herkunft. Das altfränkische faldistohl bedeutete Faltstuhl. In der modernen Bedeutung bedeutet Fauteuil auf französisch ganz einfach Sessel.

Kommode: Von frz. commode (bequem). Entwickelt wurde sie aus der Truhe. Im Vergleich zur Truhe wurde sie als praktischer, eben als kommod, empfunden.

Récamière: Sofa ohne Rückenlehne aber mit gleich hohen geschwungenen Armlehnen. Julie Récamier (1777–1849) galt zu Ihrer Zeit als eine der schönsten Frauen der Welt. Prominente Politiker und Intellektuelle frequentierten ihren Salon (frz. salon). Sie wurde von bedeutenden Künstlern porträtiert, u.a. von Jacques-Louis David, der sie auf einer Récamière malte, dem nach ihr benannten Möbelstück.

Renaissance: Von frz. renaissance (Wiedergeburt).

Couch: Von altfrz. couche (Lager).

Kaputt

„Je suis kaputt" stöhnt mancher Franzose nach einem langen und harten Arbeits-
tag. Für Franzosen und nicht nur für sie ist kaputt ein typisch deutsches Wort, das
jeder kennt oder glaubt zu kennen. Weit gefehlt!

Im frühen 16. Jahrhundert in Frankreich erfreute sich das Kartenspiel Piquet (Pikett)
großer Beliebtheit. Wer alle Stiche gewann, machte capot. Wer verlor, war capot,
also geschlagen, am Boden zerstört. Oder ist kaputt eine Entlehnung aus capoter
(kentern)?

Eher unwahrscheinlich. 1635, als das katholische Frankreich an der Seite Schwedens
in den verheerenden Dreißigjährigen Krieg gegen den deutschen Kaiser eingriff,
wanderte das Wort nach Deutschland. In der Arte-Sendung „Karambolage" lieferte
Waltraud Legros die folgende plausible Erklärung: Die deutschen Landsknechte
lernten diesen Ausdruck von den französischen Söldnern, wenn sie abends neben
reichlichem Trinkgelage auch dem Kartenspiel frönten. So wurde faire capot (kaputt
machen) eingedeutscht und galt schliesslich für alles, was eben zu einem Krieg
gehört: plündern, rauben, in Brand stecken, umbringen, zerstören und so weiter.

1635 starb in *Nancy* der berühmte französische Kupferstecher und Radierer Jacques
Callot. Seine 18 Radierungen unter dem Titel Les misères de la guerre („Die Schrecken
des Krieges") sind Meisterwerke, die im Musée Historique Lorrain in der Altstadt von
Nancy zu sehen sind.

Ganze Landstriche wurden während des Dreißigjährigen Krieges verwüstet und ent-
völkert. In Süddeutschland überlebte sogar nur ein Drittel der Bevölkerung.

Tatsächlich wurde leider nicht nur beim Kartenspiel sehr viel gestochen.

Nancy: 105.000 Einwohner, Städtepartnerschaft mit Karlsruhe. Nancy ist die Hauptstadt (Präfektur) des
Départements Meurthe-et-Moselle. Die lothringische Kunststadt ist bekannt für ihr einzigartiges architektonisches Ensemble aus dem 18. Jahrhundert. Der Place Stanislas, schönster Königsplatz Europas, der Place de la
Carrière und der Place d'Alliance gehören zum Weltkulturerbe der UNESCO. Darüber hinaus wartet Nancy mit
bedeutenden historischen Bauten (Herzogspalast, Triumphbogen) und Museen auf. Das Musée Lorrain
beherbergt fast das gesamte grafische Werk von Jacques Callot (330 beeindruckende Kupferstiche). Nancy ist
seit 1901 Hochburg des Jugendstils in Frankreich. Sehenswert ist das Musée de l'École de Nancy. Die wichtigsten Vertreter der „Schule von Nancy" sind u.a. Emile Gallé, die Brüder Daum, Majorelle, Jacques Gruber.
Nähere Informationen unter www.nancy.fr/culturelle/musee/html.
Tipp: Die Atmosphäre der Cafés mit Jugendstil-Dekors genießen (z.B. „Excelsior", Rue Henri-Poincaré Nr. 50).

Karree

„Die Alte Garde: Regimenter aus Eisen und Granit".

Victor Hugo

Er darf diese alles entscheidende Schlacht nicht verlieren. Auf keinen Fall.

Aber ohne Unterstützung von *Infanterie* oder *Artillerie* wird die *Kavallerie* von dem genauso mutigen wie leichtsinnigen *Marschall Ney* niedergemäht. Und wann wird Grouchy endlich zur Hilfe kommen? Die *Depesche* mit dem Befehl, unverzüglich nach Waterloo zu marschieren, muss er längst erhalten haben! Verzweifelt wirft der Feldherr seine letzte *Reserve*, die Kaiserliche *Garde*, ins Gefecht, in das Inferno. Das *Elitekorps* gilt als unbesiegbar. „Die Götter" nennt der Feind ehrfürchtig die hoch-gewachsenen, kampferprobten, grimmigen Gardisten mit den schwarzen Schnurr-bärten und auffälligen dunklen Bärenfellmützen. Drei *Bataillon*e der Garde und ein Bataillon der 3. *Grenadier*e formieren sich zu vier *Karree*s, jedes bestehend aus weniger als 500 Mann, die schweigend und langsam auf dem schlammigen Boden ihre Waffen laden und abfeuern. Unter heftigem Beschuss gehen sie dennoch unaufhaltsam rückwärts, die Schlacht am Mont-Saint-Jean ist verloren.

Er sitzt zu Pferd mitten in einem Karree. Rechts und links fallen seine treuesten Soldaten, die Besten der Besten. Er ignoriert den Tod, der Tod ignoriert ihn. Im Schutz der Alten Garde kann er das Schlachtfeld unversehrt verlassen.

Einem Häufchen von weniger als 100 Gardisten gelingt es, einen Hügel bei Belle Alliance zu erreichen. Erschöpft, viele verletzt, stehen sie zwischen den Bergen Toter, umzingelt von einer Übermacht von Engländern, Preußen und Hannoveranern.

Er kannte viele persönlich, namentlich, hatte sich liebevoll um sie und ihre Familien gekümmert. Die Jüngeren und die Veteranen, die gefürchteten „Grognards", die „Brummbären". Für ihn sind sie bereit zu sterben. Jederzeit.

Sie sind das letzte Karree. Mehrfach fordert sie der englische General Hill eindring-lich auf, sich zu ergeben: „Grenadiere, ergebt euch! Ihr werdet behandelt wie die besten Soldaten der Welt!" General Pierre Cambronne antwortet: „La Garde meurt, mais ne se rend pas" („Die Garde stirbt, aber ergibt sich nicht"). Den Satz wieder-holen auch seine Männer. Und Cambronne fügt hinzu.„Merde!" (Scheiße!). Diese

goddamned Franzosen wählen den Heldentod! Eine letzte Kartätschenladung zerfetzt brutal das letzte Karree. Schwer verletzt überlebt Cambronne und wird gefangen genommen. Später wird der General seinen historischen Ausspruch stets *dementieren*. Gleichwohl ist sein „Merde!" als „mot de Cambronne" (Wort von Cambronne) in die Geschichte eingegangen.

In Waterloo, fünfzehn Kilometer südlich von Brüssel, ehrt ein Denkmal die gefallenen „Götter" des letzten Karrees. Mit ihnen starben 7.000 Franzosen, 3.500 Alliierte und 1.300 Preußen. Wesentlich höher war natürlich die Anzahl der Verwundeten. Viele mussten ohne Betäubung amputiert werden.

Zum letzten Mal flog der Adler und stürzte.
Am 22. Juni 1815, vier Tage nach der Schlacht bei Waterloo, dankte Napoleon ab.

Infanterie: Von frz. infanterie und ital. infantaria.

Artillerie: Das Wort geht auf altfrz. artill(i)er (mit Gerätschaft ausrüsten) zurück.

Kavallerie: Von frz. cavalerie, frz. cheval (Pferd) und ital. cavaliere (Reiter).

Marschall Michel Ney (1769–1815): Napoleon nannte ihn „le brave des braves", „der Tapferste der Tapferen". Ney wurde am 07. Dezember 1815 in Paris hingerichtet. Er war „Maréchal de France". Das Wort „Marschall" stammt nicht von der französischen Sprache (wie Kommandeur, Brigadier oder Leutnant), sondern von Althochdeutsch marahscalc, zusammengesetzt aus marah (Pferd, Mähre) und scalc (Knecht, Diener). Es bezeichnet ursprünglich den „Pferdeknecht" (Roßknecht). Mit dem Titel seines Herren steigt – wie auch bei Kämmerer „Kammerdiener" – auch seine Bedeutung, zu „Stallmeister" und später zu allgemeiner Bedeutung im Sinne „Kommandeur der Reiterei".

Depesche: Eilbotschaft. Von frz. dépêcher (beschleunigen) und se dépêcher (sich beeilen). Die Depesche Napoleons an Grouchy erreichte den Marshall erst um 16 Uhr. Es war zu spät. Siehe www.napoleon-web.de/Feldzug-1815.htm.

Reserve: Von frz. réserve.

Garde: Der Begriff wurde um 1700 aus dem französischen garde entlehnt. Das Verb garder geht allerdings auf das germanische wardon (Sorge tragen, auf der Hut sein) zurück. Die Kaiserliche Garde war 1804 eine persönliche Schöpfung Napoleons. Aufgeteilt war sie in die „Alte" und „Junge" Garde. Die Gemälde der Historienmalerei des 19. Jahrhunderts zeigen die Soldaten der Kaiserlichen Garde häufig als alte Männer in Bärenfellmützen. In Wirklichkeit waren fast alle Soldaten zwischen 30 und 35 Jahre alt, um die ausgedehnten Eilmärsche bewältigen zu können. Angehörige der Gardeinfanterie genossen viele Privilegien. Sie erhielten einen doppelt so hohen Sold wie Soldaten der einfachen Linienregimenter. Die Gardeeinheiten wurden besser gepflegt und jeder Soldat verfügte über eine eigene Suppenschüssel, während alle übrigen Soldaten der Grande Armée zu mehreren aus einem Topf essen mussten. Darüber hinaus verfügte die Garde über ein eigenes Krankenhaus in Gros-Caillou bei Paris, das unter der Leitung des bewunderten Chef-Chirurgs der Grande Armée, Baron Dominique Larrey stand und dessen medizinisches Personal mit großer Sorgfalt ausgewählt wurde. Die Gardedienstgrade rangierten jeweils einen Rang vor denen der regulären Armee. Die Garde wurde nur in schlachtentscheidenden Situationen eingesetzt. Bei Austerlitz blieb sie weitgehend untätig.

Elitekorps: Elite ist entlehnt aus frz. élite (das Auserwählte). Das Wort Korps ist entlehnt aus frz. corps Körper(schaft).

Bataillon: Von frz. bataille (Schlacht) und ital. battaglione und battaglia (Schlachttruppe).

Grenadier: Von frz. grenadier (Fußsoldat) und grenade (Granat). Ursprünglich im 17. Jahrhundert waren die Grenadiere mit Handgranaten bewaffnet. Später bildeten sie eine Elite des Heeres.

Karree: Von frz. carré (Quadrat). Im Militärwesen eine Gefechtsformation der Infanterie mit nach vier Seiten hin geschlossener Front zur Abwehr von Kavallerieangriffen. Die Karrees wurden meist bataillonsweise formiert und gaben ihr Feuer gliederweise in Salven ab. Das erste Glied fiel dazu aufs Knie. Das Karree war aber keine typisch französische Formation, sondern damals allgemein üblich. Die englischen Truppen von Wellington bildeten ebenfalls Karrees auf dem Schlachtfeld von Waterloo. Siehe auch www.waterloo1815.de.

Dementieren: Von frz. démentir (in Abrede stellen, abstreiten, erklären, dass etwas falsch ist), einer Zusammensetzung von frz. mentir (lügen) und dé. Das Wort dementi ist eine direkte Entlehnung aus frz. démenti.

Karussell

Tournez, tournez, bons chevaux de bois,
Tournez cent tours, tournez mille tours,
Tournez souvent et tournez toujours...

„Chevaux de bois", poème de Paul Verlaine (1873)

Dreht euch, dreht euch, gute Holzpferde,
Dreht euch hundertmal, dreht euch tausendmal,
Dreht euch oft und dreht euch immer...

„Holzpferde", Gedicht von Paul Verlaine (1873)

Die magischen Momente des Lebens muss man immer festhalten.

Pastellblau der Himmel. Wie gemalt. Ein herrlicher Tag, ein Gedicht!
Vor dem kunstvollen *Karussell* im *Jardin du Luxembourg* steht fasziniert ein
Flaneur. Buntgemalte Holzpferde, Löwen und Elefanten springen auf und ab,
graziös und geräuschlos, durch die milde Luft. Die Kinder haben leuchtende
Augen, sie strahlen vor Glück. *„Maman, encore une fois!"* Sie lächelt und gibt
nach. „Bist du gut angeschnallt"? Noch eine Runde und noch eine Runde.
Was täte man nicht für seine Kinder? Die Pariserinnen tuscheln. Warum steht
dieser schweigsame junge Mann vor dem Karussell? Er scheint in einer anderen
Welt zu leben.
An jenem Abend, greift der Privatsekretär von *Rodin*, Rainer Maria *Rilke*, zur Feder:

Jardin du Luxembourg

Mit einem Dach und seinem Schatten dreht
sich eine kleine Weile der Bestand
von bunten Pferden, alle aus dem Land,
das lange zögert, eh es untergeht.
Zwar manche sind an Wagen angespannt,
doch alle haben Mut in ihren Mienen;
ein böser roter Löwe geht mit ihnen
und dann und wann ein weißer Elefant.

Sogar ein Hirsch ist da, ganz wie im Wald,
nur dass er einen Sattel trägt und drüber
ein kleines blaues Mädchen aufgeschnallt.

Und auf dem Löwen reitet weiß ein Junge
und hält sich mit der kleinen heißen Hand
dieweil der Löwe Zähne zeigt und Zunge.

Und dann und wann ein weißer Elefant.

Und auf den Pferden kommen sie vorüber,
auch Mädchen, helle, diesem Pferdesprunge
fast schon entwachsen; mitten in dem Schwunge
schauen sie auf, irgendwohin, herüber –

Und dann und wann ein weißer Elefant.

Und das geht hin und eilt sich, dass es endet,
und kreist und dreht sich nur und hat kein Ziel.
Ein Rot, ein Grün, ein Grau vorbeigesendet,
ein kleines kaum begonnenes Profil –
Und manchesmal ein Lächeln, hergewendet,
ein seliges, das blendet und verschwendet
an dieses atemlose blinde Spiel...

1906. Ein herrlicher Frühlingstag, ein Gedicht!

Die magischen Momente des Lebens muss man immer festhalten.

Karussell: Frz. manège. Das Karussell gehört zu den ältesten Attraktionen der Kirmes. Es dreht sich einiges um dieses vernügliche Wort. Das französische Wort carouse bedeutet „lautes Festgelage", „carrousel" ein Fest mit Reiterspielen. Die Anfänge des Karussells liegen in den Reiterspielen bei Hofe im 17. Jahrhundert in Frankreich. Eine „Caroussel"-Veranstaltung bestand damals meistens aus einem sogenannten Ringrennen, bei dem junge Adlige ihre Reitfertigkeiten trainierten, indem sie versuchten, um eine Art Karussell ange- ordnete eiserne Ringe im Galopp mit einer Lanze zu durchstechen. Die meisten Reiter waren Rechtshänder und nahmen die Lanze in die rechte Hand. Entsprechend drehten sich diese Karusselle stets gegen den Uhrzeigersinn. Diese Drehrichtung ist heute noch bei fast jedem Karussell zu beobachten. Später wurden die echten Pferde durch von Menschenkraft betriebene Vorläufer des Karussells ersetzt.

Jardin du Luxembourg: Früher königlicher, heute staatlicher herrlicher Schlosspark im Pariser Studenten- viertel, Quartier Latin. Bis zur Französischen Revolution nur Adligen zugängig. Das von Rilke besungene alte Karussell existiert noch. Dieses Karussell ist ein Werk des Architekten Charles Garnier, dessen bekanntestes Werk, die alte Oper von Paris, auch Opéra Garnier genannt ist. Vor der Gartenfassade des Schlosses befindet sich ein Wasserbecken, in dem traditionell selbstgebastelte oder gemietete Modellboote im Wind segeln. Der Jardin du Luxembourg ist ein beliebter Treffpunkt der Studenten und Akademiker. Er beherbergt zahl- reiche Kunstwerke und Bildnisse berühmter Künstler oder Schriftsteller (Baudelaire, Verlaine etc).

Flaneur: Von frz. flâneur (Spaziergänger) und altskandinavisch flana (sich herumtreiben).

„Maman, encore une fois!": „Mama, noch einmal!"

Rilke (1875–1926) und Rodin (1840–1917): „Das Karussell" ist eines der bekanntesten Gedichte von Rilke. Er schrieb es im Jahre 1906 in Paris. Im Pariser Jardin du Luxembourg betrachtet das lyrische Ich das „ewige" Kreisen eines Kinderkarussells. 1902 reiste Rilke nach Paris, um dort eine Monografie über den Bildhauer Auguste Rodin zu verfassen. Finanzielle Sorgen drückten den Dichter. 1905 wurde Rilke Rodins Privatsekretär und konnte eine Zeitlang in seinem Gärtnerhaus wohnen, um Geld zu sparen. Er betrachtete den Bildhauer als eine Art Vaterersatz. Wegen der sehr unterschiedlichen Charaktere kam es zu einem Zerwürfnis im Laufe des Jahres 1906. Lohnend ist die Besichtigung des Musée Rodin (www.musee-rodin.fr) in Paris. Eine Oase der Ruhe für Dichter und „Denker"!

Kinkerlitzchen

Bedeutungsschwangere Wortprozessionen wie z.B. *Donaudampfschifffahrts-elektrizitätenhauptbetriebswerkbauunterbeamtengesellschaft* rufen bei unseren französischen Nachbarn (und nicht nur bei ihnen) blankes Entsetzen hervor. Im direkten Vergleich fristet das längste französische Wort, das Adverb anticonstitutionnellement (verfassungswidrig) mit lediglich 25 Buchstaben ein kümmerliches Dasein.

Einfache Sätze wie „Chorknaben essen gerne Kirschen, aber nicht in der Kirche" oder schlichte Wörter wie das niedliche „Kinkerlitzchen" sind für Franzosen perfide Zungenbrecher und der deutsch-französischen Freundschaft nicht förderlich. Aber auch die meisten Deutschen sind zu bedauern, wenn sie mit einer Horde von feindlichen Nasalen im Französischen konfrontiert werden, wie z. B. in dem Satz: „On en vend plein dans une grande quincaillerie normande" („Man verkauft vieles davon in einem großen normannischen Haushaltswarengeschäft").

Apropos quincaillerie: Das Wort „Kinkerlitzchen" ist eine Entlehnung und laut-malerische Verballhornung vom unschönen gutturalen französischen quincaillerie. Das Wort geht auf die Ansiedlung der *Hugenotten* in Deutschland und auf die Zeit der Napoleonischen Kriege zurück. Nach dem Edikt von Potsdam, 1685, fand eine starke protestantische Elite eine „sichere und freie Zuflucht" vor allem in Branden-burg und in Berlin.

Jeder siebte Berliner war ein meistens gebildeter und handwerklich begabter Hugenot. Durch die Hugenotten entwickelten sich mit großer Schubkraft Handwerk, Manufaktur, Bankwesen, Mode und Wissen. Dabei übernahm und verballhornte das Volk auf eine köstliche Art und Weise zahlreiche französische Wörter. Zu diesen gehörte quincaillerie (Kurzwaren, Eisenwaren), denn das Wort tauchte öfter im Eisenwaren- und Werkzeughandel auf. Die quincaille(rie) bezeichnete ebenfalls das entsprechende Geschäft. Aus der quincaillerie – dem Eisenwaren- und Werkzeug-handel – wurde dann durch Anhängung von -litz und der Verkleinerungsform -chen im Volksmund „Kinkerlitzchen". Während man Kurzwaren stets braucht, wird heute nur noch „Krimskram" und „Tand" als Kinkerlitzchen bezeichnet.

Kein Kinkerlitzchen, keine alberne Geschichte, und bekanntlich sind die Berliner bis heute nicht auf den Mund gefallen.

Donaudampf ...etc.: Diese Unterorganisation der Donauschifffahrtsgesellschaft hatte ihren Sitz in Wien vor dem Ersten Weltkrieg.

Apropos: Von frz. à propos, aus frz. à (zu) und propos (Zweck, Anlaß) und proposer (vorschlagen).

Hugenotten: Das Wort ist eine Verballhornung von "Eidgenossen". Die Hugenotten kamen zunächst aus der calvinistischen Schweiz nach Frankreich. Um das Jahr 1685 flüchteten fast 50.000 französische Protestanten nach Deutschland. Die Mehrzahl – etwa 20.000 – ließen sich in Brandenburg-Preußen nieder. An die 5.500 Hugenotten bildeten in Berlin eine relativ große und auf zahlreichen Gebieten sehr erfolgreiche französische Kolonie. Bis zu Friedrich Wilhelm II. war Französisch die Sprache des Hofes, was sich auch bei der Benennung wichtiger Gebäude in Berlin und in Potsdam (siehe dazu die Wortgeschichte „Sanssouci") zeigte: Nicht umsonst wurde das Krankenhaus der Hauptstadt „Charité" („Nächstenliebe") genannt. Der Französische Dom, am schönen Gendarmenmarkt in Berlin, wurde 1705 nach dem Vorbild der 1688 zerstörten Hauptkirche (frz. temple) in Charenton erbaut. Im Dom ist das Hugenottenmuseum zu besichtigen. Nähere Informationen unter www.franzoesischer-dom.de.
Anmerkung: In der Sprache des 16. Jahrhunderts hatte das Wort „Protestant" eine andere Bedeutung als heute. Man protestierte nicht gegen etwas, sondern wollte seinen Glauben bezeugen, sich dazu bekennen (aus lat. pro = vor und testare (bezeugen, bekennen).

Einige Beispiele aus dem Berliner bzw. Rheinländischen Volksmund:

Budike (von frz.boutique), Stampe (von estaminet = Gastwirtschaft), plärren (von pleurer = weinen), Muckefuck (von mocca faux = falscher Kaffee, siehe die Wortgeschichte „Muckefuck"), Bulette (von boulette = kleine Kugel), ete petete (von être, peut-être = es kann sein = im Zweifel sein), etwas aus der Lamäng machen (frz. la main = die Hand = etwas aus dem Stegreif machen, routiniert, sicher und ohne lange nachdenken zu müssen), Schisslamäng = von frz. juste la main, also „schnell von der Hand gehen", „mal eben so hingemacht", todschick (frz. tout chic = ganz schick, siehe die Wortgeschichte „Todschick").

Kir Royal

Gerade hat der joviale Oberbürgermeister von *Dijon* seinen Gästen den beliebten *Apéritif „Kir"* ausgeschenkt, da stört ein unseliges Hupkonzert den offiziellen Empfang. Spontan setzt sich Félix Kir ein *Käppi* auf, stürzt aus dem Rathaus und regelt den stockenden Verkehr höchstpersönlich. Dieser Mann kann nicht anders.

Félix Kir ist eine schillernde Persönlichkeit. Die Dijonnais mögen ihr Stadtoberhaupt, das weit über *Burgund* hinaus für seine Originalität aber auch für seine Helden-taten während des Zweiten Weltkrieges berühmt ist. Als Widerstandskämpfer der ersten Stunde ermöglicht der Kanoniker die Flucht von 5.000 Kriegsgefangenen aus dem Longvic Lager. Von den Deutschen verhaftet und zum Tode verurteilt, imponieren sein Lebensmut und seine Würde den Richtern. Kaum begnadigt, setzt er seine heim-lichen Aktionen fort. Bei einem Attentat der *Miliz* verwundet ihn ein *Kollaborateur* schwer. Ihm gelingt es jedoch, Dijon zu verlassen, um am 11. September 1944 dorthin zurückzukehren. Von Mai 1945 bis zu seinem Tod im hohen Alter 1968 ist Kir der Oberbürgermeister der burgundischen Hauptstadt und setzt sich für die Belange der Bevölkerung mit unermüdlichem *Elan* ein. Darüber hinaus ist er Abgeordneter und Alterspräsident der französischen Nationalversammlung. In deren *Bar* bestellt er immer sein Lieblingsgetränk, einen „Blanc-Cassis". Diese Angewohnheit registrieren Journalisten, die alsbald diesem Apéritif aus trockenem Weisswein und schwarzem Johannisbeerlikör den Namen „Kir" geben. Kollegen fast aller *Couleur* – nur die Kommunisten sind für den Domherrn sozusagen ein „rotes Tuch" – schätzen seine Geselligkeit, aber nicht immer seine Schlagfertigkeit. Diese ist ohnegleichen. Eines Tages, als ein Abgeordneter der Kommunistischen Partei ihm seinen Glauben an einen Gott, den er nie gesehen hat, vorwirft, erwidert er auf seine derbe Art: „Meinen Arsch hast du auch nicht gesehen und dennoch existiert er". Dieser Mann kann nicht anders. Er trägt das Herz auf der Zunge.

*Ressentiment*s gegen die Deutschen sind Félix Kir fremd. Nach dem zweiten Welt-krieg, zusammen mit Konrad Adenauer und Ludwig Erhardt, ist er ein Mitbegründer der deutsch-französischen Freundschaft, wofür er mit dem deutschen Bundesver-dienstkreuz ausgezeichnet wird. In der Nähe von Dijon trägt ein Stausee (Lac Kir) seinen Namen. Vor allem ist Félix Kir zwar nicht der Erfinder, aber der Namensgeber des köstlichen Aperitifs. Wenn statt Weißwein *Champagner* verwendet wird, spricht man vom Kir Royal.
Die Herzöge von Burgund waren mächtige Herrscher. Ihr Reich reichte bis in die Niederlande und Teile Deutschlands hinein. Auch der exzentrische Domherr hat sehr lange und erfolgreich in Dijon regiert. Wie ein kleiner König. Kir Royal.

144

Dijon: Die Hauptstadt des Départements Côte-d'Or in der Region Bourgogne im Osten Frankreichs zählt ca. 151.000 Einwohner. Sehenswert ist der historische Stadtkern mit dem herzoglichen Palast aus dem 12. Jh. (heute Rathaus) und dem Palast der Stände, in dem sich heute das Musée des Beaux Arts, eines der bedeutendsten Kunstmuseen Frankreichs, befindet. In der Innenstadt kann man den berühmten Dijon-Senf erstehen. Dijon ist eine der Städte mit den meisten Städtepartnerschaften, acht insgesamt. Die meisten dieser Städtepartnerschaften wurden in den 50er Jahren durch Félix Kir begründet. Dijon war eine der ersten französischen Städte, die sich nach dem Ende des Zweiten Weltkrieges mit einer deutschen Stadt (Mainz) verschwisterte.
Nützliche Informationen über Austauschmöglichkeiten und Sprachreisen erteilt das Deutsch-Französische Jugendwerk (Office franco-allemand pour la Jeunesse) unter www.dfjw.org, Telefon 030/288757-0.

Aperitif: Von frz. apéritif. Zunächst als Fachwort der Medizin entlehnt mit der Bedeutung "öffnendes, abführendes Heilmittel" aus lat. aperire (öffnen). Die neue Bedeutung entsteht im Französischen im 19. Jahrhundert und wird im 20. Jahrhundert mit der französischen Lautform übernommen.

Kir: Für Kir wird zu einem Glas trockenen Weißwein – klassisch wird Bourgogne Aligoté, ein trockener und meist milder Wein der Côte d'Or, verwendet - etwa ein Zehntel Crème de Cassis (schwarzer Johannisbeerlikör) gegeben. Wenn man den Likör vorsichtig in das Glas gleiten lässt, hat er am Boden eine höhere Konzentration, so dass sich ein ansprechender Farbverlauf ergibt und das Getränk umso süßer wird, je weiter man es austrinkt. Kir wird kalt serviert. Für Kir Royal wird ein Teil Crème de Cassis in ein Sektglas (flûte) bzw. Champagnerschale (coupe) gegeben und mit neun Teilen Champagner aufgefüllt. Inzwischen ist der Name Kir auch zum Namenspatron von verschiedenen Cocktails geworden, z.B. Kiwi Kir Royal.

Käppi: Von frz. képi. Das képi war bis Ende des 20. Jahrhunderts die gebräuchliste Kopfbedeckung in den französischen Streitkräften. Das képi kam in den 1830er Jahren auf, als im Zuge der Kolonisation Afrikas eine leichte Kopfbedeckung für die heißen Gegenden gesucht wurde. Heute wird es nur noch zur Ausgehuniform oder zur Paradeuniform getragen. Die Ausnahme bilden die Gendarmerie Nationale und die Fremdenlegion. Fremdenlegionäre tragen ein "képi blanc".

Burgund ist bekannt für zahlreiche kulinarische Spezialitäten, z.B. Schnecken in Kräuterbutter (escargots à la bourguignonne), verlorene Eier in Rotweinsauce mit Speck und Pilzen (oeufs en meurette), Hähnchen in Rotweinsauce (coq au vin), Morvan Schinken (Jambon Morvan), Rindfleisch auf burgundische Art (boeuf bourguignon), Flusskrebse in Weißweinsauce (écrevisses à la nage), Käse aus Époisses etc.

Miliz: Frz. Milice. Die Vichy-Regierung unter Maréchal Pétain und Premier Laval in der "unbesetzten Zone" Frankreichs kollaborierte eifrig mit den Nazis bezüglich der Zwangsarbeit und machte unbarmherzig und meistens freiwillig Jagd auf Juden, Kommunisten und Widerstandskämpfer (Résistants). Die berüchtigte und brutale "Milice" war eine französische paramilitäre faschistische Organisation, die die Besatzer stark unterstützte. Franzosen bekämpften Franzosen, Folter und Mord waren an der Tagesordnung. Ein sehr dunkles Kapitel der französischen Geschichte. Sehenswert in diesem Zusammenhang ist der Film von Louis Malle, "Lacombe Lucien", auch als DVD erhältlich.

Kollaborateur: Von frz. collaborateur und frz. collaborer (mitarbeiten).

Elan: Von frz. élan und altfrz. élanier (vorwärtsschnellen) und altfrz. lancer (schleudern).

Bar: Von altfrz. barre (Schranke).

Couleur: Von frz. couleur (Farbe).

Ressentiment: Von frz. ressentiment, frz. ressentir (lebhaft empfinden) und frz. sentir (empfinden).

Champagner: Von frz. champagne oder vin de champagne. Seinen Namen verdankt der edle französische Schaumwein einem nordfranzösischen Landstrich, der Champagne. Das Wort selbst ist eine Ableitung von frz. campagne, und lat. campania (Feld).
Hauptstadt der Region ist Reims mit ihrer berühmten gotischen Kathedrale. Die Stadt beheimatet einige der größten Champagnerhäuser (Pommery, Veuve Cliquot, Mumm, Piper-Heidsieck etc.). Die Reimser Keller haben eine Gesamtlänge von 120 km. Reims war Schauplatz für die Meilensteine auf dem Weg zur deutsch-französischen Freundschaft, der Unterzeichnung der deutschen Kapitulation am 07.05.1945 und der Versöhnung der beiden Nationen am 08.07.1962 durch Adenauer und De Gaulle. An dieses historische Datum erinnert eine Inschrift auf dem Vorplatz der Kathedrale.

Korsar

Dünkirchen, Juni 1940.

Mit kaltem Blick betrachtet der Riese das Trümmerfeld um sich. Er hat den Bombenhagel und die Verwüstungen seiner Heimatstadt überlebt. Unbesiegbar wie stets! Voller Stolz streckt er seinen Arm, mit dem Säbel in der Hand, kämpferisch in den Himmel. Zu seinen Füßen liegt eine Kanone. Von 1847 bis heute steht er triumphierend auf einem Sockel, auf der Place Jean Bart. Der Platz trägt seinen Namen, denn er ist der berühmteste Sohn der *Korsar*enstadt, der „cité corsaire" *Dünkirchen*. Er und später René Dugay-Trouin und Robert Surcouf, beide aus *Saint-Malo*, sind die bekanntesten Korsaren Frankreichs. Wohlgemerkt Korsaren, keine Piraten! Zwischen diesen Bezeichnungen besteht ein feiner Unterschied. Während der Pirat die ganze Beute für sich behielt, agierte der französische Korsar, legitimiert durch *Patentbriefe*, im Dienst der Krone. Seine „lettres de marque" erhielt Jean Bart von Ludwig XIV. Seine Mannschaft überfiel mit kleinen wendigen Schiffen die großen englischen und niederländischen Flotten. Trumpf im Kaperkrieg, im sogenannten „guerre de course" („Laufkrieg"), waren Schnelligkeit, Verwegenheit, Überraschungseffekt. 1681 gelang es Jean Bart in der Schlacht bei Texel, 81 holländische Handelsschiffe zu kapern, und er wurde reich. 1694 durchbrach der patentierte Freibeuter die englische Blockade und brachte mit einem *Konvoi* aus 150 Schiffen Lebensmittel in das hungernde Frankreich. Daraufhin wurde der erfolgreiche Korsar in den Adelsstand erhoben. Zwei Jahre später wurde er zum *Großadmiral* ernannt. Jean Bart war in jeder Hinsicht ein Riese. An den Folgen einer Rippenfellentzündung starb der 2,04 Meter Hüne in Dünkirchen. Auf dem Friedhof der Kirche St. Eloi kann man seine letzte Ruhestätte besichtigen. Der große Romancier *Theodor Fontane* würdigte den furchtlosen Franzosen in einer *Ballade*:

> „Und als es mit England kommt zum Krieg,
> Wo Jan Bart erscheint, erscheint der Sieg,
> Wie stolz des britischen Banner auch weht
> Jan Bart ist Herr und fegt die See."

Korsar: Von frz. corsaire, provenzalisch cursar, ital. corsario und lat. cursus (Fahrt zur See). Im Französischen wurden Kaperkriege "guerres de course" (wörtlich „Laufkriege") genannt. Das Wort Korsar findet man in den romanischen Sprachen des westlichen Mittelmeerraums. Das Wort Pirat (frz. pirate) kommt von frz. pirate und griechisch peira (Versuch, Wagnis). Piraterie ist entlehnt aus gleichb. frz. piraterie.

Dünkirchen: Frz. Dunkerque (70.000 Einwohner). Der ursprünglich kleine Fischerort mit „der Kirche in den Dünen" liegt im Département Nord, nur zehn Kilometer von der belgischen Grenze entfernt und ist heute der drittgrößte Hafen Frankreichs. Dünkirchen gehört erst seit 1662 zu Frankreich. Vorher gehörte die Hafenstadt abwechselnd zu Flandern, Burgund und den Spanischen Niederlanden. Als Kind war Jean Bart (1650–1702) ein Flame. Von daher der Vorname „Jan" in der Ballade von Fontane. Dünkirchen war ein wichtiger Stützpunkt der Korsaren. Die Statue von Jean Bart ist ein Werk des Bildhauers David d'Angers. 1940 wurde Dünkirchen von der Luftwaffe heftig bombardiert und weitgehend (90%) zerstört. Noch mehr als seine deutsche Partnerstadt Krefeld. Dünkirchen pflegt auch eine rege Städtepartnerschaft zu Rostock. Dünkirchen ist eine lebendige, sportliche Stadt, eine „junge Stadt" aufgrund der zahlreichen Studenten (10.000). Nordfranzosen sind sehr herzlich, gastfreundlich und dies nicht nur seit dem unglaublich erfolgreichen Film „Bienvenue chez les Ch'tis" („Willkommen bei den Sch'tis"), der im malerischen Städtchen Bergues in der Nähe von Dünkirchen gedreht wurde.

Saint-Malo: Saint-Malo (ca. 53.000 Einwohner) liegt wunderschön an der Côte d'Émeraude (Smaragdküste) im Norden der Bretagne und ist einer der meistbesuchten Touristenorte Frankreichs. Sehenswert sind der historische Stadtkern und die Festungsanlagen. Die Malouins, die Einwohner von St. Malo sind sehr stolz auf ihre Stadt. Ihr Leitspruch lautet „Ni Français, ni Breton, Malouin suis" (weder Franzose, noch Bretone, Einwohner von Saint-Malo bin ich). 1944 wurde Saint-Malo zu 85 Prozent durch Bombardierungen zerstört. Hervorragender Wiederaufbau der Architektur.

Patentbriefe: Das Wort Patent stammt von frz. patente (Bestallungsbrief), einer Abkürzung von frz. lettre patente (offener Brief).

Konvol: Von frz. convoi (Geleit) und frz. convoyer (begleiten).

Großadmiral: Von frz. amiral und ursprünglich arabisch amir (Befehlshaber), heute Emir. Die Emire waren ursprünglich Kommandanten der Armee, dann Statthalter eroberter Länder.

Ballade von Theodor Fontane: Das Wort „Ballade" ist entlehnt aus frz. ballade (Tanzlied). Theodor Fontane (1819–1898) verwendete eine beachtliche Anzahl von Gallizismen sowohl in seinen Briefen als auch in seinen Romanen. Kein Wunder, denn Fontanes Familie war hugenottischer Abstammung. Nach der Aufhebung des Ediktes von Nantes im Jahre 1685 war sie gezwungen, Frankreich zu verlassen. Sprachtradition wurde im Elternhaus gepflegt. Fontane hielt sich mehrmalig und längerfristig in Frankreich auf und verfügte über gute Französischkenntnisse, ohne die Sprache einwandfrei zu beherrschen. In seiner Ballade schreibt Fontane „Jan" Bart und nicht „Jean" Bart. Jean Bart hieß auf flämisch Jan Baert.

Krawatte

Paris 1667. Das Volk jubelt. Voller Bewunderung richten sich alle Blicke auf sie.

Mit stolzgeschwellter Brust *defilieren* die *elegant*en Reiter des „Royal-Cravate"-Regiments. Es sind kroatische Söldner im Dienste der französischen Krone. Auch als Schutz vor Kälte tragen sie lange feine Halstücher, die am Kragen in Form einer *Rosette* oder Schleife befestigt werden und deren zwei Enden herabbaumeln.

Das Wort „Krawatte" geht auf französisch „à la croate" (auf kroatische Art) und französisch „cravate" zurück. „Kroate" heißt auf kroatisch „Hrvat".

Bekanntlich glänzen Franzosen nicht gerade durch Sprachbegabung. Weil das kroatische „h" dem für Franzosen schweißtreibenden deutschen „h" von „haben" ähnelt, hatten sie ihre liebe Mühe mit der Aussprache von „Hrvat". Fortan wurde ein prothetisches „k" eingesetzt, aus „Hrvat" entstand zunächst „Krvat", und als Endform wurde mit einem Seufzer der Erleichterung die schwere Geburt des Wortes „cravate" in der *Grande Nation* gefeiert.

Die Halstücher der kroatischen Reiter gefielen derart, dass sie schnell in *Mode* kamen. Adlige trugen Halsbinden aus Seide oder Spitze. Die der einfachen Soldaten bestanden aus gröberer Baumwolle. Sogar Ludwig XIV. hatte ein *Faible* für die männliche Zierde. Zur Pflege seiner Krawatten beschäftigte er einen eigenen „cravatier". Während der französischen Revolution hieß es Farbe zu bekennen und sozusagen Kopf und Kragen zu riskieren. Die Revolutionäre trugen eine schwarze Krawatte, ihre Gegner eine weiße. Nach der blutigen Revolution kam die *extravagant*e Mode der „Incroyables" („Unglaublichen"). Sie trugen phantasievolle und überproportionale Krawatten. Mit der Industrialisierung ging jedoch das Modebewusstsein immer mehr verloren. Die Menschen hatten keine Zeit für komplizierte Knoten, jedoch fast alle Angestellten mussten eine Krawatte tragen. Während der Belle Époque trugen Frauen Krawatten als Zeichen von Emanzipation. Anfang des 20. Jahrhunderts nannte man in Frankreich den Langbinder „*régate*", weil ihn viele reiche Sportler trugen.

Um 1890 galt Krefeld am Niederrhein mit seiner florierenden Textilindustrie als reichste Stadt Deutschlands. Die moderne Form der Krawatte erfand 1926 der New Yorker Schneider Jesse Langsdorf. Und die Kroaten? 2003 würdigten sie das schmückende Beiwerk auf eine besonders spektakuläre Art und Weise.

Um die römischen Arenen von Pula wurde eine Krawatte aus Polyester gebunden. Und was für eine! 808 Meter lang und 25 Meter breit. Der längste Schlips der Welt wurde ins Guinness-Buch der Rekorde aufgenommen.

Die Textilindustrie in Frankreich und Deutschland leidet zunehmend unter asiatischer Konkurrenz. Immerhin kommen heute noch sechs von zehn Krawatten in Deutschland aus der Samt- und Seidenstadt Krefeld. In der Karnevalszeit werden dort und im ganzen Rheinland viele Krawatten auf dem Altar der Emanzipation geopfert. Mit Scheren bewaffnet machen maskierte „Möhnen" Jagd auf Krawatten- träger.

Siegreiche Frauen, zumindest für einen Tag.

Defilieren: Feierlich vorbeiziehen. Von frz. défilé, von file (Faden). In der Militärsprache des 18. und 19. Jahrhunderts war das Défilé (nicht die neuere Eindeutschung „Defilee") ein Engpass, an dem sich die mar- schierende Formation zu einer „Schlange" reihen musste, um ihn passieren zu können, z.B. eine Schlucht oder eine Brücke, aber auch die engen Straßen einer Ortschaft. Nach Passieren des Engpasses löste sich die Schlange die (Linie) wieder auf (Dé-filé).

Elegant: Von frz. élégant und lat. elegans (auswählend). Zunächst ein Begriff der Kunstkritik, dann Über- tragung auf Kleidung usw.

Royal-Cravate-Regiment: Keine Fiktion! Dieses Eliteregiment hat tatsächlich existiert.

Rosette: Von frz. rosette (kleine Rose) und frz. rose (Rose).

Die Grande Nation: Im deutschsprachigen Raum wird der Begriff meist in abwertend-spöttischer Form als Synonym für das heutige Frankreich verwendet. In Frankreich ist es völlig anders. Der Begriff wird lediglich mit der Napoleonischen Zeit in Verbindung gebracht und nur von einer kleinen Minderheit verstanden. In Deutschland wurde „Die Grande Nation" ab 1804 bis 1945 als antifranzösischer Kampfbegriff weiterverwen- det. Heute ist der Begriff konnotiert mit Adjektiven wie arrogant, pompös, anmaßend und selbstverliebt. Viele Deutschsprachige meinen irrtümlich, dieser Begriff werde von Franzosen selbst als Begriff für ihr Land verwendet.

Mode: Von frz. mode und lat. modus (Art, Weise).

Faible: Von frz. faible (schwach). Für etwas eine Schwäche haben wird im Französischen mit avoir un faible pour quelque chose übersetzt.

Extravagant: Von frz. extravagant und lat. extra (außerhalb) und vagus (umherschweifend).

Régate: Dt. Regatta. Von ital. regatar, ein venezianisches Wort. Ursprünglich eine in Venedig von der Piazzetta aus stattfindende Gondelwettfahrt auf den Kanälen der Dogenstadt.

Kujonieren

Vorgesetzte, die ihre Mitarbeiter *kujonieren*, also *schikanieren*, zielen manchmal unterhalb der Gürtellinie. Kurioserweise liegt die französische Wortherkunft eindeutig im männlichen Genitalbereich. Der deutsche Begriff ist entlehnt aus dem Altfranzösischen coionner (jemanden als Dummkopf behandeln) und couillon, was umgangssprachlich Dummkopf bzw. Feigling bedeutet. Couillon ist eine Ableitung von couille (Hoden). Im alten Rom bezeichnete coelus einen Ledersack. Im Deutschen hat eine merkwürdige Bedeutungsverschiebung stattgefunden, denn couillonner quelqu'un heißt in der französischen Sprache jemanden reinlegen, betrügen. In Nordfrankreich und in Belgien bedeutet das umgangssprachliche Wort couille eine Lüge. Eine Nervensäge bezeichnet man in Frankreich sehr *plastisch* und derb als un(e) casse-couilles (Hodenbrecher/in).

Kujonieren wird ins Französische mit brimer übersetzt. Sprachlich betrachtet sind solche Wörter sogenannte tückische faux amis (falsche Freunde). In beiden Sprachen tunlichst zu (ver)meiden. Wie drangsalierende deutsche *Chef*s oder französische Betrüger.

Kujonieren: Von frz. couillonner (reinlegen) und frz. couillon (Dummkopf) und frz. couille (Hoden). Die Bedeutungsverschiebung des französischen Wortes „couillon" in der deutschen Sprache ist zwar merkwürdig aber sehr dezent!

Schikanieren: Von frz. chicaner und frz. chicane (Schikane). Chicaner bedeutete eigentlich, das Recht zu verdrehen.

Plastisch: Von frz. plastique (formbar).

Chef: Von frz. chef und lat. caput (Haupt).

Kumpel

Einer für alle, alle für einen.
Un pour tous, tous pour un.

Die Bergbauarbeiter haben sich den Spruch der Musketiere zu eigen gemacht. Die sprichwörtliche *Kameradschaft* und Solidarität der *Kumpel* hat eine lange Tradition. Im ausbeuterischen 19. Jahrhundert war man bei *extremen Arbeitsbedingungen* unter Tage auf gegenseitige Hilfe angewiesen. Auch heutzutage sagt man im *Revier*: „Ein Kumpel darf nicht ins Bergfreie fallen".
Als am 10. März 1906 im nordfranzösischen Courrières eine gewaltige Explosion 1099 „*gueules noires*" das Leben kostete, eilten deutsche Grubenwehren aus Gelsenkirchen und Herne den eingeschlossenen Kumpeln zur Hilfe. Dies war zu einem Zeitpunkt wachsender nationalistischer Spannungen zwischen beiden Ländern bemerkenswert. Bis heute hat man in Nordfrankreich die „Helden von Herne" nicht vergessen, die Städtepartnerschaft zwischen Herne und *Hénin-Beaumont* ist sehr lebendig.
Nicht nur im Bergbau, sondern auch in anderen *Branche*n wird in Notsituationen ein „hartes Brot" eben geteilt. Das Wort „Kumpel" kommt ursprünglich aus der Soldatensprache und wurde auf den Bergbau übertragen. Der Begriff ist mit anderen wie Kumpan, *Kompanie* und vielleicht *Kompagnon* eng verwandt. Es dreht sich alles um das selbstlose Teilen des Brotes. Brot heißt im Französischen „pain", im Lateinischen „panis". In den Vorsilben co-, com- und kum- steckt die ins Deutsche übertragene Bedeutung von mit, wie z. B. im Wort „Mitglied". „Kumpel", also „cum panis", wird ins Französische mit „*copain*" übersetzt.

Diesseits oder jenseits des Rheins spielt keine Rolle. Solidarität kennt keine Grenzen, ein Kumpel bleibt ein Kumpel.

Kameradschaft: Das Wort „Kamerad" hat eine französische (camarade) und eine lateinische Herkunft. Camera bedeutet im Lateinischen „gewölbte Kammer". Die Kameraden bildeten also eine Gemeinschaft „in der gleichen Kammer". Das deutsche Wort „Kameraderie" ist im Gegensatz zum französischen Wort camaraderie (Freundschaft) meist abwertend und bezeichnet eine gekünstelte, übertriebene, zur Schau getragene Kameradschaft.
Kumpel: Frz. mineur im Bergbau oder copain (Freund).

Extreme Arbeitsbedingungen im 19. Jahrhundert: Fünfzehn Stunden Arbeit täglich, schlechte Bezahlung, Hitze unter Tage bis 50 Grad, Lungenkrankheiten, Unfälle, Kinderarbeit (wegen der geringeren Körpergröße waren Kinder sehr geeignet für die Arbeit unter Tage und bekamen einen kargen Lohn), brutal niedergeschlagene Streiks (der erste Streik der Bergbauarbeiter in Frankreich fand am 13. März 1848 in Le Creusot statt) etc. Zum besseren Verständnis empfiehlt sich die Lektüre des Romans „Germinal" von Émile Zola oder dessen Verfilmung (Film von Claude Berri, 1993, mit Gérard Depardieu und Renaud).

Revier: Von altfrz. rivière, frz. rive (Ufer) und lat. ripa (Ufer).

Les gueules noires: Wortwörtlich „schwarze Fressen", eine Bezeichnung in Frankreich für Bergbauarbeiter. Im 19. Jh. lebten die Bergbauarbeiter in großen Arbeitersiedlungen, den „corons". Die Wohnungen waren sehr eng, die Nutzgärten sehr klein. Dort befanden sich das Waschhaus, ein Kaninchen- und ein Hühnerstall sowie eine Voliere (von frz. volière) für die „coulons" (Tauben). Der Abort war ganz nach hinten verbannt. Etwa 67.000 corons sind im gesamten Kohlebecken in Nordfrankreich noch vorhanden. Ein besonderes Ausflugsziel ist die sog. 115 km lange Route des Gueules Noires in der Nähe von Lens. In Bruay-la-Buissière, im Écomusée de la Mine kann man Interessantes über das harte Leben der „gueules noires" erfahren. In Hénin-Beaumont gehört die Cité Foch für Bergbauarbeiter zu den schönsten „cités-jardins" (Gartenstädte) Frankreichs.

Hénin-Beaumont: 27.000 Einwohner. Stadt im Département Pas-de-Calais, im sog. Pays Noir („schwarzes Land" genannt wegen des Steinkohlebergbaus). Das Pendant zum Deutschen Bergbau-Museum in Bochum ist das Centre Historique Minier von Lewarde in Nordfrankreich. Es ist das größte Bergbau-Museum (www.chm-lewarde.com) in Frankreich.

Branche: Von frz. branche (Ast, Zweig) und lat. branca (Pfote).

Kompanie: Von altfrz. compagnie.

Kompagnon: Von frz. compagnon (Geselle, Genosse). Der Armenhelfer und Gründer der Wohltätigkeits-organisation Les Compagnons d'Emmaus war der Priester Abbé Pierre.

Copain: Wörtlich teilt man mit ihm (co-pain) sein Brot. Auch Bezeichnung für den Freund einer Frau. Die Freundin eines Mannes ist die copine. Französinnen sagen dann besitzergreifend „mon copain" (mein Freund) und Franzosen ma copine (meine Freundin). Das französische Wort copinage ist abwertend und bezeichnet eine Cliquenwirtschaft/Klüngelei.

Laissez-faire

Der aus dem Französischen entlehnte Begriff heißt übersetzt „lasst machen" im Sinne von „einfach laufen lassen". Diese Flucht gestatten wir nicht, sondern halten das Wort und seine Herkunft fest.

Vincent de Gournay stammte aus einer Familie bretonischer Schiffsausrüster aus Saint-Malo und war der Sohn eines reichen Kaufmanns. 1751 wurde er zum Handelsintendanten des *Marineministeriums* ernannt. Gournay galt als großer Befürworter des wirtschaflichen Liberalismus. Diese Bezeichnung steht für eine extreme Ansicht, der zufolge der Staat nicht in das wirtschaftliche Geschehen eingreifen sollte, um so die ökonomische Entwicklung und den Wohlstand der Bevölkerung am besten zu fördern. Gournay wird die *Parole* zugeschrieben: *„Laissez faire*, laissez passer, le monde va de lui-même" („Lassen Sie es geschehen, lassen Sie es vorübergehen, die Welt wird von alleine weitergehen"). Wohin Monsieur de Gournay? In den Abgrund? Gerade im 19. Jahrhundert bewirkte das freie Spiel der wirtschaftlichen Kräfte eine schnelle wirtschaftliche Aufwärtsentwicklung, führte aber andererseits zu dramatischen Wirtschaftskrisen und zur Ausbeutung und Verelendung der Arbeiter.

Im Oktober 2008, zu Beginn der verheerenden Finanzkrise, deklamierte der französische Präsident, *Nicolas Sarkozy*, in einer Brandrede: „Le laissez-faire, c'est fini" (Schluss mit dem Laissez-faire). Zu glauben, dass der Markt immer Recht hat, ist eine verrückte Idee, betonte Sarkozy. Die alte Weltordnung ist endgültig *passé*.

Als Vincent de Gournay die scharfe Verurteilung seines Landsmannes hörte, drehte er sich in seinem Grab um.

Vincent de Gournay (1712–1759): Heute sieht man ihn als einen der Begründer der Physiokratie (griechisch = Herrschaft der Natur), als Reaktion gegen die Einseitigkeit des Merkantilismus.

Marineministerium: Marine ist entlehnt aus frz. marin (die See betreffend).

Parole: Von frz. parole (Wort, Rede). Ein faux-ami („falscher Freund"). Dt. Parole = frz. mot d'ordre, frz. parole = dt. Rede. Im 17. Jahrhundert kam es zu einer zweiten Entlehnung innerhalb der Militärsprache.

Laissez-faire: Auch ein geläufiger Begriff der Pädagogik, als Bezeichnung für einen laxen Führungsstil.

Passé: Von frz. passé (vergangen, vorbei).

Nicolas Sarkozy: Sohn des ungarischen Immigranten Pál Sárkozy von Nagybócsa und der französischen Juristin Andrée Mallah, der Tochter eines jüdischen-griechischen Geschäftsmannes. Er studierte Jura, war von 1983–2002 Oberbürgermeister von Neuilly-sur-Seine, einem der wohlhabendsten Vororte von Paris. Danach Innenminister. Von 2004–2007 war Sarkozy Vorsitzender der konservativen gaullistischen UMP (Union pour un Mouvement Populaire = Union für eine Volksbewegung). 2007 wurde er auf fünf Jahre direkt vom Volk zum Staatspräsidenten der V. Republik gewählt. In dieser Funktion verfügt er über große Machtbefugnisse in der Außen- und in der Sicherheitspolitik. Er allein kann z. B. über den Einsatz atomarer Waffen entscheiden. Porträts von Sarkozy und anderen französischen Staatspräsidenten unter www.elysee.fr. Mehr über Frankreichs Politik unter www.gouvernement.fr.

Liberté-Égalité-Fraternité

„Zum Goldenen Hahn" in Bonn am 11. November 1813, kurz nach 11 Uhr.

Monsieur l'Officier, warum werfen Sie uns solche vorwurfsvollen Blicke zu? Ach ja, Ordnung muss sein. Wir lachen nur und schauen freudig auf die Uhr. In einigen Minuten ist es 11.11 Uhr.

Meine *Kumpel* und ich verstehen sehr gut, dass Sie nichts verstehen. Haben Franzosen keinen Humor? Warum verbieten Sie, dass wir Karneval feiern? Auf unsere närrische Art werden wir uns trotzdem von euch befreien. Euer ehrenvolles Motto der Revolution lautet Liberté-Égalité-Fraternité, nicht wahr? Liberté? Sind wir frei, wenn Sie unser Land besetzen und uns unterdrücken? Égalité? Gleich sind wir nur vor dem Tod, wenn Sie uns zum Wehrdienst in Ihrer „Grande Armée" zwangsver- pflichten. Fraternité? Jetzt ist es 11.11 Uhr. Verbrüderung ist angesagt. Sollten wir nicht per Du sein? Herr Wirt, ein Schnaps für den französischen Offizier! Es ist unsere Runde, elf ist eine Schnapszahl. Das können Sie nicht wissen.

„Liberté-Égalité-Fraternité": Dass wir nicht lachen! Diese verhasste Devise haben wir auf den Kopf gestellt. Für kurze Zeit sind wir jetzt die Herrscher und haben die Buchstaben verdreht. Aus LEF machen wir ELF, und wir lachen wie verrückt. Wir sind entfesselt, es gibt keine Obrigkeit mehr.

Zum Wohl, Monsieur l'Officier! Sie halten uns für dumme, ungebildete Deutsche, für Narren.

Der Narr sind Sie.

Liberté-Égalité-Fraternité: Das Losungswort der französischen Revolution. Diese war nicht nur blutig. Die Sklaverei wurde z.B. abgeschafft. Frauen erwarben mehr Rechte. Die Wortgeschichte „Liberté-Égalité-Fraternité" ist nur eine von mehreren Interpretationen und möglicherweise nur eine schöne Legende über den traditionellen 11.11. um 11.11 Uhr.

11. November: In Frankreich denkt man unweigerlich an den Waffenstillstand am 11. November 1918. Zur Bedeutung von „elf" am 11.11. um 11 Uhr 11 in den Karnevalshochburgen am Rhein: Diese Zahl gilt als Symbol der Sünde und Mahnung zum Umkehr, weil sie die erste Zahl ist, die die Anzahl der zehn Gebote über- schreitet. In der Karnevalszeit in Deutschland gibt es eine Verfassung mit 11 närrischen Gesetzen und einem Elferrat. Darüber hinaus ist elf eine Schnapszahl, im wahrsten Sinne des Wortes während der drei närri- schen Tage.

Kumpel: Siehe die Wortgeschichte „Kumpel".

Die Franzosenzeit im Rheinland: Der revolutionäre General Custine nahm Mainz (frz. Mayence) am 30. September 1792 ein. Von 1792 bis 1815 besetzten die Franzosen weite Teile Deutschlands. Sie verboten den Karneval, weil sie ihn für anarchistisch und ordnungsgefährdend hielten. Während der sog. Franzosenzeit im Rheinland brachten die Franzosen allerdings auch bahnbrechende, verdienstvolle Fortschritte auf vielen Gebieten. Es wurden zwar Kirchen in Pferdeställe für die französische Armée verwandelt, aber gerade Straßen wurden angelegt, das Scheidungsrecht, die allgemeine Schulpflicht, das Notariatswesen, Gerichte erster Instanz und die Müllabfuhr eingeführt. Die Industrie und der Handel wurden staatlich gefördert, dies führte 1804 zur Errichtung der Industrie- und Gewerbekammer. Eine Stadt wie Köln blühte während der Franzosenzeit zur Gewerbe-Metropole auf, während die rechtrheinischen Gebiete nicht zum Staat Frankreich gehörten, profitierten sie auch nicht vom wirtschaftlichen Aufschwung.

Systematisch strukturiert wurde die Verwaltung. Mit dem Vertrag von Luneville 1798 wurde z. B. der Linke Niederrhein in die französische Republik eingegliedert und ohne Rücksicht auf historische Grenzen in Verwaltungsbezirke eingeteilt. Kleve und Krefeld z.B. gehörten demnach zum Département de la Roer mit dem Hauptsitz in Aachen, welches in fünf Arrondissements (dt. abrunden) unterteilt war. Das Arrondissement Krefeld war in elf Kantone (frz. canton) aufgeteilt. Der Code Civil, auch Code Napoléon genannt, blieb links des Rheins bis zum Inkrafttreten des Bürgerlichen Gesetzbuches (BGB) im Jahre 1900 gültig. Auch in sprachlicher Hinsicht machte sich die Franzosenzeit bemerkbar (Trottoir, paraplü, chaiselongue etc.).

Lesenswert: Kerstin Theis/Jürgen Wilhelm (Hrsg.), Frankreich am Rhein – Die Spuren der Franzosen im Westen Deutschlands, Greven Verlag, Köln 2008.

Devise: Von altfrz. deviser und neufrz. diviser (unterteilen). In der Wappenkunde wurden Wappen unterteilt. Auf Wappen ist oft ein Motto (frz. devise) zu lesen.

Madeleines

„Kauft uns"! flüstern die köstlichen *Madeleines* im Supermarkt und wer kann schon der süßen Versuchung widerstehen?

Sehr beliebt ist das französische rundliche Kleingebäck in Form einer Jakobsmuschel. Aber woher kommt der weibliche Vorname?

An jenem Abend im Jahre 1755 ist die Stimmung sehr gedrückt im Schloss Commercy in Lothringen, wo der alte König von Polen, *Stanislaus Leszczynski*, im goldenen Exil lebt. Wie so oft, hat er zu einem Festbankett eingeladen. Als das *Dessert* serviert werden soll, hören die verdutzten Gäste ein wildes Geschrei aus der Küche. Der streitbare Chefkoch macht abschätzige Bemerkungen über die Torte des Hof*pâtissiers*. Wutentbrannt verlässt dieser das Schloss mit seinem Dessert unterm Arm. Ein Festmahl ohne Dessert wäre ein unvorstellbarer *Fauxpas*. Das kann sich kein König erlauben! Zum Glück hat die *couragiert*e Küchenhilfe, Madeleine Paulmier, einen *brillant*en Einfall. In leeren Jakobsmuschelschalen backt sie eilig einen Nachtisch nach einem alten Rezept ihrer *Großmutter*. Es sind kleine Kuchen aus Rührteig, Zucker, Mehl, Butter, Eiern und Zitronenschale. Dem König und seinen Gästen schmecken die Küchlein vorzüglich. Daraufhin fragt Stanislaus Madeleine nach dem Namen dieser unbekannten *Delikatesse*. Weil er keinen hat, tauft er sie kurzerhand „Madeleines" nach dem Vornamen der begabten Küchenhilfe.

Ein schwieriger Chefkoch und ein überempfindlicher Hofpâtissier hätten fast den schönen Abend verdorben.

Wenn zwei sich streiten, freut sich die Dritte.

Madeleines: 1860 begann sozusagen der Siegeszug der Madeleines. Im Zuge der Industrialisierung kam die Eisenbahn nach Commercy. In der kleinen Stadt machten die Züge auf der vielbefahrenen Strecke Paris – Straßburg Station. Die Konditoren schickten ihre Verkäuferinnen zum Bahnhof mit Körben voller Madeleines. Die begeisterten Zuggäste machten die Küchlein in Paris bekannt. Ihre Popularität verdanken die Madeleines dem Schriftsteller Marcel Proust. Proust-Fans pilgern nach Illiers-Combray, einem Städtchen nicht weit von Chartres, und kaufen dort unzählige Madeleines. In seinem berühmten Roman „Auf der Suche nach der verlorenen Zeit" („À la recherche du temps perdu") schildert der Feingeist eine Situation, in der eine in Lindenblütentee getunkte „petite madeleine" für ihn zum Schlüssel der Kindheitserinnerung auf dem Lande wird. Ein literarisches Déjà Vu (von frz. déjà = schon und vu = gesehen).

Stanislaus Leszczynski (1677-1766): Herzog von Lothringen und ehemaliger König von Polen. Er schlemmte gerne und erfand sogar das baba au rhum. Dieser Hefenapfkuchen wird mit Sirup und Rum übergossen. Der Place Stanislas in Nancy, ein wunderschönes klassizistisches städtebauliches Ensemble, wurde 1983 in die Liste des Weltkulturerbes der UNESCO aufgenommen.

Dessert: Von frz. dessert und frz. desservir (abtragen). Das Dessert ist der Gang, der beim oder nach dem Abräumen der Tafel verzehrt wird.

Pâtissier: Feinbäcker. Von frz. pâte (Teig).

Fauxpas: Von frz. faux pas (wörtlich: falscher Schritt).

Couragiert: Beherzt. Von frz. courage und frz. coeur (Herz). Siehe auch die Wortgeschichte „Couragiert".

Brillant: Von frz. brillant (glänzend).

Großmutter: Die Bezeichnungen „Großmutter" bzw. „Großvater" sind Analogien zum französischen „grand-mère" bzw. „grand-père". Bezeichnungen für familiäre Beziehungen sind oft der französischen Sprache entlehnt: z. B. Onkel (oncle), Tante (tante), Cousin und Kusine (cousine), Neffe (neveu). In Deutschland war bis ins 20. Jahrhundert das französische Wort neveu für Neffe nicht ungewöhnlich. Auch das Wort „Papa" ist im Deutschen unter Einfluß des französischen Kinderwortes papa gebräuchlich geworden.

Delikatesse: Von frz. délicatesse.

Sehenswert und schräg ist der französische Spielfilm „Delicatessen" von Jean-Pierre Jeunet (Die fabelhafte Welt der Amélie) und Marc Caro, 1991.

Malheur

Der gebürtige Schweizer *François Vatel* stellt die allerhöchsten Ansprüche. An seine Gehilfen und vor allem an sich selbst.

Einem wie ihm, dem bewunderten Haushofmeister des Prinzen von Condé, unterlaufen keine Fehler. Niemals. Vatel ist ein Perfektionist des Genusses. Niemand kann ihm das Wasser reichen.

Der Prinz von Condé strebt eine Versöhnung mit Ludwig XIV. an. Am 21. April 1671 hat er den Sonnenkönig zu einem dreitägigen glanzvollen Fest mit 3.000 Gästen auf sein *Schloss Chantilly* eingeladen. Auf Vatel kann sich der Prinz absolut verlassen, sein *Maître de plaisir* ist ein Organisationstalent. Vatel will alle Wünsche erfüllen, sorgt für prachtvolle Kulissenbauten, Feuerwerke und ausgefallene Schaudarbietungen. Bei der Ausrichtung des letzten opulenten und themenbezogenen Festmahls steht der Ruf des Meisterkoches auf dem Spiel. Ludwig XIV. liebt Meeresfrüchte, insbesondere Austern, über alles. Die Lieferung lässt allerdings auf sich warten und Vatel wird ungeduldig. Was machen diese Dilettanten an der französischen Küste? Wann kommen endlich die rechtzeitig bestellten *Delikatesse*n? Was wird der verwöhnte, enttäuschte König, der ihn unbedingt nach Versailles holen will, von ihm denken? Und die *arroganten* Höflinge, die *Creme de la Creme* Frankreichs? Das kann doch nicht sein! Welch' eine *Blamage*! Jede Stunde, die vergeht, ist wie ein Messerstich und treibt den Hofmeister zur Verzweiflung. Ein *Desaster* kündigt sich an. Quel malheur!

Man sucht fieberhaft nach Vatel. Seine besorgten Gehilfen finden ihn blutüberströmt in seinem Zimmer. Der große, unglückliche François Vatel hat sich dreimal in sein Schwert gestürzt.

Kurz nach dem Unglück trifft die Lieferung ein.

Malheur: Dt. Unglück. Von frz. malheur, einer Zusammensetzung aus frz. mal (schlecht) und altfrz. heur (glücklicher Umstand). Die Lautform des französischen Wortes ist vermutlich beeinflusst von frz. heure (Stunde) und lat. hora. Wörtlich bedeutet also „le malheur" „die unglückliche Stunde".

François Vatel (1631–1671): Der Meisterkoch kam aus einfachen Verhältnissen. Er hieß eigentlich Fritz-Karl Watel und war schweizerischer Abstammung. Sein Name wurde französisiert. Die Erfindung der Crème Chantilly, einer Dessertcreme aus geschlagener Sahne, gezuckert und mit Vanille aromatisiert, wird ihm zugeschrieben. Anlässlich des großen Festmahls 1671 im Schloss Chantilly hat er angeblich erstmalig diese Kreation den erlesenen Gästen serviert. Sehenswert ist der opulente Film „Vatel" (2000), auch als DVD erhältlich, mit Gérard Depardieu in der Hauptrolle.

Schloss Chantilly: Es liegt 50 Kilometer nördlich von Paris. Sehenswert sind der Park, die Pferdeställe (berühmtes Reitgestüt) und im Musée Condé die private Kunstsammlung, eine der größten der Welt, 12.000 wertvolle Bücher, darunter die Très Riches Heures du Duc de Berry, das Stundenbuch des Herzogs von Berry und eine Gutenberg-Bibel. Virtueller Besuch in französischer Sprache unter www.chateaudechantilly.com

Maître de plaisir: Person, die ein Fest ausrichtet, damals oft in einem „Maison de Plaisance" (Schloss).

Delikatesse: Von frz. délicatesse (Zartheit). Anzumerken ist, dass der übermäßige Genuss von Austern, die den Giftstoff Purin enthalten, gesundheitliche Probleme bereiten kann. Gicht ist oft die Folge. Der Sonnenkönig, der (auch als Liebesmittel) sehr häufig Austern aß, hatte starke Gichtanfälle.

Arrogant: Von frz. arrogant und lat. arrogare (etwas für sich beanspruchen).

Creme de la Creme: Creme ist entlehnt aus frz. crème. Die älteste Bedeutung ist „Süßspeise" und „Sahne"; von dort übertragen „Oberschicht der Gesellschaft" (hierfür häufig auch crème de la crème), weil auf Torten und dgl. die Creme die Oberschicht darstellt.

Blamage: Die Wortherkunft klingt zwar französisch, dennoch ist das Wort ein Scheingallizismus, denn er existiert in der französischen Sprache nicht. „Blamage" wird im Französischen mit „impair" oder „se ridiculiser" übersetzt. Das Verb blamieren ist entlehnt aus frz. blâmer „tadeln". Das Wort wird im Deutschen zunächst vor allem in der Bedeutung „beschimpfen, schmähen" gebraucht; in der Sprache der Studentenverbindungen wandelt sich die Bedeutung (zu „bloßstellen"), da das Wort häufig bei Vergehen gegen den Ehrenkodex verwendet wird.

Desaster: Von frz. désastre und frz. astre (Gestirn). Bestimmte Gestirnkonstellationen sind in der Astrologie für das Schicksal der Menschen verantwortlich.

Mansarde

„Man kann mit einer Wohnung einen Menschen genau so töten wie mit einer Axt".

Heinrich Zille

Er schaffte es bis ganz oben.
Wie kein zweiter beherrschte *François Mansart* sein *Metier*. In der *Beletage* seines Pariser Hotels pflegte der vermögende Hofarchitekt und *Protegé* des Sonnenkönigs einen aufwändigen Lebensstil.

Sie schafften es gerade noch bis ganz oben zu ihren winzigen ungemütlichen *Mansarde*n, die hoffnungslosen Poeten und bitterarmen Arbeiter im 19. Jahrhundert. Hundert Jahre zuvor entstand die Mansarde, eine bestimmte Dachform, das so genannte „gebrochene Dach". Dieses Mansarddach sollte den Einbau bewohnbarer Räume erleichtern. Die berühmten Baumeister François Mansart und sein Großneffe Jules Hardouin-Mansart hatten zwar die Mansarde nicht erfunden, aber sie machten diese Art der Dachbau-Technik in ihren zahlreichen Prunkbauten in Paris populär. Das Wort „Mansarde" blieb und wanderte Anfang des 19. Jahrhunderts nach Deutschland. Mit der zunehmenden Proletarisierung der Städte und dem damit verbundenen erhöhten Wohnraumbedarf für ärmere Bevölkerungsschichten entwickelte sich die Mansarde zum Synonym für schäbiges Arme-Leute-Wohnen. Jeder hat das Bild von Carl Spitzweg, „Der arme Poet", vor Augen. Heute, gerade bei jüngeren Bewohnern, erfreut sich manche großzügig ausgebaute Mansardenwohnung oft als Maisonettewohnung mit Balkon oder Dachterrasse, großer Beliebtheit. Der veraltete Begriff „Mansarde" wurde durch „Dachgeschoss" oder „Dachgeschosswohnung" ersetzt. So leicht zu ersetzen wie Wörter, sind hervorragende Persönlichkeiten wie Mansart nicht. Als der junge König Ludwig XIV. an einem sehr heißen Sommertag mit dem nicht mehr ganz so jungen Architekten im Park von Schloss Versailles spazieren ging, um neue Bauvorhaben zu besprechen, trug Mansart keine Kopfbedeckung. Ganz gegen die strenge *Hofetikette* reichte Ludwig XIV. ihm daraufhin seinen Hut. Als seine Höflinge ihn verwundert fragten, warum er das getan habe, antwortete der Sonnenkönig:

„Wenn ich will, kann ich an einem einzigen Tag eintausend neue Herzöge machen; aber in eintausend Jahren nicht einen einzigen neuen Mansart."

Ein solches Kompliment von einem gottgleichen König: Sozusagen *Chapeau*!

François Mansart (1598–1666): Der Premier Architecte du Roi (Erster Architekt des Königs, also Hofarchitekt) war ein herausragender Vertreter des damals populären barocken Klassizismus. Mansart war nichtadeliger Herkunft und dennoch einer der reichsten Männer in Paris. Zu seinen Hauptwerken zählen das Schloss Maisons-Laffitte, zahlreiche Adelshäuser und Kirchen in Paris, Erweiterungsbauten, u.a. die prachtvolle Orangerie (von frz. orangerie) im Schloss Versailles. Sein begabter Schüler und Großneffe, Jules Hardouin-Mansart, ebenfalls Hofarchitekt, entwarf den Schlosspark in Versailles und u.a. den Invalidendom in Paris.

Metier: Von frz. métier (Beruf) und altfrz. menestier und mestier. Die Wörter Metier und Ministerium haben sowohl im Französischen als auch im Deutschen eine gemeinsame Herkunft, aus lat. ministerium (Dienst).

Beletage: Von frz. le bel étage (das schöne Geschoss). Die Beletage war das bevorzugte Geschoss eines adligen oder großbürgerlichen Wohnhauses. Die Bezeichnung kam in der Gründerzeit auf. In der Regel war es das erste Obergeschoss. Zahlreiche französische Wörter bevölkern ein deutsches Haus. Einige Beispiele: Souterrain, aus frz. souterrain (unterirdisch), Maisonette, aus frz. maison (Haus) und -ette (Verkleinerungsform), Parterre, aus frz. par terre („auf der Erde"), Terrasse und frz. terrasse, dies aus altfrz. terrace (Erdanhäufung). Das Wort „Balkon" hat dagegen einen germanischen Ursprung und stammt von „Balken". Dependance (Nebengebäude eines Hotelkomplexes) stammt von frz. dépendance (Zugehörigkeit).

Protegé: Von frz. protégé (geschützt). Gemeint ist ein Schützling bzw. ein Günstling.

Mansarde: Veraltet für Zimmer oder Wohnung im ausgebauten Dachgeschoss. Der Erfinder der Mansarde war eigentlich Pierre Lescot, französischer Baumeister der Renaissance. Der Architekt des Louvre hatte als erster, und hundert Jahr vor Mansart, diese raumsparende Idee verwirklicht.

Hofetikette: Aus der Bedeutung „Aufschrift" (von frz. étiquette) entwickelten sich im Französichen die Bedeutungen „Vorschrift" und „gesellschaftlicher Zwang".

Chapeau: Bedeutet hier Hut ab! Das französische Wort stammt von provenzalischem cap (Kopf), einer Ableitung von lat. caput (Kopf). Chapeau bas! bedeutet wörtlich „Hut niedrig!" also auch „Hut ab!"

Lesenswert sind beide Bücher (in französischer Sprache) von Max Gallo über den Sonnenkönig: Louis XIV. Le Roi-Soleil und Louis XIV. L'Hiver du Grand Roi, Presses Pocket, 2009.

Marionette und Marotte

„Marions Marotte ist das Sammeln von Marionetten".

In diesem Satz erscheint dreimal die Jungfrau Maria, die Mutter Jesu, aber es ist kein Wunder. Alle drei Wörter kommen aus dem Französischen und haben die gleiche religiöse Herkunft. Der weibliche Vorname Marion ist mit dem Namen Maria verwandt. „Marionette" (frz. marionnette) ist ein Diminutiv von Maria, bedeutet also „kleine Maria", und die „Marotte" (frz. marotte), der Stab mit einem Puppenkopf, den der Narr im ausgehenden Mittelalter als Zepter vor sich her trägt, geht auf die Jungfrau Maria zurück.
Beim Puppen*theater* ist heutzutage eine Marotte eine auf einem Stab angebrachte Puppe. Damals stellten die ersten Puppenköpfe auf dem Stab des Narren Marienfiguren dar. Diese kleinen Marienfiguren nannte man auch „*Mariole*" („Mariechen"). Die Franzosen bezeichneten dann Puppenköpfe und Puppen als „Marotte" und schliesslich wurde es auch für „Narrenkappe" und „Narrenzepter" benutzt. Der Weg zu „Schrulle" und „Laune" war nicht mehr weit. Eine merkwürdige, schrullige Wortgeschichte.

Auch die „Marionette", die an Fäden aufgehängte bewegliche Gliederpuppe, geht ursprünglich auf eine Marienfigur zurück. Man vermutet, dass das Wort von „Mariole" oder „Marionlette" bzw. „Maryonete" abstammt. So bezeichnete man um 1500 in Frankreich die Figur der Jungfrau Maria in mittelalterlichen Krippenspielen. Wahrscheinlich ist aber auch, dass das Wort „Marionette" in enger Verbindung mit der „Marotte", dem Zepter des Narren steht.

Puppenspiele blicken auf eine lange Tradition zurück. Marionetten sind ein Spiegel der Gesellschaft. Als erste benutzen Priester Marionetten, um dem Volk Mythen besser zu erklären, quasi als Anschauungsunterricht. *Guignol*, der *populär*e, komische Held des französischen Puppenspiels, der Rächer der kleinen Leute, ist fast 200 Jahre alt. Die berühmte Handpuppe wurde vom Arbeiter Laurent Mourguet in Lyon geschaffen und soll seine eigenen Gesichtszüge getragen haben. Durch Laurent Mourguet wurde Lyon zur französischen Hauptstadt des Puppentheaters. Französische Kinder lieben Guignol und seinen treuen Freund Gnafron und fürchten ihre Widersacher, den *Gendarmen Flageolet* und die Hexe *Gigabosse*.

Edel dagegen die Marionettentheater in Deutschland und in Österreich: In der Augsburger Puppenkiste werden Märchen liebevoll inszeniert. Höchstes *Niveau* weist das Salzburger Marionettentheater auf, dessen Programm sich in erster Linie an erwachsene Liebhaber der *Oper* und des Musiktheaters richtet.

Alle, Guignol und Mozart, die Kleinen und die Großen, das Volk und exzentrische *Genie*s, alle werden zum Leben erweckt.

Theater: Von frz. théâtre und griechisch théatron (Schauhaus).

Mariole: Das Wort mariole, jetzt im Französischen mariol, hat eine völlig andere und profane Bedeutung: Schlaukopf, Schlaumeier. Faire le mariol („Sich wichtig machen").

Guignol ist nicht nur ein Charakter, sondern ein Wort. „Ce politicien est un guignol" („Dieser Politiker ist ein Hanswurst"), „faire le guignol" („Kaspern", „den Hanswurst spielen").

Populär: Von frz. populaire und lat. populus (Volk).

Gendarme: Von frz. gendarme und ursprünglich von frz. gens d'armes (Männer und Waffen). Die berühmteste Gendarmerie Frankreichs befindet sich in Saint-Tropez. Ein Verdienst des Schauspielers Louis de Funès („Le Gendarme de Saint-Tropez"). In Frankreich ist die Gendarmerie Nationale eine Polizeieinheit. Sie ist Teil der Französischen Streitkräfte und daher im Unterschied zu den übrigen Polizeikräften dem Verteidigungsministerium unterstellt. Die Gendarmerie übernimmt polizeiliche Aufgaben im ländlichen Raum, während die Police nationale für die Städte zuständig ist. Beide Wachkörper sind von einander unabhängig.

Flageolet: Das Wort Flageolet bezeichnet eine kleine weißgrüne Bohne.

Gigabosse: Wortwörtlich „Riesenbuckel".

Niveau: Von frz. niveau, altfrz. livel (Wasserwaage) und lat. libellum (Wasserwaage).

Oper: Von frz. opéra und ursprünglich italienisch opera (in musica). Genauso für Operette von frz. opérette und ital. operetta (Werkchen).

Genie: Von frz. génie und lat. genius (Begabung, schöpferischer Geist).

Markise

„*Nobel*" ist im wahrsten Sinne des Wortes die praktische Sonnenschutzanlage.
Der Begriff leitet sich von dem französischen Wort marquise, der Ehefrau eines
marquis, ab. Im Altfranzösischen ist marchis eine Ableitung vom germanischen Wort
marka (Grenze). „Markgraf" war der Titel für einen Grafen als königlicher bzw.
kaiserlicher Amtsträger. Dieser hatte eine Grenzmark zum Lehen, also ein Gebiet,
das direkt an der Reichsgrenze des *Fränkischen Reichs* gelegen und zur Verteidigung
dieser Grenze errichtet worden war. Eine marquise war also ursprünglich eine
comtesse (Gräfin) de la marche (Mark), eine Markgräfin.

Die *Markise* blickt auf eine militärische Tradition zurück. Überlieferungen zufolge
wurde in einem Heerlager ein besonderes Schutzdach vor einem *Offizier*szelt
installiert, wenn die Frau dieses Offiziers anwesend war. In den folgenden Jahrhunderten entwickelte sich die damalige einfache Sonnenschutzbespannung zu
den heutigen, oft teuren Markisen.

Beim neidischen Blick auf das Schutzdach wusste jeder Soldat sofort Bescheid.
Eine vornehme Adelsdame besuchte den erwartungsfrohen Offizier in seinem Zelt.
Fortan hieß es: „Bitte nicht stören"!

Nobel: Von frz. noble (vornehm, adlig).

Das Fränkische Reich war ein Königreich in West- und Mitteleuropa zwischen dem 5. und 9. Jahrhundert, das sich auf dem westeuropäischen Gebiet des Römischen Reichs bildete. Es ging auf mehrere west-
germanische Völker der Völkerwanderungszeit zurück. Im Jahr 350 waren die Franken (frz. les Francs) von
ihren ursprünglichen Wohnsitzen am Niederrhein in Gallien (frz. la Gaule) eingedrungen. 507, im Gegensatz
zum Ostgotenreich in Italien, kam es im Frankenreich zur Verschmelzung der gallisch-romanischen
Bevölkerung mit den germanischen Franken. Diese zwangen den Galliern (frz. les Gaulois) nicht ihre Sprache
auf, sondern übernahmen deren Sprache. Es gibt nur ca. 400 Wörter des modernen Französisch, die sich
vom Germanischen ableiten. Hingegen bereichern ca. 2000 Gallizismen die deutsche Sprache.
Das Reich der Franken wurde zur Großmacht in West und Mitteleuropa. Es wurde durch die Dynastien der
Merowinger und später der Karolinger regiert. Den Höhepunkt seiner Macht und Ausdehnung erreichte das
Frankenreich unter Karl dem Großen. Nach der späteren Teilung wurde aus einem östlichen Teil das Heilige
Römische Reich und aus dem westlichen Teil Frankreich.

Markise: Im Französischen bezeichnet man als marquise oder auvent ein manchmal kunstvolles, gläsernes
Schutzdach über dem Türeingang eines Hauses. Eine Terrassenmarkise wird mit dem spröden Wort store de
terrasse übersetzt.

Offizier: Von frz. officier (Inhaber eines Amtes).

Marseillaise

Vor dem so wichtigen Spiel gegen Deutschland stehen im Pariser *Stade de France* 80.000 Zuschauer auf und singen inbrünstig die Nationalhymne, die Marseillaise. Die Zuschauer kennen zwar nur die ersten vier Zeilen der ersten Strophe

Allons enfants de la Patrie	Auf, Kinder des Vaterlands,
Le jour de gloire est arrivé	Der Tag des Ruhms ist da!
Contre nous de la tyrannie,	Gegen uns wurde der Tyrannei
L'étendard sanglant est levé. (bis)	Blutiges Banner erhoben.

sowie den aufmunternden, mörderischen *Refrain*:

Aux armes, citoyens,	Zu den Waffen, Bürger!
Formez vos bataillons,	Schließt die Reihen,
Marchons, marchons!	Vorwärts, marschieren wir!
Qu'un sang impur	Das unreine Blut
Abreuve nos sillons! (bis)	Tränke unserer Äcker Furchen!

Die restlichen bombastischen Strophen würden das Publikum überfordern und sie kann man auch getrost vergessen.

Quoi! des cohortes étrangères	Was! Ausländische Kohorten
feraient la loi dans nos foyers!	Würden über unsere Heime gebieten!
Quoi! Ces phalanges mercenaires	Was! Diese Söldnerscharen würden
Terrasseraient nos fiers guerriers!	Unsere stolzen Krieger niedermachen!

Dagegen hört sich die deutsche Nationalhymne harmlos und fast idyllisch an:

Einigkeit und Recht und Freiheit
Für das deutsche Vaterland!
Danach lasst uns alle streben,
Brüderlich mit Herz und Hand!
Einigkeit und Recht und Freiheit
Sind des Glückes Unterpfand:
Blüh' im Glanze dieses Glückes,
Blühe, deutsches Vaterland!

Wenn die deutschen Spieler den französischen Text verstehen würden, würde ihnen das Blut, das auch in der Marseillaise reichlich fließt, in den Adern gefrieren. Auch wenn *Sport* manchmal Krieg mit anderen Mitteln bedeutet, bleibt es nur Sport und ist, selbst wenn Winston Churchill anderer Meinung war, doch kein Mord, nicht wahr?

Im Brustton patriotischer Überzeugung singen „*les Bleus*", diese „stolzen Krieger" der französischen Nationalmannschaft, la Marseillaise mit. Keine Frage, eine adrenalinfördernde Aufwärmphase vor dem Spiel des Jahres! Man ist sich mit dem *chauvinistisch*en Publikum einig. Der „Erzfeind" wird vom Platz gefegt und gedemütigt (oder auch nicht).

Warum klingt die Marseillaise wie eine charmante Einladung zur Metzelei? Kurz nach der Kriegserklärung an Österreich komponierte ein Offizier, Claude Joseph Rouget de Lisle, „le Chant de guerre pour l'armée du Rhin", „das Kriegslied für die *Rheinarmee*". Es geschah in *Straßburg* in der Nacht vom 25. auf den 26. April 1792, zur Zeit der französischen Revolution. Das provenzalische Marseille ist vom elsässichen Straßburg weit entfernt. Dennoch sind es Marseillais, die der französischen Nationalhymne ihren Namen geben werden. Ende Juli 1792 marschiert ein *Bataillon* Freiwilliger aus Marseille nach Paris, um die Revolutionäre zu unterstützen und die Republik auszurufen. Am 10. August 1792 werden die *Tuilerien* erstürmt. Während des mehrtägigen Marsches bis zum Einzug in Paris singen sie das Kriegslied für die Rheinarmee. In den Ohren der Hauptstädter war es von diesem Zeitpunkt an die Marseillaise. Die auffallende Kriegslüsternheit des Liedes ist im damaligen Kontext nicht verwunderlich. Das revolutionär geführte Frankreich kämpfte gegen den aristokratischen Rest Europas. Krieg ist Krieg, *Pardon* wurde nicht gegeben. Franzosen lassen sich nie unterdrücken! Die Marseillaise ist auch eine Hymne an das höchste Gut neben der Gesundheit, die Freiheit. Nicht umsonst heißt die Reihenfolge auf der Trikolore „Liberté-Égalité-Fraternité".

Symbolträchtig wurde am *14. Juli* 1795 die Marseillaise zur französischen Nationalhymne erklärt.

Stade de France: Das 1998 eröffnete Stadion in Saint-Denis, einem nördlichen Vorort von Paris, ist mit Abstand das größte Stadion Frankreichs (Kapazität: 80.000 Zuschauer). Dort wurde am 12. Juli 1998 Frankreich Fußballweltmeister (3:0 gegen den Rekordweltmeister Brasilien). Cocorico (Kikiriki) und vive Zidane! (hoch lebe Zidane!)

Bataillon: Von frz. bataillon und frz. bataille (Schlacht).

Refrain: Von frz. refrain, was eigentlich „Rückprall der Wogen von den Klippen" bedeutet, einer Ableitung von altfrz. refraindre (brechen).

Sport: Von altfrz. desport (Spiel, Vergnügen). Im altfrz. bedeutete se déporter sich amüsieren.

Les Bleus: Die französischen Nationalspieler tragen traditionell blaue Trikots.

Chauvinistisch: Siehe dazu die Wortgeschichte „Chauvinismus".

Rheinarmee: War auch 1870 die Bezeichnung der französischen Armee. Das Wort „Armee" ist entlehnt aus frz. armée (bewaffnete).

Straßburg: Frz. Strasbourg und im Straßburger Dialekt Schdroosburi. Der Hauptort der Region Elsaß hat mehrere Gesichter: Eine malerische Altstadt mit dem Gerberviertel (Quartier des Tanneurs) am Ufer der Ill und der Cathédrale Notre-Dame aus rosa Vogesensandstein. Das Liebfrauenmünster zählt zu den schönsten Kathedralen Europas. Es gibt aber auch sehenswerte Denkmäler aus der Zeit des deutschen Kaiserreichs (z.B. Bahnhof, Kunsthochschule, Palais du Rhin, Universität etc.). Straßburg (273.000 Einwohner) zählt 42.000 Studenten und ist Sitz zahlreicher europäischer Einrichtungen (wie Europaparlament und Europarat). Zur Weihnachtszeit bietet die Partnerstadt von Stuttgart einen der schönsten Weihnachtsmärkte überhaupt. Allerdings werden in der Silvesternacht des öfteren Autos in Brand gesteckt.

Tuilerien: 1564 stand an dem geschichtsträchtigen Ort ein Schloss. Die Ziegelei gab ihm den Namen „Les Tuileries" (tuile bedeutet Ziegel). 1883 wurde das Schloss abgerissen. Geblieben sind die Gartenanlagen, ein Meisterwerk der französischen Gartenkunst.

Pardon: Von frz. pardon und frz. pardonner (verzeihen).

14. Juli: Der französische Nationalfeiertag existiert seit 1880 und gedenkt der Erstürmung der Bastille am 14. Juli 1789. Genau ein Jahr später fand auf dem Champ-de-Mars in Paris die Fête de la Fédération statt. Die Monarchie konnte sich gerade noch retten. 400.000 Pariser jubelten König Ludwig XVI., der die Konstitution anerkannt hatte, zu. Die nationale Aussöhnung war jedoch nur von kurzer Dauer. In ganz Frankreich wird der 14. Juli mit „bals populaires", Feuerwerken und der traditionellen, aufwändigen Truppenparade auf den Champs-Elysées in Paris ausgiebig gefeiert.

Maskottchen

Klare Sache. Heute gewinnen wir!

Er kennt das Ritual und betritt mit königlicher *Routine* den Hexenkessel. Selbstbewußt *trippelt Hennes VIII.* über den heiligen Rasen. Bei jedem Heimspiel des 1. FC Köln muss der charismatische Geißbock hinter dem Tor stehen. Die bloße Anwesenheit des „hohen Tieres" im Stadion soll mögliche Gegentore verhindern und dem Traditionsverein Glück bringen. In der Halbzeit wechselt Hennes zusammen mit „seinem" Torwart die Seiten. Ohne das beliebte *Maskottchen* stünde das Spiel für die abergläubigen Fans des 1. FC Köln eindeutig unter einem schlechteren Stern. Das kultige Tier ziert nicht nur die *Trikots* der Spieler, sondern dient als beachtliche *Image*werbung für den Verein. Hennes VIII. begleitet seine treuen Fans Tag und Nacht. In allen Variationen ist das Konterfei des Glückbringers auf Fan*artikel*n zu sehen: Auf *Bonbondosen*, Babyschühchen, Eierbechern, Frühstücksbrettchen, Hundefressnäpfen, Taschenschirmen und Bettwäsche. Und nachts, nach einer bitteren und unverdienten Niederlage, wenn der aufgewühlte Fan nicht einschlafen kann, zählt er hunderte von liebenswerten Geißböcken.

Die *Partie* endet 0:0. Die *Tormisere* will und will nicht enden! Der reinste *Horror*! Schon wieder keine *Fortüne*! Es ist wie verhext! Hennes stinkt es gewaltig, er hat keinen Bock mehr auf diese ewigen Unentschieden. Aber zum Glück hat er ein dickes Fell, macht gute *Miene* zum bösen Spiel, und nächstes Mal...

gewinnen wir bestimmt, nicht wahr, Hennes?

Routine: Von frz. routine und frz. route (Straße oder Weg). Im Lateinischen bedeutete „via rupta" „freigebrochener Weg".

Trippeln: Frz. trotter. Das im Deutschen veraltete Wort „Trottoir" (im Schwäbischen „Troddwar", auf gut kölsch „Trottoir") stammt aus dem französischen trottoir und frz. trotter (in Trab gehen, trippeln). Es ist der Ort, auf dem „getrottet" wird (vgl. Piss-oir).

Hennes VIII.: Anfang der 50er Jahre schenkte die Zirkus-Chefin Carola Williams dem damaligen Präsidenten des 1. FC Köln, Franz Kremer, bei der Karnevalssitzung des 1. FC, einen Geißbock. Das Tier war ziemlich aufgeregt und pinkelte der Trainerlegende Hennes Weisweiler aufs Hemd – ein unmissverständliches Omen. Noch am selben Abend erhoben alle Anwesenden das Glas und man taufte das Tier auf den Namen „Hennes". Hennes I. etablierte sich erfolgreich als Maskottchen des Fußballclubs.
Er zierte fortan das Kölner Emblem und gab dem Clubhaus den Namen „Geißbockheim". Hennes IV. erlebte den bisher größten Triumph der Vereinsgeschichte. Gemeinsam mit Hennes Weisweiler fuhr er nach dem Gewinn von Pokal und Meisterschaft im Jahr 1978 im Autokorso durch Köln. Von 18 Mannschaften in der Fußball-Bundesliga haben 15 ein Maskottchen.

Maskottchen: Von frz. mascotte (Glücksbringer im Spiel) bzw. provenzalisch mascoto (Zauberei) und provenzalisch masco (Zauberei, Hexe). Das Wort hat der neuprovenzalische Dichter und Linguist, Frédéric Mistral (1830–1914) in die französische Sprache eingeführt. 1904 erhielt der Bauernsohn, der sich für die Wiederbelebung der provenzalischen Sprache in der Literatur einsetzte, den Nobelpreis für Literatur.

Trikots: Von frz. tricot und frz. tricoter (stricken).

Image: Von frz. image (Bild).

Artikel: Von frz. article (Handelsgegenstand) und lat. articulus (Abschnitt).

Bonbondosen: Das Wort „Bonbon" ist entlehnt aus gleichb. frz. bonbon. Es ist eine kindersprachliche Form des französischen Adjektivs bon und bedeutet wortwörtlich „gutgut".

Partie: Von frz. partie (Teil).

Tormisere: Das Wort „Misere" ist entlehnt aus frz. misère und lat. miser (elend).

Horror: Von frz. horreur (Entsetzen).

Fortüne: Von frz. fortune (Reichtum) und lat. fortuna (Glück).

Miene: Von frz. mine, gleicher Bedeutung, das seinerseits im 15. Jahrhundert aus dem Bretonischen min (Mund, Gesichtszüge) entnommen ist.

Massaker

„Tuez-les, mais tuez-les tous pour qu'il n'en reste pas un pour me le reprocher".

„Tötet sie, aber tötet sie alle, damit keiner überleben darf, um es mir vorzuwerfen".

Charles IX.

Am 18. August 1572 rufen die freudigen Glocken von Notre-Dame zur glanzvollen Hochzeit des protestantischen Heinrich von Navarra mit Margarete von Valois, der Schwester des unmündigen katholischen Königs Karl IX. Seit Mitte des 16. Jahrhunderts tobt in Frankreich ein Religionskrieg. Die durch die Regentin Katharina von Medici arrangierte Hochzeit soll die neue Politik des Friedens endgültig besiegeln. Voller Zuversicht haben sich zahlreiche protestantische Adlige im erzkatholischen Paris versammelt, um an den dreitägigen Hochzeitsfeierlichkeiten teilzunehmen. Ahnungslos sitzen sie in einer Falle. Einer tödlichen. Vier Tage nach der Hochzeit überlebt der einflussreiche, unbeugsame Anführer der Hugenotten, Admiral Gaspard de Coligny, einen Mordanschlag. Die Katholiken fürchten einen Vergeltungsschlag der verhassten Protestanten.
Es herrscht eine explosive Stimmung, die Situation gerät völlig aus den Fugen. Am 24. August im Morgengrauen läutet die Glocke der Kirche Saint-Germain l'Auxerrois Sturm. Eine Totenglocke und das Signal zu einem *Massaker*, das seinesgleichen in der Geschichte sucht: Die Bartholomäusnacht, die „Pariser Bluthochzeit". Als Erkennungszeichen tragen katholische Mörderbanden ein weißes Kreuz am Hut. Sie brechen alle Häuser auf, in denen Hugenotten vermutet werden. Im Schlaf überrascht, haben die Opfer keine *Chance* auf Gegenwehr. Als Erster wird Coligny durch Besme ermordet. Der fanatische Katholik durchsticht den Körper des Admirals mit dem Schwert und teilt beim Herausziehen sein Gesicht in zwei Hälften. Drei Tage lang dauert das Gemetzel, es kommt zu furchtbaren Greueltaten. Leichname werden aus den Fenstern hinabgeworfen, durch die Straßen gezerrt, schreiende Wickelkinder werden in kleinen Rollwagen fortgeführt und in die *Seine* geworfen. Unterschiedslos werden Männer und Frauen umgebracht und in Brunnen geworfen. Am Abend des fatalen 24. August 1572 liegen an die dreitausend Hugenotten in ihrem Blut. In den Tagen und Monaten danach, bis Anfang Oktober, finden ähnliche Massaker in Albi, Toulouse, Bordeaux, Lyon, Rouen und Orléans statt. Tausende Andersdenkende sterben. Am 26. August erscheint der psychisch labile König vor dem *Parlament* und übernimmt die Verantwortung für das Massaker. In Rom lässt Papst Gregor XIII. zum Dank ein Te Deum singen und eine Gedenkmünze prägen.

Diese, mit dem Bild des Papstes, zeigt auf der Rückseite die Inschrift UGONOTTORUM STRAGES 1572 („Niedermetzelung der Hugenotten 1572"). Ein Kreuz und Schwert tragender Engel steht neben niedergemachten Protestanten. So wird im Namen Gottes der Sieg des Hasses und der entfesselten Gewalt gefeiert.

Päpstlicher als dieser Papst, der heute vor allem wegen der von ihm durchgeführten Kalenderreform bekannt ist, war nur der mordende katholische Mob in Paris.

Massaker: Das Wort ist dem altfranzösischen macecre für „Schlachthaus" entlehnt. Prominente Opfer der Bartholomäusnacht waren der Komponist Claude Goudimel und der Philosoph und Humanist Petrus Ramus. Es ist nicht belegt, dass Katharina von Medici und der junge König den Befehl zum Massaker gegeben haben. Das allgemeine Morden in Paris und in vielen französischen Städten kann auf die Initiative der Massen zurückgeführt werden. Durch die Ereignisse der Bartholomäusnacht hatten die Protestanten eine schwere Niederlage hinnehmen müssen und einen großen Teil ihrer politischen Führer verloren. Heinrich von Navarra, der künftige Heinrich IV., konnte entkommen und konvertierte zum katholischen Glauben. Dennoch gingen die Religionskämpfe in Frankreich weiter, da die katholische Partei nicht stark genug war, um die Protestanten vollständig zu besiegen. Das Morden in Paris hatte europaweites Entsetzen ausgelöst. In den protestantischen Ländern wuchs die Bereitschaft, den Hugenotten mit Hilfsmitteln und Hilfstruppen zur Seite zu stehen.

Lesenswert im Zusammenhang mit der Bartholomäusnacht ist der Roman von Robert Merle „Paris ma bonne ville" (1980). 1992 ist die deutsche Ausgabe, „Die gute Stadt Paris", erschienen. „La Reine Margot" ist ein außergewöhnlicher Film von Patrice Chéreau 1994 (deutsch: Die Bartholomäusnacht) mit Isabelle Adjani in der Hauptrolle. In Deutschland lohnt sich die Besichtigung des Deutschen Hugenotten-Museums (www.hugenottenmuseum.de) in Bad Karlshafen. Dort erfährt man u.a. viel über das Leiden der reformierten Christen und deren Verfolgung als Minderheit in Frankreich.

Die Seine: Der 776 km lange Fluss entspringt in Burgund, fließt an Paris vorbei und mündet bei Honfleur in den Ärmelkanal. Von unvergesslicher Romantik ist eine Flussfahrt auf einem Pariser „Bateau Mouche" „Fliegenschiff" (www.bateaux-mouches.fr) unter schönen Brücken wie Le Pont Mirabeau und Le Pont des Arts. Die Seine wurde in Chansons oft besungen. Für Maler ist sie stets eine Inspirationsquelle. Mit der Seine werden aber auch tragische Ereignisse verbunden. Schon 1431, nach der Hinrichtung von Jeanne d'Arc auf dem Scheiterhaufen in Rouen, wurde die Asche der Nationalheldin in die Seine gestreut, um einem Reliquienkult vorzubeugen. Am 4. September 1843 ertrank die 19-jährige Tochter von Victor Hugo bei Villequier (siehe das berührende Gedicht „Demain dès l'aube...", poesie.webnet.fr). Der Dichter Paul Celan („Die Todesfuge"), der 1948 die französische Staatsangehörigkeit annahm, stürzte sich 1970 vom Pont Mirabeau in den Fluss. Besonders tragisch war ein Massaker am 17. Oktober 1961, das erst ab den 1980er Jahren in Frankreich aufgearbeitet wurde. An jenem Tag, in der Schlussphase des Algerienkrieges nahmen 30.000 Algerier an einer friedlichen, nicht genehmigten Demonstration in Paris teil. Auf Befehl des Polizeipräfekts Maurice Papon griff die Polizei äußerst brutal ein. Nach Aussage des Historikers Jean Luc Enaudi wurden an die 200 Demonstranten getötet. Viele wurden mit gebundenen Armen und Füßen in die Seine geworfen.

Parlament: Von frz. parlement (Unterredung, Versammlung, Gerichtshof), frz. parler (sprechen, reden) und griechisch parabole (Gleichnis).

Mausetot

Aus die Maus. Gänzlich tot ist sie. Mausetot.

Arme, unschuldige Maus, Du hast in dieser Wortgeschichte nichts zu suchen. Die erste Interpretation über die Wortherkunft ist höchst spekulativ und zweifelhaft. Demnach käme der Begriff aus dem Hebräischen, über das Jiddische „maveth" (gestorben, tot) und hebräisch „moth" (Tod). Die zweite Interpretation klingt wesentlich *plausibler*. „Mausetot" wäre eine Ableitung vom *niederdeutschen* „mursdod". "Murs" bedeutet entzwei, ganz abgebrochen oder gerissen. Aber wie kam das Wort nach Niedersachsen? Die häufigste Hypothese über diese sprachliche Kuriosität ist am wahrscheinlichsten. Das Wort kam vom französischen „mort aussitôt" (auf der Stelle tot) bzw. „mort si tôt" und entstand in Berlin und Branden- burg, wo die in Frankreich verfolgten Hugenotten, gegen Ende des 17. Jahrhunderts Zuflucht fanden. Zu dieser Zeit wurde in Berlin viel Französisch *parliert*. Vom Berliner *Jargon* aus gelangte das Wort allmählich ins Nieder- und Mitteldeutsche und verbreitete sich langsam später im gesamten deutschen Sprachraum.
Liebe Hugenotten, merci beaucoup. Habt herzlichen Dank für diesen Beitrag zur Lebendigkeit der französischen Sprache in Deutschland. Manche böse Zunge prophe- zeit dieser heutzutage einen baldigen Tod. Die Sprache von *Molière*, mausetot? Ach *menno*!

Plausibel: Von frz. plausible und lat. plausibilis (Beifall verdienend).

Niederdeutsch: Als „niederdeutsch" oder „plattdeutsch" bezeichnet man Mundarten nördlich der sog. „Benrather Linie", einer Dialektgrenze, die bei Benrath in der Nähe von Düsseldorf den Rhein überquert und entlang des Mittelgebirgssaums bis Frankfurt/Oder verläuft.

Parlieren: Von frz. parler (sprechen, reden).

Jargon: Von frz. jargon (eigentlich „unverständliches Gerede") und altfrz. jargonner (zwitschern). Das Wort taucht Ende des 12. Jahrhunderts in Frankreich als langage d'oiseaux (Sprache der Vögel) auf.

Molière (1622–1673): Wer kennt ihn nicht, den großartigen Molière? Alles über Molière in französischer Sprache und seine bissigen Komödien unter www.site-moliere.com.
Sehenswert ist der Film Molière von Ariane Mnouchkine (1978), auch als DVD erhältlich.

Menno: Aus dem französischen mais non (aber nein). Nach dem Zweiten Weltkrieg vor allem von Kindern in der französischen Besatzungszone in Deutschland aufgenommen und durch diese weiter verbreitet.

Mayonnaise / Majonäse

Der Ursprung der in Deutschland beliebten – dickflüssigen kalt gerührten gold-gelben *Sauce* auf der Basis von Eigelb und Speiseöl ist nicht sicher geklärt.

Die französische Stadt *Bayonne* behauptet, Geburtsort der Mayonnaise zu sein, aber es gibt eine viel schönere Version. Wegen ihrer strategischen Lage im Mittelmeer wurde Mahón, die Hauptstadt der Insel Menorca, im Laufe der Geschichte heftig um-kämpft, u.a. von Briten und Franzosen. Am 28. Juni 1756 *kapitulierte* die britische Besatzung der Festung St. Philipe an der Hafeneinfahrt von Mahón vor dem französischen *Herzog von Richelieu*. Zu Ehren des Siegers wurde ein Festmahl veranstaltet, und ein kreativer Koch erfand die Mayonnaise. Anschließend importierte sie der Herzog von Richelieu nach Frankreich, wo später, im 19. Jahrhundert, *Marie-Antoine Carême*, „der Koch der Könige – der König der Köche", das Rezept verfeinerte und „die Mayo" weltberühmt machte.

Sauce/Soße: Von frz. sauce (und teilweise heute noch so geschrieben – immer in **Sauciere**). Das französische Wort geht auf lat. salsa „gesalzene (gewürzte) Brühe" zurück.

Bayonne: Die Stadt, ca. 45.000 Einwohner, liegt im französischen Teil des Baskenlandes. Bekannt ist Bayonne vor allem für kulinarische Spezialitäten (Schokolade und Bayonner Schinken (Jambon de Bayonne). Die auf einen Gewehrschaft aufzusetzende Stoßwaffe (sog. Bajonett aus frz. bayonette) ist nach der Stadt benannt.

Kapitulieren: Von frz. capitulation (Vergleichsvertrag).

Herzog von Richelieu: Es handelt sich hier nicht um den berühmten Kardinal Richelieu (1585-1642), sondern um einen Feldmarschall unter Ludwig XV.

Marie-Antoine Carême (1784-1833): Stammte aus einer armen, kinderreichen Familie. Er begann als Hilfskraft in der Küche einer Gaststube und wurde einer der bedeutendsten Köche seiner Zeit, der wesentlich zur Ausprägung der klassischen französischen Küche beigetragen hat. 1810 organisierte er das Bankett für die Hochzeit von Napoleon mit Marie-Louise von Österreich. Carême schrieb mehrere Kochbücher.

Medaille

Für Albin.

„Nenikekamen (Wir haben gesiegt)!"

Legendär ist das letzte Wort des Botens Pheidippides, bevor er tot zusammenbrach. Nach der Schlacht von Marathon 490 v. Chr., war der Soldat in voller Kriegsmontur nach Athen gelaufen, um den Sieg der Athener über eine persische Übermacht zu verkünden.

„L'important dans la vie n'est point le triomphe mais le combat; l'essentiel, ce n'est pas d'avoir vaincu mais de s'être bien battu."

„Das Wichtigste im Leben ist nicht der Triumph, es ist der Kampf; das Wesentliche ist nicht zu siegen, sondern sich wacker geschlagen zu haben."

Baron Pierre de Coubertin, Initiator der Olympischen Spiele der Neuzeit.

Der Franzose *Albin* Lermusiaux ist der große *Favorit* des *Marathon*laufs am 10. April 1896, dem letzten Tag der ersten *Olympischen Spiele* der Neuzeit in Athen. Seinem Vornamen zu Ehre trägt er weiße Handschuhe. Vor ihm steht der Weg zum Ruhm. Er ist steinig, dornenreich und mörderisch lang. Der Marathonlauf ist eine einzige Strapaze.
Am Start im Städtchen Marathon sind nur 17 Läufer, davon 13 Griechen. Das Ziel ist das 40 km entfernte *noble* Olympiastadion aus weißem Marmor. Aus Angst vor dem Erschöpfungstod haben mehrere Athleten ihre Teilnahme abgesagt. Es ist ein äußerst anstrengender *Parcours* auf einer schattenlosen, staubigen *Chaussee*. Acht Kilometer vor dem Ziel führt Lermusiaux. Anerkennend bejubeln ihn die griechischen Zuschauer am Straßenrand. Albin hat den Olympischen Sieg fest im *Visier*, er muss nur noch einen scheinbar harmosen Anstieg bewältigen, plötzlich bricht er zusammen. Die Beine bleischwer, völlig *platt*, geben mehrere Läufer auf. Dann schlägt die Stunde des Spyridon Louis. Auf dem hügeligen *Terrain* ist der arme griechische Schafshirte aus Massouri in seinem Element. Nachdem er eine kurze Weinpause im Dorf Pikermi eingelegt hat, überholt er alle Konkurrenten und gewinnt in der Königsdistanz mit deutlichem Vorsprung , in 2 Stunden, 58 Minuten und 50 Sekunden. „Nenikekamen!" „Wir haben gesiegt!" schreien seine begeisterten Landsleute im überfüllten Olympiastadion. Der griechische König Georg I. überreicht dem Volksheld

eine Silber*medaille* – Gold gab es aus Kostengründen nicht – einen Olivenzweig als Friedenssymbol für die Welt und einen von *Michel Bréal* gestifteten Pokal. Kleinere, aber für Louis wertvolle Geschenke, sind eine Eselskarre und eine Ziege.

Michel Bréal, Sprachwissenschaftler am Collège de France und ein Freund des Barons *Pierre de Coubertin*, hatte 1894 dem Organisations*komitee* vorgeschlagen, einen besonderen Langstreckenlauf in Athen zu veranstalten, in Erinnerung an den tödlichen Lauf des Siegesboten Pheidippides.

Trotz der Niederlage von Lermusiaux zogen die Franzosen ein positives *Resümee* der Spiele. In der Medaillenwertung rangierte Frankreich an vierter Stelle, unmittelbar nach dem Deutschen Reich. Im übrigen war Paris als nächster Austragungsort vorgesehen.

1936 in Berlin führte der 63-jährige Spyridon Louis die griechische Delegation als Fahnenträger. Hitler schüttelte ihm die Hand. Fühlte sich der *naive* Bauernsohn geehrt? Glaubte er noch an friedliche Absichten in diesen turbulenten Zeiten? Der visionäre Humanist und große Bewunderer der Antike, Baron Pierre de Coubertin, war zwar in Berlin nicht anwesend, nahm jedoch dankend Geschenke des Führers an. Irren ist menschlich.

Und heute? Im sicheren *Tresor* aufbewahrt oder in einer schmucken Glas*vitrine* ruht die Goldmedaille eines Olympiasiegers. Allein sie zählt und macht unsterblich. Vor allem vergoldet sie die unsichere Zukunft des Leistungssportlers nach Beendigung einer meistens kurzen Karriere.

Bei ihren Versuchen, aus Blei Gold zu machen, scheiterten damals die Alchemisten. Heute stimmt die Chemie zwischen Olympiasiegern und ihren Sponsoren. Gemeinsam wird spielend aus Gold Geld gemacht. Werbestrategen versprechen Konsumenten Erfolg, Gesundheit, (ewige) Jugend, Kraft und Schönheit. Sie *posaunen* und *trompeten*: „Freut euch (und vor allem kauft unsere wunderschönen Produkte!) Wir haben gesiegt!"

Albin: Der Vorname stammt aus dem Lateinischen albinus und bedeutet „der Weiße" und auch „Freund aller". Albwin ist ein alter germanischer Vorname.

Favorit: Von frz. favorite, feminine Form von frz. favori (Günstling).

Die Olympischen Spiele: Es ist interessant, einen Vergleich zu ziehen: 1896 in Athen nahmen 241 Athleten (nur Männer!) aus 14 Ländern an 43 Wettbewerben in nur 9 Sportarten teil. Erfolgreichster Athlet war der Berliner Ringer und Turner Carl Schuhmann (vier Silbermedaillen, es gab kein Gold). Der Franzose Paul Masson gewann drei Silbermedaillen bei den Bahnradwettbewerben. Für den dritten Platz gab es gar keine Medaille. An den Olympischen Spielen in Athen 2004 nahmen 10.625 Athleten (davon 4.329 Frauen) aus 202 Nationen an allen möglichen Wettbewerben in 28 Sportarten teil. 1896 gab es ein „Highlight" und zugleich ein Kuriosum, nämlich das 100-Meter-Matrosenschwimmen im offenen Meer mit nur drei Teilnehmenden. Schwimmbecken gab es nicht! Erst 1914 entstand die Olympische Fahne mit den fünf Ringen (blau für Europa, gelb für Asien, schwarz für Afrika, grün für Ozeanien und rot für Amerika).

Marathon: Das verträumte Städtchen dessen Name „Fenchelfeld" bedeutet, ist seit 490 v. Chr. ein Mythos. Nur 10.000 griechische Schwert- und Lanzenträger standen 20.000 Bogenschützen und der persischen Kavallerie gegenüber. Die Athener siegten. Bei den Olympischen Spielen 1896 erzielte Spyridon Louis eine gute Zeit. Heutzutage wäre es für professionelle Athleten eine dürftige Leistung. Zum Vergleich: 2004 in Athen gewann der Italiener Stefano Baldini den Marathonlauf in 2:10:55 Sek. Wie im Jahr 1896 begann der Lauf in Marathon und endete im ehrwürdigen restaurierten Panathinaikon-Stadion. 2008 in Peking gwann Samuel Wansiru aus Kenya in 2:06:32 Sek. Am 31. Oktober 2010 hat in Athen ein historisches Ereignis stattgefunden. Ca. 8.000 Läuferinnen und Läufer sind die historische Strecke angegangen und haben das 2.500-jährige Jubiläum der Athener über die Perser gefeiert. Die aktuelle Distanz (42km 195m) wurde bei den Olympischen Spielen 1908 in London offiziell festgelegt.

Nobel: Von frz. noble (vornehm).

Parcours: Von frz. parcours (Strecke). Die Trendsportart mit Hindernis-Parkour bzw. Le Parkour ist ebenfalls eine Ableitung von parcours.

Chaussee: Von frz. chaussée und lat. via calciata (geschotterte Straße). Durch die Beschotterung waren die Landstraßen in Frankreich befestigt und erhöht.

Visier: Von frz. viser (zielen).

Platt: Von frz. plat (flach).

Terrain: Von frz. terrain und frz. terre (Erde).

Medaille: Von frz. médaille und griechisch metallon (Metall). Das Wort Medaillon ist ebenfalls aus frz. médaillon entlehnt.

Michel Bréal (1832 in Landau in der Pfalz – 1915 in Paris): Der angesehene Philologe war Professor für vergleichende Sprachwissenschaft am berühmten Collège de France in Paris. Er gilt als Begründer der Semantik (Bedeutungslehre, Wissenschaft von der Bedeutung der Zeichen), ist der Ideengeber für die Entstehung des neuzeitlichen Marathonlaufs. Bréal war mit der griechischen Mythologie bestens vertraut.

Komitee: Von frz. comité und englisch to commit (anvertrauen).

Resümee: Von frz. résumé (Zusammenfassung).

Naiv: Von frz. naïf und lat. nativus (angeboren).

Pierre de Coubertin (1863–1937): Der Initiator der modernen Olympischen Spiele war Pädagoge, Historiker und Sportfunktionär. Nach Coubertins olympischen Idealbild sollten nur männliche Einzelkämpfer teilnehmen, ähnlich dem antiken Vorbild. Auf Dauer gelang es ihm nicht, Frauen von der Teilnahme an den Spielen auszuschließen. Im Mai 1936 ließ Hitler den in finanzielle Not geratenen Coubertin eine Ehrengabe von 10.000 Reichsmark zukommen.

Tresor: Von frz. trésor (Schatz).

Glasvitrine: Von frz. vitrine und frz. vitre (Glasscheibe).

Posaunen: Von frz. busine. Im 11. Jahrhundert war die busine eine Trompete mit langgestrecktem Rohr.

Trompeten: Von frz. trompette (Trompete) und frz. trompe (Horn).

Muckefuck

„Der Kaffee schmeckt wie *Muckefuck*".

Not macht erfinderisch.

Für Berliner ist die Herkunft des schönen Wortes eindeutig. Ende des 18. Jahr-
hunderts wurde in Preußen der Kaffee knapp und teuer, für arme Leute fast
unerschwinglich. Wegen des hohen Kaffeezolls unter Friedrich II. baute ein findiger
Gärtner namens Ohlde *Zichorie* an. Die Wurzeln wurden geröstet und gemahlen, sie
gaben als Zusatz dem dünnen Kaffeeaufguss wenigstens eine tiefschwarze Farbe.
Dieser gefälschte und nachgemachte Kaffee wurde von den in Berlin lebenden
Franzosen als café prussien oder auch als mocca faux (falscher Mokka) bezeichnet.
Es erfolgte eine Verballhornung im Berliner Volksmund und so entstand das Wort
„Muckefuck" für dünnen Kaffeeersatz. Eine phantasievolle, „dufte" Wortgeschichte,
aber leider aus der Berliner Luft gegriffen.

Beim Landschaftsverband Rheinland in Bonn machen Sprachwissenschaftler Jagd auf besondere Wörter. In einer Veröffentlichung des Landschaftsverbandes Rheinland bringt Peter Honnen Licht in den Ursprung des Wortes: Im zentralen Rheinland und am unteren Niederrhein ist der „Muck" in den Mundarten so etwas wie „Schlamm, trübe Brühe" aber auch Kaffeesatz. Die „Mocke" ist in der rheinischen Umgangssprache noch heute die Bezeichnung für eine Flüssigkeit, mit der man nicht in Berührung kommen möchte. „Hafenmocke" heißt in Duisburg das Wasser im Binnenhafen. Im Bergischen Land sind die „Mucken" verfaulende Baumstümpfe, in denen sich ein brauner Mulm angesammelt hat. Dieses Zeug, das Blumenliebhaber als Dünger schätzen, heißt hier tatsächlich „Muckefuck", und da der gemahlene Kaffeeersatz große Ähnlichkeit mit dem Mulm hat, wurde die scherzhafte Bezeichnung wohl übernommen.

Der zweite Wortbestandteil „fuck" bedeutet im Rheinland so viel wie „faul, verdorben", es ist in den Mundarten in der Variante „fuckackig" weit verbreitet. Wenn Birnen und Äpfel schon leicht matschig werden, dann sind sie „fuckackig".

So gründlich recherchiert, fundiert und schwer widerlegbar. Wer würde noch behaupten, dass man sich auf Rheinländer nicht verlassen kann? Dabei wäre die Interpretation mit mocca faux viel schöner.

Liebe Berliner, es tut einem wirklich Leid.

Deutsche Wörter in der französischen Sprache sind selten: Neben le blockhaus, le fuchsia, le gotha, le leitmotiv, le kitsch, le krach (Börse), le teckel, le schnaps, la schlague (brutale Methode um Gehorsam zu erzwingen), le vasistas (Guckfenster, kleines Dachlukenfenster) aus „was ist das?", benutzen unsere Nachbarn das Wort ersatz (Surrogat, Ersatz).

Auch wenn Sie kein Wort Französisch sprechen, würden Sie in Frankreich die Übersetzung von „Muckefuck" sofort verstehen: „un ersatz de café".

Muckefuck: So wird heute im Rheinland Malzkaffee (Caro-Kaffee) bezeichnet.

Zichorie: Frz. la chicorée à café. Sehr verbreitet und populär in Nordfrankreich.

Lesenswert sind die Veröffentlichungen des Landschaftsverbandes Rheinland, u.a. die Lektüre des Buches von Peter Honnen, „Alles Kokolores"? Wörter und Wortgeschichten aus dem Rheinland, Greven Verlag Köln, 2008.

Tipp für „Wortjäger/innen": Das Mitmachwörterbuch online der rheinischen Umgangssprache (www.mitmachwoerterbuch.lvr.de).

Mutterseelenallein

Bonjour *Tristesse*.

Im Land der Dichter und Denker hat manches Wort eine einzigartige, faszinierende Tragweite, in anderen Sprachen kaum übersetzbar: z.B. „Weltschmerz", „Gemütlichkeit" oder aber auch „Mutterseelenallein". Das Letztere strahlt eine unglaubliche poetische und religiöse, metaphysische Kraft aus.

Es ist ein urdeutsches Wort, das „mutterlos, ganz allein" bedeutet. Jeder Mensch verliert früher oder später völlig und unwiderruflich die Bindung zur eigenen Mutter und leidet seelisch darunter. Viele Sprachexperten bevorzugen jedoch eine andere Interpretation. Um 1700 als zahlreiche Hugenotten, protestantische Glaubensflüchtige aus Frankreich nach Brandenburg und Berlin kamen, waren sie selbstverständlich der deutschen Sprache nicht mächtig. Sie drückten ihre Einsamkeit und Traurigkeit mit „moi tout seul" aus („ich ganz allein"). Die aufgefangenen Fremdwörter gewannen eine gewisse Eigenständigkeit. Die phonetische Eindeutschung ergab zunächst „mutterseel" und im Zeitverlauf fügte man „allein" hinzu.

Einsamkeit, das Übel unserer Zeit. „Mutterseelenallein", eine ergreifende und wunderbare Mischung aus Deutsch und Französisch, ein interkulturelles Wort *par excellence*.

Tristesse: Von frz. tristesse. Das uralte französische Wort aus dem 12. Jahrhundert wird in Deutschland seit Ende des 18. Jahrhunderts verwendet. Bei der Entlehnung des Wortes fand ein Bedeutungswandel statt. Tristesse bedeutet im Französischen einfach „Traurigkeit". Der Begriff erhielt im Deutschen eine ästhetische Dimension (z.B. triste Bilder in der Malerei). Für viele Menschen ist der Begriff Alltag zum Inbegriff von Tristesse geworden. 1954 erschien in Frankreich Bonjour Tristesse, der erste Roman der 18-jährigen Françoise Sagan über die Trauer des Erwachsenwerdens. Der Romantitel wurde im Deutschen zum geflügelten Wort.

Par excellence: Schlechthin. Von frz. par excellence gleicher Bedeutung.

Negligé / Negligee

Leger klingt dieser Begriff, und er ist es auch. Das Negligé ist die Leichtigkeit des Seins.

Negligé stammt aus dem Französischen „négligé"; es bedeutet so viel wie das „nachlässige (Kleid)". Ein Negligé (frz. négligé oder déshabillé) ist eine luftige, leichte Bekleidung für zuhause und spezifisch weiblich.

Oft verführerisch wirkt ein bezauberndes Nachthemd in zarter Spitze oder aus transparentem *Tüll* bzw. matt glänzendem Satin. Es unterstreicht die feminine Ausstrahlung, indem es die Frau ganz einhüllt und trotzdem wenig verbirgt. Weniger ist mehr. Ursprünglich hatte aber das Wort eine weit gefasste Bedeutung. Im 17. und 18. Jahrhundert existierten in Frankreich am Hof drei Arten von Kleidung: die Galakleidung, Grande *Parure* (große Hofrobe, „großer Putz") genannt, die Parure, die auch dem Bürgertum bei Festen zustand, sowie das Négligé oder Déshabillé (entkleidet). Dieses bezeichnete jede informelle, nicht – höfische Kleidung, also jedes Haus-, Straßen- und Reisekleid für beide Geschlechter. So konnte man sich von der strengen Hof*etikette* erholen und im Alltag „négliger sa tenue" (seine Kleidung vernachlässigen). Heute ist im Französischen das Adjektiv „négligé" (ungepflegt) abschätzig.

Leger: Von frz. léger (leicht).

Tüll: Ein netzartiges Gewebe. Das Wort leitet sich von der französischen Stadt Tulle in Zentralfrankreich ab, welche im 19. Jahrhundert für derartige Gewebe bekannt war.

Parure: Im 18. Jahrhundert bezeichnete in Frankreich die Parüre auch eine Schmuckgarnitur bestehend aus einem Collier, Ohrschmuck, einer Brosche und z. T. auch Armbändern. Sehr bekannt ist die Erzählung „La Parure" von Guy de Maupassant.

Etikett/Etikette: Von frz. étiquette und altfrz. estiquier, estequier (feststecken). Ursprünglich war es ein aufgestecktes Schildchen. Aus „Aufschrift" entwickelten sich im Französischen die Bedeutungen „Vorschrift" und „gesellschaftlicher Zwang".

Nikotin

Betörend strömt der Duft von Gewürzen und exotischen Pflanzen durch die Gassen Lissabons.

In der Stadt sieht man häufig den französischen *Diplomaten* und Gesandten am portugiesischen Hof, Jean Nicot. Er beobachtet die Errungenschaften der Kolonialmacht. Der sprachbegabte Neunundzwanzigjährige stammt aus Nîmes aus einfachen Verhältnissen. Er hat schon viel erreicht, aber er will mehr und seine Freundschaft zum berühmten Botaniker Damian de Goes wird ihm zugute kommen. Der portugiesische Gelehrte baut selbst unter anderem Indigo und Tabak an und macht den neugierigen Franzosen auf die wundersamen Heilkräfte des Tabaks aufmerksam. Dieser soll sogar Geschwüre heilen.

Ein guter Diplomat ist flink und muss sich beweisen. 1561 schickt Nicot Tabaksamen an die von Migräne geplagte Königin Katharina von Medici und beschreibt ihr die unglaubliche Heilwirkung der geschnupften Tabakblätter. Die Königin ist von „l'herbe à Nicot", Nicots Gras, begeistert, und wie ein Lauffeuer verbreitet sich in Frankreich die Heilwirkung des Tabaks.

Entdeckt wurde der Wirkstoff Nikotin 1828 in Heidelberg. Der Chemiker Reimann und der Mediziner Posselt gaben ihm den Namen Nikotin. Die tödliche Dosis für den Menschen beträgt nur 50 mg.

Die ehemalige Zigarettenfabrik Yenidze, 1908 im Stil einer Moschee errichtet, gehört zu den architektonischen Sehenswürdigkeiten der Stadt Dresden. Der Unternehmer Hugo Zietz hatte ein *Faible* für orientalische Schönheit. In Frankreich brachte zwei Jahre später die Firma Seita eine neue Zigarette mit dunklem Tabak auf den Markt, die berühmten Gauloises (frz. Gallierinnen). Seit 1910 existiert auch die Zigarettenmarke Gitanes (frz. Zigeunerinnen). Tabak: eine multikulturelle und multinationale Angelegenheit.

Und Jean Nicot? Er machte sich auf einem ganz anderen Gebiet verdient. Nach Frankreich zurückgekehrt, schrieb er ein sehr umfangreiches Wörterbuch mit 18.000 fundierten Artikeln. Er gilt heute als der Erfinder der wissenschaftlichen Lexikografie in Frankreich.

Diplomat: Von frz. diplomate und diplôme (Diplom).
Faible: Von frz. faible (schwach).

Omelett

In einer beeindruckenden Bucht an der Grenze zwischen der Normandie und der Bretagne erhebt sich schon von weitem der majestätische *Mont-Saint-Michel* über den Horizont. Auf dem Weg zur einzigartigen Benediktinerabtei kämpfen sich jedes Jahr über drei Millionen Besucher aus aller Herren Ländern durch die von Restaurants und zahlreichen Souvenirläden gesäumte *Grande Rue* des mittelalterlichen Dorfes. Vor dem werbekräftigen schwarz-roten Aushängeschild des traditionsreichen Restaurants „La Mère Poulard" bleiben viele stehen. Dargestellt wird eine schwarz gekleidete Köchin. Mit einer langen Pfanne brät sie ein *Omelett* am offenen Holzfeuer. Ein Ei ist nur ein Ei, ein Omelett eine einfache, preiswerte Speise, sollte man meinen. Irren ist menschlich. Das Restaurant befindet sich in einem historischen Gebäude und wartet mit seiner besonderen kulinarischen Spezialität auf: dem Omelett. Tatsächlich wird das Touristenomelett vom folkloristisch bekleideten Personal in langstieligen edlen Kupferpfannen am offenen Feuer spektakulär zubereitet. Im schönen Ambiente und selbstverständlich nach einem geheimnisvollen Rezept. Dennoch gibt es auch Beschwerden; das Omelett schmecke *fade*. Dafür sei die Rechnung gesalzen. An die 35 Euro für ein einfaches Omelett. Welches aristokratische französische Huhn hat solche goldenen Eier gelegt?
1883 eröffnete *Annette Poulard* ihren Gasthof. Sie wollte den müden und hungrigen Reisenden, die den abgelegenen Mont-Saint-Michel erreichten, eine einfache, nahrhafte Eierspeise servieren. Ihre Küche genoss einen guten Ruf. Im Laufe der Zeit kamen immer mehr Gäste, auch Prominente, französische Staats*präsident*en, berühmte Schriftsteller und Schauspieler. Seitdem bestimmen der Ruf, der einzigartige Ort und die Lage im Ort den überzogenen Preis für einige Eier. Im winzigen Dorf Le Mont-Saint-Michel macht man sich allerdings keine Sorgen. Jedes Jahr, in den Sommermonaten, kommen neue Touristenhorden, um „das Wunder des Abendlandes" zu sehen. Den Blick nach oben zu „*La Merveille*" („das Wunder") gerichtet, werden nicht wenige in die Touristenfallen der Grande Rue tappen. Und ihr blaues, bzw. „gelbes" Wunder erleben.

Mont-Saint-Michel: Das Dorf zählt nur 40 Einwohner. Nach dem Eiffelturm die am zweithäufigsten besuchte Sehenswürdigkeit Frankreichs. Ein einzigartiger Zusammenklang von Landschaft und Architektur. Seit 1979 Weltkulturerbe der UNESCO. An der Grenze zur Bretagne, im Wattenmeer, auf einem Granitfelsen von nur einem Kilometer Umfang, ragt die Benediktinerabtei 160 Meter in die Höhe. Die befestigte Bergklosteranlage stammt aus dem 10.-13. Jahrhundert. Seit mehr als eintausend Jahren ist sie ein Pilgerziel.

Übrigens, Kinderwallfahrten aus Deutschland (z.B. Schwäbisch Hall) zum Mont-Saint-Michel fanden von 1456 bis 1458 statt. Während des Hundertjährigen Kriegs zwischen Frankreich und England (1337-1453) galt der Mont als uneinnehmbar. Während der Französischen Revolution war er ein Gefängnis, im Volksmund „Bastille de la province" genannt. Vor dem Mont-Saint-Michel gibt es salzige Wiesen, wo die in Frankreich berühmten prés-salés (Schafe) weiden. Durch die salzigen Wiesen bekommt das Lammfleisch einen besonderen Geschmack. Um den Mont herum, tückische Treibsände. Der Tidenhub beträgt 13 Meter! Gegenwärtig leben ein Dutzend Benediktinermönche in der Abtei.
Office de tourisme de Mont-Saint-Michel = ot-montsaintmichel.com

Grande Rue: Großer Name für diese enge Gasse, die einzige Straße der winzigen Gemeinde. Die Grande Rue, von Fachwerkhäusern aus dem 16. Jahrhundert gesäumt, führt zur Abtei hinauf.

Omelett: Von frz. omelette und altfrz. amelette, alemette. Das Wort resultiert aus der Kontraktion von oeuf und altfrz. melette (mêler = mischen). Es handelt sich also um oeufs mêlés (gemischte Eier). Im Restaurant Norma's in New York kann man für läppische 770 Euro das teuerste Omelett (mit Kaviar) der Welt genießen.

Fade: Von frz. fade und altfrz. fade (albern, schwächlich).

Annette Poulard (1851-1931): Sie kam aus Nevers und kreierte nicht nur das berühmte Omelett, sondern rund 700 Rezepte, u.a. die côtelettes de pré-salé. Ein Rezept für ein mit Butter zubereitetes Omelett "à la Poulard": Zuerst das Eigelb in die Pfanne, dann Salz, Pfeffer, einen Löffel geschlagene Sahne, zum Schluss das Eiweiß hinzufügen.

La Merveille: Dt. das Wunder. Tatsächlich ein architektonisches Wunder. Die nördlich der Kirche gelegenen Abteigebäude La Merveille zeigen stilistisch den Einfluss der Hochgotik der Île-de-France. Die dreistöckige Merveille entstand zwischen 1211 und 1228. Im ersten Stock befindet sich der Rittersaal, im zweiten Stock der Klosterbau mit wunderschönem Kreuzgang. Der Klosterbau dient als Unterbau der Abteikirche.

Präsident: Von frz. président (Vorsitzender, von „vorne sitzend").

Papillon

Wegen seiner breiten, großen Ohren wird der *Papillon* auch Schmetterlingsspaniel genannt. Seine fransigen Stehohren ähneln den ausgebreiteten Flügeln eines Schmetterlings und verleihen ihm ein *drollig*es Aussehen. Voller *Elan*, sehr neugierig, sozusagen „ganz Ohr", zählt der Papillon zu den intelligentesten *Hunderasse*n der Welt.

Schon im 16. Jahrhundert war der *elegant*e Zwergspaniel mit mandelförmigen Augen und glänzendem, seidigem Fell ein beliebtes "Spielzeug" der französischen Aristokraten. Später, auf farbenfrohen Gemälden von *Fragonard* und *Watteau*, den Meistern der *Rokoko*-Malerei in Frankreich, ist das verspielte Modehündchen manchmal zu sehen. Der Papillon: ein idealer Begleiter der feinen Gesellschaft. Was erzählen uns diese Bilder?
Auf Wiesen werden sogenannte „Fêtes galantes" zelebriert. Gutaussehende junge Adlige „papillonnent" (flattern) unbekümmert von einer Liebschaft zur anderen. Auf diesen Landpartien wird musiziert und *geflirtet*. Am späten Nachmittag geht es zum Schloss zurück, die Nächte dort sind lang und aufregend. Es ist eine Zeit der Sorglosigkeit. „Sans soucis", sorgenfrei, feiert man im erlesenen Kreis, weit weg von den dreckigen Pariser Straßen. Lieber dem Vogelgezwitscher lauschen als das lästige Murren des Volkes anhören. „S'ils n'ont pas de pain, qu'ils mangent de la brioche." („Sie haben kein Brot? Dann sollen sie Brioche essen."). Wer sich so kopflos benimmt, läuft Gefahr genauso zu enden.

Am 16. Oktober 1793 wurde eine gealterte Frau, im Henkerskarren sitzend, zum Place de la Révolution, dem heutigen Place de la Concorde in Paris, zur Guillotine geführt. Ein Kopftuch bedeckte ihre kurz geschnittenen Haare. Es war *Marie-Antoinette*, die verhasste Ausländerin, „l'Autrichienne". Auf dem Weg zum Schafott soll sie der Legende nach ihren Papillon auf den Armen getragen haben. Der „ideale Begleiter" blieb treu bis zum bitteren Ende. Eine Legende, denn an jenem Tag fertigte der Maler *Jacques-Louis David* von seinem Fenster aus eine *makabre* Zeichnung der Verurteilten an. Die Hände der Königin waren auf dem Rücken gefesselt. Doch der erhabene „aristochien" ist auf der Zeichnung nicht zu sehen.

Der Anblick des Blutgerüsts blieb dem *sensiblen* Hund erspart. Der putzige Phalène hatte Glück im Unglück.

Papillon: Von frz. papillon (Schmetterling) und lat. papilio. Papillon ist die etymologische Wurzel für das Wort Pavillon. Das schöne französische Verb „papillonner" bedeutet flatterhaft, unstet sein. Man benutzt es für Frauen, die „viele Männer am Bändel haben" und für Männer, die „wie ein Schmetterling von Blume zu Blume gaukeln". Die Ohren des Papillons gibt es in zwei Varianten: Stehohren und Hängeohren. Papillons mit Hängeohren heissen "Phalènes". Papillons sind liebenswert, aber auch sehr lebhaft. Sollten Sie einen solchen Hund haben, sprechen Sie notfalls Französisch mit ihm. Es hilft, wenn man z.B „kusch!" sagt, denn das Wort kommt von frz. couche (leg dich) im Sinne von couche-toi! (leg dich hin!).

Drollig: Von niederländisch „drollig" und frz. drôle (lustig).

Elan: Von frz. élan und frz. lancer (schleudern).

Hunderasse: Rasse ist entlehnt aus frz. race.

Elegant: Von frz. élégant und lat. eligere (herauslesen, auswählen).

Jean-Honoré Fragonard (1732-1806) und Jean-Antoine Watteau (1684-1721): Fragonard war Hofmaler und ist bekannt für erotische Gemälde. Sehr sinnlich ist sein berühmtestes Bild „Die Schaukel" (1767). Durch die französische Revolution verlor der Maler aus Grasse seine Auftraggeber. Der Nordfranzose Watteau, aus Valenciennes, ist bekannt für seine "Fêtes Galantes". Sehenswert ist das Musée des Beaux-Arts in seiner Geburtsstadt.

Rokoko: Von frz. rocaille (Muschelwerk).

Flirten: Das englische to flirt erscheint erst im 18. Jahrhundert und ist entlehnt aus frz. fleureter, conter fleurette = une femme (einer Frau den Hof machen) und fleur (Blume).

Marie-Antoinette: Siehe dazu die Wortgeschichte „Bagatelle". Die Königin soll gesagt haben: „S'ils n'ont pas de pain, qu'ils mangent de la brioche". Das Wort brioche ist normannischer Herkunft und ist entlehnt aus altfrz. brier und frz. broyer (brechen). Sehr plastisch ist der französische Ausdruck „avoir de la brioche" (ein Bäuchlein haben).

Jacques-Louis David (1748-1825): Historienmaler des Klassizismus. Auch er war zunächst Hofmaler. Während der französischen Revolution wechselte er die Fronten und wurde Jakobiner. Sein glorifizierendes Gemälde von seinem in seiner Badewanne ermordeten Freund Marat, ist sehr eindrucksvoll.

Makaber: Von frz. macabre herausgenommen aus frz. danse macabre (Totentanz).

Sensibel: Von frz. sensible und frz. sens (Sinn).

Parfüm

„Zum Schlafen trage ich nur einige Tropfen Chanel N⁰ 5".

Marilyn Monroe, 1954.

Manche *Hommage* kann eine „runde Sache" sein.

Zum 150. Geburtstag der legendären Königin der Haute Couture, *Coco Chanel*, ließ sich der *Chefdesigner* im Hause Chanel, der Modezar Karl Lagerfeld, ein besonderes Geschenk einfallen. Der kreative Deutsche entwarf 2008 eine Gedenkmünze aus Gold. Darauf ist die *Mode*ikone im *Profil* zu sehen. Sie trägt einen Hut, eine Perlenkette umrahmt die kostspielige Münze im Wert von 5.900 Euro: eine „runde Sache!".
Sie hätte Coco Chanel sicherlich gefallen.
Auf der Rückseite steht die Ziffer 5, eine Anspielung auf den luxuriösen Klassiker unter den Düften, „Chanel No 5". Warum ausgerechnet die Nummer 5?
Anfang der zwanziger Jahre hat die Perfektionistin Coco Chanel schon viel erreicht. Sie will nunmehr ihre erfolgreiche *Produktpalette* um das perfekte *Parfüm* erweitern. Denn Parfüm ist ein Geschäft für alle Zeiten, für alle Krisen. Ihr wird der talentierte russische Parfümeur *Ernest Beaux* empfohlen. Ihn hat die Oktoberrevolution 1917 aus Moskau vertrieben und nach La Bocca in die Nähe von Cannes verschlagen. Coco trifft ihn dort und äußert ihren besonderen Wunsch: „Ich möchte ein Parfüm, das den Frauen von heute genauso gefällt wie meine Mode. Es sollte ein Parfüm für 24 Stunden sein. In einem Kleid von mir kann eine Frau vormittags einkaufen gehen, nachmittags zum Tee und abends ins Theater. Das Parfüm muss da mithalten und darf an keinem Ort deplatziert wirken". Beaux nimmt die Herausforderung an und kreiert ein erlesenes Parfüm, eine Mischung aus Jasmin- und Rosenessenzen. Dazu kommen kräftige Synthetikduftstoffe. Es sind insgesamt 80 Bestandteile!
Dem Parfümeur ist es gelungen, diese Synthetik mit den Naturstoffen zu verbinden. Er schickt zwei Sets mit je fünf Probefläschchen nach Paris. Das erste Set ist von eins bis fünf nummeriert, das zweite von 20 bis 24. Die Modeschöpferin entscheidet sich für das fünfte Muster, weil sie den neuen Duft am 5. Mai 1924, also am fünften Tag des fünften Monats des Jahres auf den Markt bringen will. Nach eigener Bekundung sollte ihr die „5" geschäftliches Glück bringen. Sie lässt einen formschönen quadratischen Kristall*flakon* mit abgeschliffenen Kanten entwerfen. Und die 5 bringt ihr tatsächlich Glück. Das Parfüm ist ihr größter Erfolg und bringt ihr bis ans Lebensende über fünfzehn Millionen Dollar nur an Lizenzgebühren ein.

Für viele Frauen weltweit ist „Chanel N° 5" das Parfüm „für 24 Stunden" par excellence. Für die Besucher des „Museum of Modern Art" in New York eine *permanent*e Augenweide. Dort wird nämlich der berühmte Flakon ausgestellt.

Hauptquelle für den Text: Rudolf Kinzel, Die Modemacher, Paul Zsolnay Verlag, Wien-Darmstadt, 1990.

Hommage: Von frz. hommage und frz. homme (Mann). Siehe die Wortgeschichte „Hommage".

Coco Chanel (1883–1971): Ihr Name war eigentlich Gabrielle Bonheur Chasnel. Sie entstammte einem einfachen Milieu, arbeitete zunächst als arme Näherin in der Provinzstadt Moulins. Dort trat sie auch als Sängerin mit schwacher Stimme auf und trug vor allem zwei damals sehr populäre Chansons vor: „Qui qu'a vu Coco?" (Wer hat Coco gesehen?) und „Ko-Ko-Ri-Ko" („Ki-Ki-Ri-Ki"). Das Publikum gab Gabrielle Chasnel den Spitznamen „Coco", den sie als Vornamen behielt. Durch reiche Gönner, wie den Industriellensohn Étienne Balsan, konnte sie 1910 ein Hutatelier in Paris eröffnen. Der Beginn einer steilen Karriere: Modesalons in Deauville, Paris und Biarritz. Der neue Stern am Pariser Modehimmel kürzte Haare und Röcke, schaffte Schleier und Volants ab und befreite die Frauen aus dem Korsett der damaligen überladenen Modekleidung mit revolutionären Kreationen wie „das kleine Schwarze", schlichte Strohhüte und Modeschmuck (endlos lange Perlenketten). Sie brachte mit „Chanel N° 5" das erste Parfüm auf den Markt, das nicht nach einer Blume roch. 1936 beschäftigte Coco Chanel 4.000 Angestellte in ihrem Modeimperium. Eine perfektionistische Geschäftsfrau mit herrischem Gemüt. Sie führte ein wildes Privatleben, war aber auch sehr großzügig.
Während der deutschen Besatzung bezog „Mademoiselle" 1940 eine Suite im luxuriösen Hotel Ritz in Paris. Dort hatte sie eine Affäre mit dem Attaché der deutschen Botschaft, Hans Günther von Dincklage. Nach dem Krieg wurde sie als Kollaborateurin verhaftet und lebte in Lausanne (1944-1954) im Schweizer Exil. Danach ging sie nach Paris zurück, startete 1954 eine neue Kollektion (Wollkostüme).
Für das Modehaus Chanel warben Weltstars wie Catherine Deneuve, Nicole Kidman und zuletzt Audrey Tautou („Die fabelhafte Welt der Amélie"). Der Film von Anne Fontaine „Coco Chanel – Der Beginn einer Leidenschaft" mit Tautou in der Hauptrolle kam im August 2009 in die Kinos.
Lesenswert ist das Buch von Edmonde Charles-Roux, „Coco Chanel: Ein Leben", Zsolnay Verlag, Wien, 1988.

Chefdesigner: Das Wort „Chef" ist entlehnt aus frz. chef und lat. caput (Kopf).

Mode: Von frz. mode und lat. modus (Art und Weise).

Profil: Von frz. profil.

Produktpalette: Das Wort „Palette" ist entlehnt aus frz. palette, ursprünglich eine „kleine Schaufel".

Parfüm: Von frz. parfum und frz. parfumer (mit Duft erfüllen) und ursprünglich lat. fumus (Rauch).

Ernest Beaux (1881–1961): In Moskau geboren. Sein Vater, ein Chefparfümeur, war Franzose, seine Mutter eine Russin. Nach der Oktoberrevolution ging er nach Grasse und arbeitete für die renommierte Firma „Parfums Rallet". Alphonse Rallet war der ehemalige Hofparfümeur des Zaren.

Permanent: Von frz. permanent.

Flakon: Von frz. flacon und altfrz. flascon.

Pariser

In der historischen Landschaft *Gascogne* im Südwesten Frankreichs liegt an der Baïse, einem Nebenfluss der Garonne, das malerische Städtchen Condom. Zu den Sehenswürdigkeiten Condoms zählen die spätgotische Kathedrale Saint-Pierre, Patrizierhäuser aus dem 17. und 18. Jahrhundert, ein Armagnac-Museum − der *Armagnac* wird oft als der kleine Bruder des berühmten *Cognac* bezeichnet − und, last but not least, das originelle Musée du Préservatif. Dieses widmet sich der Geschichte des *Kondom*s. Dort trifft man auf Pariser. Es sind sowohl Pariser aus Fleisch und Blut, die während ihres Urlaubs eine informative Pause in Condom einlegen, als auch die berühmten Verhütungsmittel in allen denkbaren Variationen. In Condom beansprucht man die Herkunft des Wortes „Kondom" für sich. Die Metzger der Stadt hätten die ersten Condome/Kondome aus Schafsdärmen hergestellt. Auch die Engländer wollen die Urheber („Hüter") des Wortes sein. Oberst Dr. Condom, der Hofarzt des englischen Königs Charles II., soll angeblich Hammeldärme zur Empfängnis- und Infektionsverhütung empfohlen haben. Diese Interpretation missfällt selbstverständlich den Condomois, und dies um so mehr, weil damals der rabiate Erzfeind jahrelang über die Region geherrscht hat, ohne glücklicherweise seine *fade* Küche durchgesetzt zu haben. Oder war es doch ein Pariser, der das Kondom erfunden hat? Das auch nicht. Die Bezeichnung „Pariser" ist lediglich die umgangsprachliche Verballhornung der Kurzform Präser von Präservativ.

„Kondom" ist eben ein elastisches Wort. Alle Interpretationen stimmen also nicht. Kondome kannten schon die alten Griechen. 1.200 v. Chr. soll Minos, König von Kreta, Kondome aus Ziegenblasen benutzt haben. 1839 machte Charles Goodyear eine bahnbrechende Erfindung: Die Vulkanisierung von Kautschuk. Diese ermöglichte wasserfesten und stabilen Gummi herzustellen. Zu diesem Zeitpunkt nannte man das Kondom „Glühwürmchen". Es leuchtet ein, gerade nachts. In Deutschland sind Kondome eine wirkungsvolle, präventive Maßnahme gegen die Syphilis, die von den Deutschen „*Franzosenkrankheit*", von den Franzosen jedoch „le mal allemand" („das deutsche Übel" bzw. „die deutsche Krankheit"), genannt wurde. Bekanntlich sind immer die anderen schuld!
Leider und ganz banal: Nach Ansicht der meisten Sprachwissenschaftler, stammt der Begriff aus der Zusammensetzung von con (mit) und lat. doma/duma (Dom, Kuppel, Haus).

Gascogne: Die Gascogne umfasst mehrere Départements. Erst 1451 konnten die Engländer endgültig aus der Gascogne vertrieben werden. In der historischen Landschaft findet sich der Geburtsort (Schloss Castelmore bei Lupiac im Département Gers, wo auch Condom liegt) der literarischen Figur D'Artagnan des Romanciers Alexandre Dumas. D'Artagnan machte unter Ludwig XIV. eine brillante Karriere bei den französischen Musketieren der Garde. 1673 fiel er im Französisch-Niederländischen Krieg bei Maastricht.

Armagnac: Der Armagnac wird oft als der kleine Bruder des berühmteren Cognac bezeichnet. Der Name Armagnac leitet sich ab von lat. aqua ardens, was so viel wie „brennendes Wasser" bedeutet. Er ist die älteste bekannte französische Spirituose. Bereits 1461 wurde das Brennen von Armagnac urkundlich erwähnt. Die Urkunde befindet sich im Musée de l'Armagnac in Condom. Im Unterschied zu Cognac wird Armagnac in einem kontinuierlichen Brennverfahren nur einmal destilliert. Anschließend erfolgt für 3 bis 20 Jahre die Lagerung in Eichenholzfässern. Der Mindestalkoholgehalt beträgt 40 Vol.%. Zu den kulinarischen Spezialitäten im Département Gers gehören auch wilde Pilze und die berühmte foie gras (frz. für „fette Leber") oder Stopfleber. Aus der Stopfleber wird auch die Gänseleberpastete (pâté de foie gras) hergestellt. Die Mastform (bei der Schlachtung wiegt eine Leber bis zu zwei Kilogramm) wird in Deutschland und in vielen europäischen Ländern als Tierquälerei angesehen und durch das Tierschutzgesetz verboten.

Cognac: Die kleine Stadt Cognac (20.000 Einwohner), obwohl der Geburtsort des Königs Franz I., ist längst nicht so bekannt wie der feinste Weinbrand der Welt. Cognac liegt im Département Charente, am gleichnamigen Fluss. Am Ufer der Charente drängen sich die langgestreckten Lagerhäuser. Die ganze Stadt lebt und atmet im Dunst der edlen Spirituose. Wie ein schweres Parfüm klebt der Weinbrand-Dunst („Wolke der Engel") über der Stadt. Bei dem Reifeprozess des in Eichenfässern gelagerten Getränks zieht ein Geruch und feiner unsichtbarer Dunst durch die Straßen, ein Pilzbefall setzt sich auf den Häuserfassaden ab und bewirkt schwarze Verfärbungen – Cognac ist ein Weinbrand aus Weißweinen, in sechs crus eingeteilt. Die allerbeste Qualität heißt „Grande Champagne". Die Bezeichnung V.S.O.P bedeutet „Very Superior Old Pale (Class)". Dafür ist eine vierjährige Lagerung erforderlich. Die beste Qualität erreicht der Cognac nach sechs Jahren Reife (Bezeichnung Napoléon, Extra, Extra Old oder Vieille Réserve).

Kondom: In Frankreich wird das Verhütungsmittel auch als „capote anglaise" („englische Kapuze") bezeichnet, was auf deutsch „Pariser" bedeutet. Merkwürdig aber wahr.

Fade: Von frz. fade und ursprünglich lat. fatuus (albern, abgeschmackt).

Franzosenkrankheit: Diese Geschlechtskrankheit war die erste Seuche der Neuzeit. Kolumbus und seine Seeleute sollen sie von der Karibik nach Europa eingeschleppt haben. Durch französische Söldner breitete sich die Syphilis in ganz Europa aus. In Deutschland erkranken immer noch jedes Jahr 4.000 Menschen neu an dem Leiden.

Pas de deux

„J'ai toujours préféré dire la vérité aux enfants."
„Ich habe es immer vorgezogen, den Kindern die Wahrheit zu sagen."

Claude Bessy, ehemalige Direktorin der École de Danse de l'Opéra National de Paris

Welches kleine Mädchen träumt nicht davon, eine Primaballerina zu werden?
Auch die hochbegabte achtjährige *graziöse* Mélanie will diesen Traum verwirklichen.
Der klassische Tanz ist ihre Leidenschaft, sie greift nach den Sternen und will
danseuse étoile (Primaballerina) werden. 399 andere ehrgeizige Kandidatinnen
wollen es auch. Die erste Hürde, die Aufnahmeprüfung der École de Danse de
l'Opéra national de Paris, in Nanterre, hat sie zusammen mit 19 anderen Mädchen
bravourös genommen.

Schnell wird der Traum zum Alptraum, denn es folgt eine gnadenlose Ausbildung.
Diese dauert fünf Jahre, und jedes Jahr muss eine schwere Prüfung erfolgreich
bestanden werden. Mélanie muss nicht nur *ailes de pigeon*, *entrechats*, *Arabesken*,
grand jeté und *piqué* perfekt beherrschen, sondern auch Verletzungen vermeiden
und *Rivalinnen* übertreffen. Im letzten Ausbildungsjahr sind nur noch fünf *„petits
rats"* dabei. Ob Mélanie ihr ehrgeiziges Ziel, danseuse étoile zu werden, erreichen
wird, steht in den Sternen. Immerhin gehört die *Debütantin* jetzt zu einem der
besten *Ballettensembles* der Welt. Es gilt nunmehr mit harter Arbeit, schnell die
hindernisreiche *Karriere*leiter zu erklimmen. Mélanie ist erst 13. Mit 42 Jahren wird
sie aus Altersgründen ausscheiden müssen.

Pas de deux: Von frz. pas de deux (Schritte zu zweit). Es bezeichnet ein Duett und ist in der Regel der
Höhepunkt eines Ballets.

Graziös: Von frz. gracieux (anmutig).

Danseuse étoile: Primaballerina ist der Titel der führenden Tänzerin eines Ballettensembles.

Die Opéra National de Paris: Besteht aus zwei Opernhäusern: Die Opéra Garnier und die Opéra Bastille,
Place de la Bastille. Die wunderschöne Opéra Garnier mit dem Deckengemälde von Marc Chagall ist fast 300
Jahre alt. Dort finden hauptsächlich Ballettaufführungen und klassische Opern statt. Auf Anregung des
damaligen französischen Präsidenten François Mitterrand wurde im März 1982 der Bau eines neuen
Opernhauses beschlossen, um die historische Opéra Garnier zu entlasten. Zu seiner Zeit wurde die Opéra
Bastille das modernste Opernhaus der Welt. Die symbolträchtige Einweihung fand am 13. Juli 1989, also
unmittelbar vor dem französischen Nationalfeiertag (14. Juli), statt. Ziel der sozialistischen Regierung war es
auch, die klassische Musik zu demokratisieren.

Bravourös: Von frz. bravoureux (tapfer, beherzt).

Französisch als Sprache des Balletts: Französisch ist in Deutschland und auch international die Fachsprache des Balletts. Dies resultiert aus der Zeit Ludwigs XIV., in der sich das klassische Ballett entwickelte und in der die französische Sprache in vielen Ländern die Sprache der vornehmen Gesellschaft war. Alle Schritte und Figuren im klassischen Ballett wurden erstmals in Frankreich benannt und in ein System gebracht. Bis ins späte 17. Jahrhundert traten im Ballett nur Männer auf, Frauenrollen wurden mit Masken dargestellt. Sehenswert ist der Film Le Roi danse (der König tanzt) vom belgischen Regisseur Gerard Corbiau (2000), auch als DVD erhältlich.

Ailes de pigeon: Dt. Taubenflügel. Eine Ballettfigur, bei der man mit dem Fuß abspringt sowie das gleichzeitig in die Luft geworfene andere Bein an die Beine schlägt. Anschließend erfolgt die Landung auf dem Spielbein während das andere Bein in die Luft gestreckt wird.

Entrechats: Dt. Kreuzsprung. Sprung aus der fünften Fußposition mit ein- bis mehrmaligem Kreuzen der Füße in der Luft.

Arabesken: Von frz. arabesques.

Grand jeté: Von frz. jeté (geworfen). Großer Sprung von einem Bein auf das andere.

Piqué: Frz. „gestochen", die Fußspitze des gestreckten Spielbeins „sticht" in den Boden und übernimmt die Körperlast (wird zum Standbein).

Rivalinnen: Von frz. rivales (Konkurrentinnen), frz. rive (Ufer) und lat. rivus (Bach). Im alten Rom waren die „Bachnachbarn" an der Nutzung eines Wasserlaufs mitberechtigt und betrachteten sich als „Konkurrenten".

Petit rat: „Ballettratte" in Frankreich. Kurioserweise ist die „Petit Rat de l'Opéra" in der deutschen Sprache eine schöne Strauchrose.

Debütantin: Von frz. débutante (Anfängerin).

Ballettensemble: Von frz. ensemble (zusammen).

Karriere: Von frz. carrière (auch „Rennbahn") und ital. carriera (Fahrstraße).

Pétanque

Im Spätsommer entfaltet die Provence ihre ganze Schönheit.

Die Luft ist mild, die Touristenscharen sind verschwunden, in den uralten Platanen begrüßen die Spatzen lautstark die Boulespieler zum täglichen Ritual. Die partie de pétanque kann beginnen. Hochkonzentriert sind sie alle, die *pointeurs* mit geschlossenen Füßen und die präzisen *tireurs*. Welche stählerne Kugel kommt denn der zierlichen Zielkugel, dem *cochonnet*, am nächsten? Bei jeder schwierigen Entscheidung wird wort- und gestenreich gestritten, ausführlich und genau gemessen. Gewinner und Verlierer versöhnen sich immer beim *pastis* „chez Marius" oder „chez Fanny".

Juni 1910 in La Ciotat, einer kleinen Hafenstadt, östlich von Marseille. Es ist nicht schön in der Provence, wenn man beim *Boulespiel* nicht mehr dabei sein kann. Vom Rheuma geplagt, kann Jules Le Noir am jeu provençal (provenzalisches Spiel) nicht mehr teilnehmen. Die drei Schritte Anlauf sind eine Quälerei, die Entfernung zur Zielkugel, bis 21 Meter, viel zu groß. Sein Freund, Ernest Pitiot, will ihm helfen und erfindet daraufhin ein Spiel auf kürzere Entfernung und ohne Anlauf. Er zieht einen Kreis auf den Boden. Auf diesem wird im Stand mit geschlossenen Füßen gespielt. Die Bezeichnung für „geschlossene Füße" ist auf provenzalisch ped tanco, auf französisch pieds tanqués. Und so entstand die Pétanque, diese weltweit beliebte Freizeitbeschäftigung und Sportart.
Franzosen, sowohl in Nord- als auch in Südfrankreich, aber auch Algerier und Italiener, beherrschen diese meisterlich. Die infizierten Deutschen spielen mittlerweile auch ganz ordentlich. Es gibt sogar eine Deutsche Pétanque-Bundesliga, Deutsche Meisterschaften, und in Hohenrode bei Rinteln wurde 2006 das erste Deutsche Kugelmuseum, das Boulemuseum eröffnet (www.boulemuseum.mx35.de).

Pointeurs: Dt. Leger.
Tireurs: Dt. Schießer.
Cochonnet: Dt. Schweinchen. Früher wurde die kleine Zielkugel aus Schweineknochen gemacht.
Pastis: Aus dem Provenzalischen pastis für „Mischung", ist eine Spirituose aus Anis. Pastis wird traditionell mit (Eis-)Wasser getrunken. Bekannte Handelsmarken sind Pernod und Ricard.
Boulespiel: Boule (frz. für Kugel) ist ein uraltes Spiel. Bereits 460 vor Christus empfahl der griechische Arzt Hippocrates das Spiel mit Steinkugeln. In Frankreich wurde das beliebte Spiel mehrmals verboten. 1629 gab es ein Verbot durch das französische Parlament, um das Federballspiel zu fördern.

Picknick

Im Pariser *Orsay-Museum* kann der *amüsierte* Besucher eine bildhübsche Frau betrachten, die ihn ebenfalls provokant anschaut. Hüllenlos und selbstbewusst sitzt sie lässig auf einer Waldwiese neben zwei *elegant* gekleideten Herren. In einem Picknickkorb liegen Obst und Brot. 1863 löste das lustvolle und unkonventionelle Gemälde von Édouard Manet, „Das Frühstück im Grünen", einen Skandal aus. „Freizügig! Unmoralisch! Ungeheuerlich!", protestierte man laut... und gar nicht so unappetitlich, dachte mancher, denn viele Menschen dieser *prüden* Zeit waren in Sachen Doppelmoral sehr versiert.

Das Wort „Picknick" klingt eindeutig englisch, ist jedoch definitiv französischen Ursprungs. 1692 taucht es in Frankreich und erst viel später in England auf. Sorry! Im 17. Jahrhundert, in Adelskreisen, fand das Sommervergnügen im Garten und im Haus selbst statt. Jeder Gast brachte seine eigenen Speisen mit. Während der Französischen Revolution wurde die Mahlzeit im Freien *populär*. Jeder Bürger durfte nun königliche Gärten und Parkanlagen frei betreten und dort mit seiner Familie picknicken. Der König war tot, es lebte das Picknick.

„Picknick" setzt sich zusammen aus „piquer" für „aufpicken" und „nique", einem alten französischen Wort aus dem 13. Jahrhundert für „Kleinigkeit". Der Begriff erfreut sich internationaler Beliebtheit. In fast jeder europäischen Sprache wird er sofort verstanden. Sogar japanische Gäste kann man ohne *profunde* Kenntnisse ihrer Sprache, mit einer Einladung zu einem „pikunikku" am Rheinufer, zutiefst beeindrucken.

Picknick: Von frz. pique-nique. Auf Englisch, Spanisch und Italienisch = picnic, Polnisch = piknik, Portugiesisch = piquenique.

Orsay-Museum: Das sehenswerte Musée d'Orsay (www. musee-orsay.fr/de/empfang.html) ist ein Kunstmuseum in Paris, das am südlichen Ufer der Seine gegenüber des Tuileriengartens liegt. Der 1900 anlässlich der Weltausstellung in Paris errichtete Bahnhof Gare d'Orsay wurde in ein Museum umgewandelt. Auf 16.000 Quadratmetern werden mehr als 4.000 Exponate gezeigt. Die französischen Impressionisten, Manet, Monet, Renoir etc. sind dort stark vertreten. In der Malerei ist Le Déjeuner sur l'Herbe („Das Frühstück im Grünen") ein beliebtes Motiv (Monet, Picasso, Botero, Wunderlich etc.). Einer Überlieferung nach soll die Einnahme der Festung Orsoy (Stadtteil von Rheinberg) am Niederrhein dem Pariser Quai d'Orsay zu seinem Namen verholfen haben. Richtig aber ist, dass die Uferstraße den Namen von Charles Boucher d'Orsay trägt. Dieser war von 1700 bis 1708 Berater am Gerichtshof und Stadtvogt.

Amüsiert: Von frz. s'amuser (sich amüsieren), frz. muser (trödeln) und frz. museau (Schnauze). Wer sich amüsiert, steht also mit offenem Mund da!

Elegant: Von frz. élégant und lat. elegans (auswählend).

Prüde: Von frz. prude (prüde). Ursprünglich hat das Wort die Bedeutung von ehrenhaft. Eine „prude femme" war eine ehrenhafte Frau.

Populär: Von frz. populaire und lat. populus (Volk).

Profund: Von frz. profond (tief).

Pionier

Der Traum ihres Sohnes Louis ist für Madame Blériot ein Alptraum. Sie hält ihn für völlig verrückt. Gegenüber Freunden klagt sie: „Er will in einem Drachen über den Ärmelkanal fliegen". Ein waghalsiges Unterfangen des 35-Jährigen ehrgeizigen *Ingenieur*s und Konstrukteurs, ein *Vabanquespiel*. Dafür hat er sein gesamtes Vermögen ausgegeben.

Am 25. Juli 1909 ist es soweit. In der Nähe von *Calais*, nur begleitet von einigen Freunden, besteigt Louis Blériot sein selbstgebautes Flugzeug, eine überwiegend mit Textilien bespannte Maschine. Diese ist nur 260 Kilo schwer, ihre Reisegeschwindigkeit beträgt maximal 75 Kilometer pro Stunde, sie kann bis 170 Kilometer fliegen. Kurz vor fünf Uhr hebt der Wundervogel ab. Nur 38 Minuten später setzt der Franzose auf einem Feld bei Dover auf. Kurz vorher war beim Landeanflug der Motor ausgefallen, beim Aufsetzen ging das Fahrwerk zu Bruch. Unwichtig! Blériot gewinnt den von der Daily Mail ausgeschriebenen Preis von 1.000 Pfund. Tags darauf titelt das Blatt mit der Schlagzeile „England ist keine Insel mehr". Die Pioniertat ist eine *Weltsensation*, Blériot ein gemachter Mann. 800 Maschinen des Erfolg-Typs wird er verkaufen. Aber es ging ihm nicht nur ums Geld.

Am 25. Juli 2009 ist es soweit. Blériots Landsmann, Edmond Salis, wiederholt den *abenteuer*lichen Flug in einem originalgetreuen Nachbau des historischen Flugzeuges. Am Blériot-Plage verfolgen rund 500 Schaulustige und eine *Meute* von *Journalist*en das riskante Ereignis. Wie damals Blériot, trägt Salis einen Lederhelm und eine Pilotenbrille. Die Schwimmweste darf nicht fehlen. Für den mutigen Nostalgiker Edmond Salis verläuft der kurze Flug unproblematisch. An jenem Wochenende wird in Calais und Dover der einhundertste Jahrestag ausgiebig gefeiert.

Edmond Salis brach keinen *Rekord*. Sein illustrer Landsmann war bei seinem tollkühnen Erstflug sieben Minuten schneller. Das soll dem Luftfahrtpionier erst einmal einer nachmachen!

Ehre, wem Ehre gebührt.

Pionier: Von frz. pionnier und altfrz. péon (Fußsoldat).

Ingenieur: Siehe die Wortgeschichte „Ingenieur".

Vabanquespiel: Das Wort stammt aus dem Französischen (va = geht, banque = Bank) und bedeutet ursprünglich „um die gesamte Bank spielen". Also beim Glückspiel risquer le tout pour le tout (alles riskieren).

Calais: Die Stadt in Nordfrankreich (ca. 76.000 Einwohner) besitzt den größten Passagierhafen der Welt. Calais ist u.a. für seine Spitze bekannt. Noch immer sind 2.000 Angestellte an 350 Webstühlen beschäftigt. Beeindruckend ist das neueste Museum von Calais, die Cité internationale de la Dentelle et de la Mode (www.cite-dentelle.fr) in einer ehemaligen Spitzenfabrik aus dem 19. Jh. Blériots berühmter Flug über den Ärmelkanal wurde sogar als Spitze verewigt. In Calais gibt es auch eine ergreifende Skulptur von Rodin („Die Bürger von Calais") und den Eurotunnel. Die eingleisig befahrbaren Röhren haben eine Gesamtlänge von 50 km, davon 38 km unter dem Ärmelkanal (la Manche). Calais pflegt eine rege Partnerschaft mit Duisburg.

Weltsensation: Von frz. sensation und frz. sentir (fühlen).

Abenteuer: Von frz. aventure.

Meute: Von frz. meute (Koppel für Jagdhunde) und altfrz. muete (Aufruhr). Anzumerken ist, dass das Wort „Parforce" (Parforce-Jagd = Hetzjagd) ebenfalls aus dem Französischen entlehnt ist, aus par force (mit Gewalt).

Journalist: Von frz. journal (Tageszeitung) und frz. jour (Tag).

Rekord: Ursprünglich von altfrz. recorder (erinnern).

Plumeau

Auf dieses Wochenende in Paris hatten Sie sich immer gefreut. Das Hotelzimmer ist durchaus akzeptabel, aber nach der ersten Nacht in gewöhnungsbedürftigen „Zwangslaken" sehnen Sie sich nach einem *kuscheligen* Oberbett und wagen einen sprachlichen Befreiungsschlag an der Rezeption.

Ihnen fällt ein Wort ein, das jeder Franzose problemlos verstehen wird.
Ihre Anfrage nach einem Plumeau stößt zwar auf Ratlosigkeit, aber man kennt sie gut, diese deutschen Touristen. Unter ihnen tummeln sich Sauberkeitsfanatiker. Als Kunde sind Sie König und die Rezeptionistin überreicht Ihnen Ihr Zepter: einen Staubwedel! Im Französischen ist ein Plumeau ein Reinigungsgegenstand, ein Federwisch und zugleich ein *„falscher Freund"*, denn Plumeau wird auf französisch mit „couette" übersetzt.

Plumeau, auf deutsch Plümo, ist der alte Begriff für eine meistens mit Federn oder Daunen gefüllte Überdecke, die nur die halbe Länge eines normalen Oberbetts hatte. Am Fußende hatte man zum Zudecken der Beine und der Füße noch eine andere Decke. Im Rheinland und in Wien versteht man das Wort, ohne es zu benutzen. Ursprünglich kommt der Begriff aus dem Französischen „plume" (Feder) und bezeichnete einen Federbusch, also einen Schmuck der Kopfbedeckung des Soldaten sowie militärisch uniformierter Korporationen und Einrichtungen. Der Federbusch bestand aus Federn von Straußen, Reihern, Hähnen von anderen Vögeln. Er wurde noch im 19. Jahrhundert von ganzen Truppenteilen getragen, erst Ende des 19. Jahrhunderts entweder abgeschafft oder durch den Haarbusch ersetzt. Heutzutage wird diese Tradition in Schützenvereinen aufrecht erhalten, die im Gefolge der napoleonischen Kriege entstanden. Demzufolge stand das federleichte Plumeau zunächst auf dem Soldatenhelm, um dann in einer abgewandelten Form auf dem Bett zu landen.

Klingt das Wort „Plumeau" nicht schöner als „Oberbett"? Allein aus diesem Grund, bitte unbedingt in Ihrer Wortschatzkiste aufbewahren.

Kuschelig: Kuscheln ist eine Verkleinerungsform von kuschen. Ursprungswort ist kusch von frz. couche (Lager).
Falscher Freund: Frz. faux-ami. Worte, die in beiden Sprachen existieren und sich so sehr ähneln, dass man annehmen möchte, sie hätten dieselbe Bedeutung. Dies ist aber nicht der Fall, z.B. dt. penibel = frz. méticuleux, dagegen frz. pénible = dt. mühselig, dt. Politesse = frz. Höflichkeit. Eine Politesse heißt in Frankreich „une contractuelle" oder „une pervenche" wegen der hellblauen Farbe der Uniform.

Polonaise / Polonäse

Ein König, zwei Kronen.

Als der polnische König Sigismund II. 1572 starb, ohne einen Nachfolger designiert zu haben, wurde die Frage der polnischen Thronfolge zu einem europäischen Interesse. In Polen galt das Prinzip der freien Königswahl. Katharina von Medicis Bemühungen bewirkten die Wahl ihres Sohnes Henri von Valois zum polnischen König. Pfingsten 1573 in Kamion bei Warschau fiel die Entscheidung. Der junge Franzose konnte sich gegen Erzherzog Ernst, den Sohn Kaiser Maximilians II., durchsetzen. Fortan hieß er Henryk Walezy I.

Der feinsinnige Blaublütige war nur widerwillig nach Polen gegangen. Seine Herrschaft dort sollte jedoch von kurzer Dauer sein. Nach dem Tode seines Bruders Karl IX. verließ er heimlich seine Hauptstadt Krakau und eilte nach Paris, um die französische Krone zu beanspruchen. 1575 bestieg Henri von Valois, nunmehr als *Henri III.*, den französischen Thron. Er wurde in der *Kathedrale von Reims* gekrönt.

Im Reisegepäck hatte der *kultivier*te Heinrich III. die „Polonez", einen ruhigen, eleganten Schreittanz im 3/4-Takt des polnischen Adels, mitgebracht. Am französischen Hof erlernte man schnell den fremden Tanz auf polnische Art, „à la polonaise". Der Tanz verbreitete sich zunächst durch Frankreich und dann durch ganz Europa. Das Wort „Polonaise" wanderte natürlich auch nach Deutschland. Heute noch wird der historische Tanz bei der feierlichen Eröffnung von *Bällen* paarweise getanzt.

Darüber hinaus sind die Polonaisen berühmte *Klavierwerke* Frédéric Chopins. Der polnische Komponist hatte in Frankreich gelebt und eine langjährige Beziehung zu der Schriftstellerin *George Sand* unterhalten. Das wissen kulturinteressierte deutsche Touristen, die während ihres Urlaubs auf Mallorca das Kloster des schönen Bergdorfes Valldemossa besichtigen. Ebenfalls auf Mallorca, am Strand von Palma, kann man die *simpelste* und bekannteste Form der „Polonäse" erleben. Bei dem feuchtfröhlichen „Kettentanz" wird eine lange menschliche Schlange gebildet. Ausgelassenheit pur.

Die geselligen Deutschen stellen gerne sympathische *Rekord*e auf. Auf dem Gelände der Landesgartenschau in Oschatz bildeten im August 2006 um den Rosensee 1380 Menschen die längste singende und tanzende Polonäse der Welt. Sie war reif für das Guinness-Buch der Rekorde.

Wenn Heinrich III., der Urheber des Wortes, eine solche Polonäse erlebt hätte, wäre er aus dem Staunen nicht mehr herausgekommen.

Henri III. (1551–1589) war ab 1575 bis zu seiner Ermordung 1589 durch den Dominikanermönch Jacques Clément König von Frankreich und letzter König aus dem Haus Valois. Der homosexuell veranlagte Herrscher war gebildet, redegeübt und förderte die Künste. Skrupellos war er ebenfalls. Im Dezember 1588 bei der Versammlung der Generalstände in Blois, ließ er den Herzog von Guise und dessen Bruder, den Kardinal von Lothringen, durch seine Garde ermorden. Henri III. legte ein auffälliges Benehmen an den Tag und umgab sich mit einer Gruppe schöner, effeminierter Männer, die man „Mignons" (zu deutsch etwa „die Süßen", „Liebchen") nannte. Diese Favoriten, z.B. der Herzog von Joyeuse und der Herzog von Épernon, schminkten und puderten sich, trugen Ohrringe und Spitzen als Flitter, waren aber gleichzeitig berüchtigte Schürzenjäger, provokant und gewalttätig. Sie duellierten auf Leben und Tod. Die „Süßen" waren schrecklich!

Die Kathedrale von Reims: 1211 wurde der Grundstein gelegt. Wegen ihres einheitlichen Stils und umfangreichen Skulpturenschmucks (u.a. der berühmte „Lächelnde Engel" am linken Portal) zählt die cathédrale Notre-Dame zu den bedeutendsten gotischen Kathedralen der Christenheit. Für Frankreich wurde sie darüber hinaus mit der Krönung Karl VII. zum Symbol staatlicher Einheit. Im Ersten Weltkrieg wurde die Kathedrale stark beschädigt.

Kultiviert: Von frz. cultivé (gebildet).

Bällen: Von frz. bal und altfrz. baller (tanzen).

Klavierwerke: Das Wort Klavier ist entlehnt aus frz. clavier (Tastenbrett).

George Sand (1804–1876): George Sand war ihr nom de plume (Pseudonym). Die emanzipierte Schriftstellerin hieß eigentlich Amandine Aurora-Lucile Dupin de Francueil. Sie trug selbstgenähte Männerkostüme und war wohl die erste Frau, die Zigarren rauchte. Nach ihrer Scheidung hatte sie leidenschaftliche Affären mit dem Dichter Alfred de Musset und mit dem schwer lungenkranken Frédéric Chopin.

Simpelste: Von frz. simple (einfach).

Rekord: Von altfrz. recorder (erinnern).

Pommes frites

Besonders fetthaltig, kalorienreich, aber lecker, sind die *Pommes frites* (frz. frites). Als Erfinder gelten die Belgier. 1781 schrieb Joseph Gérard:

„Die Einwohner von *Namur*, *Huy* und *Dinant* haben die Gewohnheit, in der Maas zu fischen, diesen Fang dann zu frittieren, um ihren Speisezettel zu erweitern (vor allem arme Leute). Wenn die Gewässer zugefroren sind und das Angeln nur schwer möglich ist, schneiden die Einwohner Kartoffeln (frz. pommes de terre) in Fischform und frittieren diese dann. Diese Vorgehensweise ist mehr als hundert Jahre alt."

Energisch widersprechen die Franzosen. Geboren wurde „la frite" unter der ältesten Brücke (Pont-Neuf) in Paris und zwar in 1789 zu Beginn der Französischen Revolution. Aus diesem Grund werden Pommes frites auch pommes pont-neuf (Pont-Neuf-Kartoffeln) genannt. Wer hat Recht? Höchstwahrscheinlich die Wallonen. Vielleicht doch die Franzosen? Auf jeden Fall bleibt es eine französisch-sprachige Angelegenheit.

Im Rheinland lebende Ausländer versuchen verzweifelt den rätselhaften Satz „Ich hätte gerne eine Portion Pommes mit ohne alles" zu entschlüsseln. Eine sprach-liche Herausforderung!

Pommes frites: Von frz. pommes (de terre) frites (gebackene Kartoffeln). Pommes de terre = wörtlich „Erdäpfel". Die Belgier sind die unumstrittenen Weltmeister der Fritten (www.frites.be). Die „Fritkots", die belgischen Frittenbuden sind fester Bestandteil der belgischen Kultur. Die leckeren Fritten „singen" dort, sie sind außen knusprig, innen weich, werden von Hand geschnitten und in zwei verschiedenen Ölbädern gebacken. Alles über die Geschichte der pommes de terre erfahren Sie unter www.kartoffel-geschichte.de und in französischer Sprache unter http://jardihaie.fr/

Namur: Die wallonische Universitätsstadt (108.000 Einwohner) liegt malerisch an der Maas (frz. Meuse). Namur ist katholischer Bischofssitz, seine Einwohner sind französischsprachig. Sehenswert sind die Kathedrale Saint-Aubin, das Félicien Rops Museum (www.museerops.be) und die mächtige Zitadelle.

Huy: Liegt in der Provinz Lüttich, ebenfalls an der Maas. Zitadelle aus dem Jahre 1818. In Huy (20.400 Einwohner) ist die bedeutendste hochgotische Kirche Belgiens zu besichtigen.

Dinant: Das Städtchen (12.700 Einwohner) hat das schönste Panorama der Ardennen. Bei Dinant durchbricht die Maas in einem felsigen Tal die Ardennen. 120 Meter über dem Fluss thront die monumentale Zitadelle. Dinant ist die Wiege des Saxophons. Der berühmteste Sohn der Stadt, Adolphe Sax (1819–1894), ist der Erfinder des Musikinstruments. Bekannt ist Dinant auch für Kupfer- und Messinggegenstände (Dinanderien). Willkommen in der Wallonie! Praktische Informationen und kostenfreie Bestellung von Broschüren unter www.belgien-tourismus.de

Potpourri

Manche französische Wortherkunft in der deutschen Sprache kann einem durchaus spanisch vorkommen. Bei „*Potpourri*" ist dies tatsächlich der Fall.

Bekanntlich bezeichnet ein Potpourri entweder ein aus beliebten Melodien zusammengestelltes Musikstück oder eine mit duftenden Blüten und Blättern gefüllte Schale. Ursprünglich ist jedoch ein Potpourri ein typisches Gericht der kastilischen Küche, das heute noch in verschiedenen Varianten in ganz Spanien gegessen wird. Im 16. Jahrhundert war „*Olla podrida*" in Kastilien ein in allen Gesellschaftsschichten beliebter Eintopf, der im 19. Jahrhundert schließlich zu einer *Bouillon* auf der Basis von Fleisch und Gemüse verändert wurde. Die Hauptzutaten waren verschiedene Fleischsorten, auch Geflügel, Schinken, Speck, Kichererbsen, die mit Zwiebeln, Möhren, Knoblauch, Salz, Pfeffer, Lorbeerblatt, Gewürznelken in wenig Wasser stundenlang in einem fest verschlossenen Topf gekocht wurden. Zu dieser kunterbunten Mischung gehörte manchmal ein ganzer Schweinskopf. Lange Zeit wurde der spanische Eintopf auch am französischen Hof in Versailles geschätzt. Ludwig XIV. besaß mehrere vornehme Gefäße eigens für die Oille, die im Gegensatz zu anderen *Terrine*n nicht oval, sondern rund waren. Der *Pot* d'Oille bildete den ersten Gang eines *Menü*s. Allerdings waren in dieser feinen Gesellschaft die ordinären spanischen Zutaten wie Innereien, Schweinefleisch oder Kohl verpönt. Die Rezepte enthielten nun schmackhafte Rebhühner, Tauben, Wachteln, Spargel, etc. Die benutzten Kochtöpfe waren aus Silber. *Noblesse oblige!* Auch in sprachlicher Hinsicht konnte man in Versailles unmöglich die französische Übersetzung des spanischen Bauerngerichts „Olla podrida" übernehmen, denn „Olla podrida" bedeutet wörtlich „verfaulter Topf". Im Französischen wurde „verfaulter Topf" zunächst wörtlich übersetzt mit pot pourri. Weil pourri im Französischen „verfault" bzw. „verdorben" bedeutet, entschied man sich am Hofe verständlicherweise für die eleganteren Wörter Oille und Pot d'Oille. Als im Laufe der Zeit der aristokratische Glanz verblich, griff das gemeine Volk auf den Begriff pot pourri zurück. Im modernen Französisch kam ein Bindestrich dazu und es heißt nunmehr und definitiv pot-pourri.

Im 18. Jahrhundert war das spanische Gericht „Olla podrida" auch in Deutschland und in der Schweiz bekannt. Dennoch konnte sich der französische Begriff „Pot-pourri" ohne Bindestrich etablieren.

Nach einer langen und *bizarr*en Wortreise, von Madrid nach Versailles und anschließend Deutschland, vom *unappetitlich*en Schweinskopf in einem Eintopfgericht bis zum bunten Melodienstrauß.

Potpourri: Von frz. pot-pourri (speziell: „Eintopf", wörtlich „Topf mit Verfaultem"), frz. pot (Topf) und frz. pourri (verfault).

Olla podrida: Der Name des Gerichts bedeutet wörtlich „verfaulter Topf" (vom Spanischen pudrir, „verfaulen, verwesen"), stammt aber in Wirklichkeit von dem mittelatlerlichen spanischen Ausdruck olla poderida („mächtiger Topf"). Im Laufe der Zeit ist das „e" verschluckt worden, wodurch es zum Bedeutungswechsel kam.

Bouillon: Von frz. bouillon (Brühe) und frz. bouillir (sieden), für „klare Brühe". Im Lateinischen bedeutet bullire „Blasen werfen". In Berlinerisch ist ein „Bouillon-Kopf" ein Wirrkopf.

Pot: Dt. Topf. Das Wort erscheint im 12. Jahrhundert am Niederrhein und entspricht frz. pot. Um 600 ist spätlat. potus (Trinkgefäß) am merowingischen Königshof bezeugt. „On prend un pot?" wird im Deutschen mit „Gehen wir einen trinken"? übersetzt.

Terrine: Von frz. terrine und altfrz. terrin (aus Erde). Suppenschüssel, die im 18. Jahrhundert dem Tafelgeschirr hinzugefügt wurde, später meistens aus Porzellan gefertigt. Davon abgeleitet ist eine Terrine auch ein Gericht, eine Variante der Pastete, das kalt serviert wird.

Menü: Von frz. menu (klein). Die Speisefolge bestand aus "Kleinigkeiten". Der Eintopf stellte den Ursprung der dreigängigen Speisefolge dar. Man begann die Brühe abzuschöpfen und als Suppe zu servieren, Fleisch und Gemüse verzehrte man getrennt davon.

Noblesse oblige!: Die Redewendung stammt aus dem Französischen und wird mit „Adel verpflichtet!" übersetzt.

Bizarr: Von frz. bizarre und ital. bizarro, ursprünglich „zornig, launenhaft".

Unappetitlich: Appetit ist entlehnt aus frz. appétit (Eßlust).

Poussieren

„L'homme n'est ni ange ni bête et le malheur veut que qui veut faire l'ange fait la bête".

„Der Mensch ist weder Engel noch Tier, und das Unglück will es, dass wer einen Engel aus ihm machen will, ein Tier aus ihm macht".

Blaise Pascal

Es war im Wonnemonat Mai in Fulda. Entlang der Pauluspromenade blühten die Kastanienbäume.

Die charmante, geschichtsträchtige Barockstadt, Hochburg des Katholizismus in Hessen, ist voller Überraschungen. Auch in sprachlicher Hinsicht. Selbstverständlich stand die Besichtigung des prächtigen Doms auf unserem Programm. In der Kuppel, kreidebleich und *grimassierend*, liegt der besiegte Teufel zu Füßen des Erzengels Michael. Nach verlorenem Machtkampf wird der selbstverliebte Luzifer, der Lichtträger und schönste aller Engel, in die Hölle gestoßen. Eine einzigartige, beeindruckende Darstellung des italienischen Stukkateurs Gian Battista Artaria.

Aus meiner Ergriffenheit holte mich der versierte Domführer heraus. Mit Hingabe erklärte er viele ungewöhnliche Details des wunderschönen Sakralbaus und stellte mir plötzlich eine (Fang)Frage: „Was ist der Schlüssel zum Himmel?". Da ich etwas ratlos diese Schlüsselfrage nicht beantworten konnte, öffnete er seine Hand, in der ein Kreuz lag, und fügte hinzu: „Der Schlüssel zum Himmel ist die Liebe. Wer glaubt und liebt, kann keine Angst vor dem Tod haben". Mit durchdringendem Blick prüfte mich der *Auraseher*. „Ich sehe Ihre Seele". Dieses Original hatte meine Seele gesehen und mich erreicht. Nackt, sprachlos, transparent trotz beachtlicher Körperfülle, stand ich ekstatisch da, *graziös*e, lächelnde barocke Putten flatterten durch den prunkvollen Chor, himmlische Musik erklang, von der Kuppel blickte Satan mit schmerzverzerrtem, grimmigen Gesicht verächtlich auf mich hinab. In der Nähe des Hochaltars, eine mahnende Sanduhr haltend, grinste mich das filigrane Skelett des Todes an. Ich musste höllisch aufpassen, hatte aber keine Angst. Als der Domführer meine euphorische Verwirrtheit bemerkte, sagte er sanft: „Ihre liebe Frau wartet auf Sie". Sichtlich verstört und vergeistigt, durchtränkt von Spiritualität, vielleicht geläutert, verließ ich den erlebnisreichen *Dom St. Salvator* und begab mich in die reizvolle Innenstadt. Unterwegs, in der Nonnengasse, brach ein düsteres Gedankengewitter über mich herein: Unsere unermessliche Eitelkeit und Vergänglichkeit, mordende Kreuzritter, folternde Inquisitoren, unschuldige „Hexen", immer wieder Kriege. Warum sind wir Menschen so dumm und grausam? Und so sinnierte ich über das Leben und den Tod, ließ meine eigenen Sünden *Revue passieren*, wahrlich keine einfache Operation, und die verpassten *Chancen*. Am Buttermarkt angelangt, in gebührendem Abstand zum Dom, entdeckte ich ein Straßenschild mit dem lustigen und lustvollen Namen „Poussiergässchen".

Urplötzlich erwachte der sinnliche gallische Hahn in mir. Er freute sich diebisch, denn der veraltete Begriff *„poussieren"* stammt aus meiner Muttersprache. „Pousser" bedeutet „vorantreiben" bzw. „stoßen". *Honni soit qui mal y pense!* Dennoch: Kann es sein, dass im frommen Fulda heftig geflirtet wird? Dass forsche Herren zu heimlichen Rendezvous ins Poussiergässchen eilen? Mit Damen, die ihnen schöne Augen machen und die *Avancen* nicht abgeneigt sind? Und warum auch nicht? Die Liebe ist wie die Religion, sie verbindet. Die Kraft der Liebe und der Nächstenliebe sollte niemand unterschätzen.

Es war im Wonnemonat Mai in Fulda. Entlang der Pauluspromenade blühten die Kastanienbäume. Die Sonne wollte uns nicht verlassen. Straßencafés und Restaurants waren voll junger lachender Leute, viele waren verliebt, einige werden bald in der ehrwürdigen Schlosskapelle heiraten, wo ich am Vortag über meinen Lieblingsdichter, den gottlosen, eitlen *Arthur Rimbaud*, sprach. Auch er, ein gefallener Engel.

Touristen, Junggebliebene, blickten ebenfalls zufrieden und ließen die Seele baumeln. Der Tafelspitz war köstlich, das erfrischende Bier goldgelb, der rubinrot funkelnde Wein stieg zu Kopf, die Rechnung fiel christlich aus.

In Fulda, der deutschen „Stadt der Liebenden", fühlte sich ein Romantiker und Genussmensch wie Gott in Frankreich.

Und seine Frau hatte mit ihm eine Engelsgeduld.

Grimassierend: Grimasse ist entlehnt aus frz. grimace. Die Herkunft ist nicht eindeutig geklärt. Entweder aus dem Althochdeutschen grimo bzw. aus dem Altisländischen grima, was „Maske" bedeutet.
Auraseher: Manche Menschen umgibt eine Aura, eine besondere Ausstrahlung. Das Wort stammt aus dem Griechischen und bedeutet soviel wie Windhauch oder Lufthauch.
Graziös: Von frz. gracieux.

Der Dom St. Salvator zu Fulda: Das Meisterwerk von Johann Dientzenhofer (1663-1726) stellt den Mittelpunkt des Fuldaer Barockviertels dar. 1712 wurde der Dom geweiht. Wer keine Möglichkeit hat nach Fulda zu fahren, kann einen virtuellen Rundgang durch den Dom machen unter www.mi360.de/bistum-fulda/tour.html

Revue passieren: Revue ist entlehnt aus frz. revue, von frz. revoir. Früher hatte das Wort eine militärische Bedeutung (Truppenschau, Parade). In „Revue passieren" bedeutet „an sich vorbeiziehen lassen".

Chancen: Von frz. chance und lat. cadere (fallen). So benannt nach einem Ausdruck des Würfelspiels, der den (guten) Fall der Würfel bezeichnet.

Poussieren: Von frz. pousser (stoßen). Die Bedeutung „den Hof machen" geht in der Studentensprache zurück auf „eine Affäre vorantreiben".

Honni solt qui mal y pense!: Die Devise des englischen Hosenbandordens ist aus dem Altfranzösischen entlehnt. Wörtlich übersetzt: „Verabscheut sei, wer schlecht darüber denkt". Das Verb „honnir" ist mit „verhöhnen" etymologisch verwandt. Die im Deutschen übliche Übersetzung lautet: „Ein Schelm, wer Böses dabei denkt." und ist eher eine positive oder zumindest doppeldeutige Konnotation. Als Urheber der Devise gilt der Gründer des Ordens, König Edward III. von England. Bei einem Ball soll er seiner Geliebten, der Countess of Salisbury, ihr verlorenes Strumpfband mit diesen Worten zurückgegeben haben, da diese es beim Tanz verloren und somit Gelächter unter den Anwesenden erregt hatte.

Avancen: Von frz. avancer (vorwärtskommen).

Arthur Rimbaud (1854–1891): Siehe dazu die Wortgeschichte „Enfant terrible". Rimbaud war ein sehr schöner Mann und wurde deshalb „der Engel von Charleville" genannt.

Praline

Jeder nach seiner *Fasson*: eine süße deutsch-französische Wortgeschichte.

Verführerische Köstlichkeiten wie „die kesse Gloria", „Barbara Küsse" und „Zarte Bussis" locken Naschkatzen in die Chocolaterien der alten freien Reichstadt *Regensburg*. Seit 1676 werden dort handgefertigte *Praline*n hergestellt. Zum „immerwährenden Reichstag" ab 1663 kamen jedes Jahr Gesandte von rund 70 auswärtigen Staaten nach Regensburg. Als Beobachter im Dienste der französischen Krone fungierte der Staatsminister und Botschafter Marshall *César de Choiseul du Plessis-Praslin*. Zu seiner Ehre erfand angeblich ein deutscher *Confiseur* ein genüßliches Mandelkonfekt. Der begeisterte Botschafter brachte dessen Rezeptur nach Frankreich. Kurz danach wurde das Konfekt nach seinem Namen benannt. Weil das „s" in Praslin nicht gesprochen wird, wurde „praline" daraus und ab 1680 „praliné". Dies ist die deutsche Version über die Herkunft des Wortes.

Es war jedoch ein französischer Koch namens Clément Lassagne, der viel früher die Praline kreierte. Lassagne war der „officier de bouche", also der Koch des Marshalls du Plessis-Praslin. 1649, während der Belagerung der aufständischen Stadt Bordeaux, backte er goldbraun geröstete Mandeln in einem Rest kochenden Zuckers. Den Repräsententen der Stadt Bordeaux wurden die Pralinen im nahe gelegenen Blaye aufgetischt. Als Rentner zog sich der verdiente Koch nach *Montargis* zurück. In seiner Geburtsstadt gründete er das „Maison de la praline". Dieses existiert heute noch und kann besichtigt werden. Die „Praslines Mazet" aus Montargis sind in Frankreich sehr beliebt. Die Pralinen aus *Blaye* ebenfalls.

Die Regensburger Version stellt zwar eine historische Fälschung dar, stimmt jedoch höchstwahrscheinlich in einem entscheidenden Punkt. Der französische Marshall musste in Ratisbonne, wie die Franzosen die schöne Stadt an der Donau nennen, gewesen sein. Es ist anzunehmen, dass er Pralinen für die Gastgeber und die anderen *Diplomat*en mitgebracht hatte. Er ist faktisch der Namensgeber der Praline.

Somit ist ein etymologischer Streit zwischen Montargis und Regensburg völlig überflüssig. Hauptsache, diese Wortgeschichte schmeckt Ihnen!

Fasson: „Jeder nach seiner Fasson": Berühmter Spruch von Friedrich II. und ein Plädoyer für religiöse Toleranz. Das Wort ist entlehnt aus frz. façon (Art).

Regensburg und „der immerwährende Reichstag" (frz. Diète): Gut 150 Jahre tagten die Vertretungen der Stände im Heiligen Römischen Reich in Regensburg (frz. Ratisbonne). Dort traf sich die internationale Hautevolee. Aufgrund der Kaufkraft der Diplomaten florierte die schöne Stadt an der Donau. Mit Napoleon begann der Niedergang. 1803 fand die letzte Tagung statt, 1806 wurde das Heilige Römische Reich aufgelöst. 1809 erstürmten die Truppen Napoleons die Stadt und zerstörten sie teilweise. Erwähnenswert ist 1686 die Eröffnung des ersten deutschen Kaffeehauses in Regensburg. Es sollen französische Kaufleute gewesen sein, die den Kaffee nach Ratisbonne brachten.

Praline: Wegen ihrer aufwändigen Herstellung gilt sie als Krönung der Chocolatierskunst. Als Praline bezeichnet man ein Konfekt mit mindestens 25% Schokolade, das mit einer Ganache, Nougat, Nüssen, Likör, Marzipan gefüllt ist. Kugelige Pralinen mit einer Ganache-Füllung werden Trüffel genannt. Als Hochburg der Pralinenkunst gilt Brüssel. Dort erfand Jean Neuhaus 1912 das erste Schokoladenbonbon der Welt. Über 12 Kilo Pralinen im Jahr nascht der Belgier. Berühmt sind u.a. die Leonidas Pralinen („Meeresfrüchte").
Interessante Informationen in französischer Sprache über kulinarische Spezialitäten in Frankreich finden Sie unter http://terroirs.denfrance.free.fr.

César de Choiseul du Plessis-Praslin (1598–1675): Graf, Staatsminister, Marshall und 1652 Botschafter des Königs Ludwig XIII.

Confiseur: Von gleichbed. frz. confiseur. Aus lat. con (mit) und lat. facere (machen).

Montargis: Kleine Stadt mit knapp 16.000 Einwohnern im Département Loiret, 120 km südlich von Paris. Historische Altstadt. Wegen der zahlreichen Kanäle und Brücken (131!) wird Montargis „la Venise du Gâtinais" („Venedig des Gâtinais") genannt. Rege Städtepartnerschaft mit Greven in Westfalen.

Blaye: Das Städtchen liegt am östlichen Ufer der Gironde. Die von Vauban entworfene Zitadelle aus dem 17. Jahrhundert ist UNESCO-Welterbe. Hochwertige Rotweine („Premières Côtes de Blaye") und seit 1649 die beliebten Pralinen. Blaye pflegt eine Städtepartnerschaft mit Zülpich in Nordrhein-Westfalen.

Diplomat: Von frz. diplomate und frz. diplomatique „die (internationalen) Urkunden/Zertifikate betreffend".

Promenade

„Die herrlichste Promenade des Kontinents".

Klaus Mann

Man schreibt das Jahr 1766. Im feucht-nebligen London verspricht der bleigraue, wolkenverhangene Himmel nichts Gutes. Bald wird es wieder regnen.

In betuchten Kreisen liest man neugierig die gerade erschienenen Reiseberichte von Tobias Smollett. Im Dezember 1763 weilte der schottische Arzt und Schriftsteller in Nizza. Er schwärmt von der herrlichen *Baie des Anges* (Engelsbucht) und empfiehlt das warme, gesunde Klima an der *Côte d'Azur*. Für die Gicht- und Bronchitisge- plagten sonnenhungrigen Lords eine einmalige Gelegenheit, dem deprimierenden englischen Winter zu entfliehen. 1820 zählt man bereits über einhundert englische Familien im italienischen *Nizza*. Ausgerechnet in jenem Jahr herrscht ein extrem strenger Winter im Landesinneren Frankreichs. Scharen von Bedürftigen fliehen nach Nizza und betteln am Meer. Unansehnlich und lästig! Ein Schandfleck! Der englische Reverend Lewis Way will den Armen helfen. Er sammelt eine beträchtliche Geld- summe bei den reichen Engländern und schlägt dem Stadtrat ein Beschäftigungs- programm vor. Statt zu betteln sollen die Gestrandeten einen zwei Meter breiten Weg entlang der Baie des Anges bauen. Der sinnvolle Vorschlag wird angenommen, das Projekt gefördert und alsbald entsteht der schmale „*Camin dei Anglès*". Im Laufe der Zeit wird die *Promenade* immer weiter ausgebaut.

1860 annektiert Frankreich Nizza. Nice wird zum *mondän*en Badeort. Grand Hotels wie das *Negresco*, ein wunderschöner Bau aus der Belle-Époque, säumen die Promenade. Lässige Reiche und Schöne in modischen Kleidern *promenieren* mit *Nonchalance* ihren *Bichons Frisés*. Eleganz und *Arroganz*, sehen und gesehen werden.

Auch wenn heute der Glanz etwas verblichen ist, bleibt die sechs Kilometer lange „Prom" eine der berühmtesten *Flaniermeile*n der Welt. Die Promenade des Anglais besteht aus zwei durch eine Palmen*allee* getrennten Wegen. Sie ist ein Paradies für Rollschuhfahrer und Skateboarder. Während im Hintergrund die Autos und Motor- räder um die Wette fahren, genießt man an einem lauen Sommerabend auf einem der zahlreichen „*chaises bleues*" (blauen Stühle) den unvergleichlichen Blick auf die Bucht: Man lebt wie Gott – pardon – wie ein reicher, vornehmer Engländer in Frankreich.

La Baie des Anges: Die Engelsbucht. Der Schriftsteller Max Gallo aus Nizza hat eine Romantrilogie „La Baie des Anges" geschrieben. Auch in deutscher Sprache erschienen. Er liefert die folgende Interpretation für den Namen der Bucht: Tagsüber haben Menschen dort Erscheinungen gehabt, die nach Engeln aussahen. Die Wahrheit hat auch einen poetischen Reiz: Es handelte sich um Delfine im Mondlicht.

Côte d'Azur: Dt. Azurblaue Küste. Der Name ist eine Schöpfung des Dichters Stephen Liégeard. 1887 veröffentlichte er ein Buch mit dem Titel „La Côte d'Azur". Das Mittelmeer an diesem Küstenabschnitt nennen die Franzosen „la grande Bleue".

Nizza: Nice ist eine Reise wert, vor allem in der *Vorsaison*, bevor die Horden der *„juilletistes"* und die *„aoûtiens"* einfallen. „Juillettistes" und „Aoûtiens" sind französische Urlauber im Juli bzw. August, d.h. in Monaten, die für einen geruhsamen Urlaub in Frankreich, insbesondere an den überfüllten Küsten, nicht unbedingt zu empfehlen sind.

Die Stadt (ca. 350.000 Einwohner) liegt in einer geschützten Lage, 30 km von der italienischen Grenze entfernt. Im Winter einer der wärmsten Orte an der Côte d'Azur. Der Strand von Nizza ist steinig. Gut erhaltene Altstadt, interessante Museen wie le Musée National Message Biblique Marc Chagall (www.musee-chagall.fr) in Cimiez. Berühmte Söhne der Stadt sind der Maler Yves Klein und der Literaturnobelpreisträger 2008, Jean-Marie Gustave Le Clézio.

Camin dei Anglès: Bedeutet auf Nissart (Regiolekt) „Der Weg der Engländer".

Promenade: Von frz. promenade (Spaziergang).

Mondän: Von frz. mondain (eigentlich weltlich).

Negresco: Das Fünf-Sterne-Hotel weist eine schöne Architektur auf und ist auch noch ein lebendes Museum (Originalgemäde von Dali und Werke von Niki de Saint Phalle).

Promenieren: Von frz. se promener und frz. promener (spazieren führen).

Nonchalance: Von frz. nonchalance (Unbekümmertheit).

Bichons Frisés: Schneeweiße kleine Hunde, die in Belgien und Frankreich gezüchtet werden.

Arroganz: Von frz. arrogance und lat. arrogare (beanspruchen).

Flaniermeile: „Flanieren" ist entlehnt aus frz. flâner und altskandinavisch flana (sich herumtreiben).

Allee: Von frz. aller (gehen). Eine Allee bezeichnete ursprünglich einen schattigen Gehweg in einem Garten.

Chaises bleues: Dt. blaue Stühle.

Lesenswert: Die Promenade, ein Roman von Véronique Olmi, Kunstmann Verlag.

Pumpernickel

„Welch ein armes Volk, das seine Erde essen muss"

Justus Lipsius, 16. Jahrhundert

Als ich vor einigen Jahren die Wiesenkirche in Soest betrat, staunte ich nicht schlecht. Dort ist ein sehr originelles Glaskunstfenster, das um 1500 entstandene Westfälische Abendmahl, zu bewundern. Christus und seine Jünger trinken Bier, verspeisen einen Schweinskopf und einen Schinken. In einem Weidenkorb liegt dunkles Brot. *Pumpernickel*?

Seit Jahrhunderten wird dieses besonders deftige, lang haltbare und blähungsfördernde Roggenschrotbrot hergestellt. Die Herkunft des Wortes ist nicht gesichert. Im Westfälischen heißt „pumpern" furzen, und „Nickel" (Nikolaus) ist ein komischer Kauz. Ist also Pumpernickel ursprünglich ein Schimpfwort für einen groben Flegel? Um das Wort rankt sich auch eine interessante Geschichte.

Napoleon ritt fast ausnahmslos graue Araber und seine Pferde trugen klangvolle Namen wie le Gracieux, le Triomphant, la Cléopâtre. Als 1806 die französischen Truppen in Westfalen einmarschierten, ritt der Kaiser ein Pferd namens Nickel, wahrscheinlich so genannt wegen seiner grau-metallischen Farbe. Er und seine Soldaten waren nur an Weißbrot gewöhnt. Ein Wirt bot ihm das dunkle Brot an, aber der Korse reagierte temperamentvoll und ablehnend: „Ça, c'est bon pour Nickel". In den deutschen Ohren blieb Pumpernickel. Eine Legende?

Auf Schlachtfeldern hatte das arme Pferd ohnehin schon viel erlebt und jetzt auch das noch!

Pumpernickel: Zunächst für „Kommissbrot", dann eingeschränkt auf das nord-westfälische Roggenschrotbrot (als spöttische Bezeichnung ist Schwarzbrot oder grobes Brot). Als Spottname ist das Wort schon älter (als Bezeichnung eines groben Flegels?); die Übertragung auf das Brot ähnlich wie bei Armer Ritter u.ä. Nickel ist die Kurzform von Nikolaus; Pumper wohl ein regionales Wort für „Furz".

Quiche

Die schmackhafte kleine runde *Quiche lorraine* gilt als eine spezifisch französische Spezialität. Demzufolge muss „quiche" ein französisches Wort sein. Weit gefehlt!

Weil *Lothringen* an Deutschland grenzt, ist es nicht verwunderlich, dass einige deutsche Wörter dem Nachbarn einen kulinarischen Besuch abstatten. 1845 überquerte das süße Wort „Kuchen" den Rhein und ging zunächst ins Elsass. Dort mutierte es zum würzigen elsässischen „Kuche". Von dort aus war es nur ein Katzensprung ins benachbarte Lothringen. In der Endversion hieß der leckere Mutant „quiche".

Hauptsache, der kleine runde Wanderer schmeckt!

Quiche Lorraine: Wörtlich: Lothringer Kuchen, auch Lothringer Specktorte genannt. Es ist wohl das berühmteste Rezept aus Lothringen. Ursprünglich im 16. Jahrhundert wurde die Quiche statt aus Mürbeteig in einem Brotteig gebacken. Die Quiche Lorraine war ein typisches Montagsessen, weil man im Belag sehr gut die Fleisch- oder Gemüsereste des Sonntagsmahles unterbringen konnte. Die klassische Backform ist die Tarteform mit gewelltem Rand. Auch gut geeignet ist eine Springform.
Rezepte für eine Quiche Lorraine in französischer Sprache unter www.quiche-lorraine.com

Lothringen: Schöne Reiseziele im Nordosten Frankreichs sind u.a. Metz, Nancy, das Kurbad Vittel in den Vogesen, Epinal (Bilderbögen) und Baccarat (bekannt für das Kristallglas). Metz (123.600 Einwohner) hat eine 3.000-jährige Geschichte und ist in vielerlei Hinsicht sehenswert. Zu den Hauptsehenswürdigkeiten zählen die aus Sandstein erbaute Kathedrale Saint-Etienne mit 6.500 qm Glasfenstern, u.a. von Chagall, das Kaiserviertel, Museen und das vor kurzem eröffnete Centre Pompidou Metz. Nähere Informationen unter http://tourisme.mairie-metz.fr/de/metz/index.php. Zusammen mit der Quiche Lorraine ist die Mirabelle das unumgängliche Wahrzeichen der Region.

Quivive

- Qui vive? (Wer lebe da?). Ne tirez pas! Je suis Pierre Dubois. (Nicht schießen! Ich bin Pierre Dubois).

Dieses fiktive Beispiel illustriert eine öfter vorkommende, nicht ungefährliche Situation im damaligen Frankreich. Beim geringsten suspekten Geräusch riefen die Wachposten am Stadttor oder die *Patrouille* eines Heerlagers „qui vive"? Der Betroffene oder die verdächtigte Personengruppe mussten sich sofort erkenntlich geben, sei es durch ihre Namen oder eine vereinbarte *Parole*.
„Qui vive" ist eine elliptische Redensart, die verkürzte Form im Konjunktiv für „Y a-t-il une âme qui vive"? („Lebe dort eine Seele"?). Im heutigen Französisch sagt man noch oft „Il n y a pas âme qui vive", was ins Deutsche mit „dort ist kein Mensch zu sehen" übersetzt werden kann. Wer heute in beiden Sprachen „est sur le qui-vive", „auf dem Quivive ist", passt scharf auf, ist auf der Hut. Im Berliner Volksmund kommt eine weitere Bedeutung hinzu: Man ist auf dem Laufenden, „auf Zack". Na klar. Schlagfertige Hauptstädter!

Patroullle: Von frz. patrouille und frz. patrouiller, patouiller (herumstapfen in Schlamm) und ursprünglich frz. patte (Pfote).
Parole: Von frz. parole (Wort, Rede und Kirchenlatein parabola).
Während in der französischen Sprache, parole nur „Wort" bedeutet (z.B. „Je vous donne ma parole" - „Ich gebe ihnen mein Wort"), hat im Deutschen eine Bedeutungsverschiebung stattgefunden.
Bekanntlich ist eine Parole eine Losung bzw. ein Leitspruch, eine Devise.

Rebellin

„Nous ne valons pas mieux que les hommes, mais le pouvoir ne nous a pas encore corrompues."

„Wir sind nicht besser als die Männer, aber die Macht hat uns noch nicht korrumpiert".

Louise Michel, 1882

Am 22. Januar 1905 folgen 120.000 Menschen neun Stunden lang einem bescheidenen Sarg quer durch Paris. Frankreich trauert um eine außergewöhnliche, leidenschaftliche Frau, *Louise Michel*, die *„Jeanne d'Arc der Barrikaden"*. Als junge Grundschullehrerin, schafft Louise Michel aus Protest gegen den starken Einfluss der katholischen Kirche auf das Schulwesen, als erstes das Morgengebet ab, ersetzt es durch die *Marseillaise* und gründet eigene Schulen. In verschiedenen politischen Clubs engagiert sie sich für eine sozialistische Republik und setzt sich unermüdlich für die Armen und Gestrandeten der Gesellschaft ein. Von März bis Mai 1871, während des Aufstandes der *Pariser Kommune* gegen die Versailler Regierung, kämpft Louise Michel in Männeruniform, greift zur Waffe und pflegt die Verwundeten. Auf den Barrikaden deklamiert sie Gedichte von *Baudelaire* und spielt mit dem Tod.

Entschlossen und unerschrocken.

Nach der brutalen Niederschlagung der Kommune steht sie vor dem Kriegsgericht. Sie verlangt den Tod: „Man wirft mir vor, Komplizin der Kommune gewesen zu sein. Selbstverständlich war ich das, denn die Kommune wollte vor allem die soziale Revolution. Es ist mir eine Ehre, eine der ersten Kämpferinnen der Kommune gewesen zu sein. Da es aber scheint, dass jedes Herz, das für die Freiheit schlägt, nur Anrecht auf ein Stückchen Blei besitzt, so fordere ich meinen Teil. Wenn Sie mich leben lassen, werde ich nicht aufhören, nach Rache zu schreien und die feigen Mörder meiner Brüder an den Pranger zu stellen. Wenn Sie kein Feigling sind, dann töten Sie mich!"

Entschlossen und unerschrocken.

Die *Rebellin* wird zu lebenslanger Zwangsarbeit in der berüchtigten französischen Strafkolonie Neukaledonien, in der Südsee, verurteilt. Auf der Insel macht sie Pflanzen- und Tierstudien, lernt die Sprache der *Kanaken*, integriert sich in ihre Gesellschaft und unterstützt deren *Revolte* gegen die Kolonialmacht Frankreich.

Nach sieben Jahren Verbannung wird Louise Michel begnadigt und kehrt nach Paris zurück, wo sie begeistert empfangen wird. Sie nimmt den Kampf wieder auf, lehnt jegliche Form von Herrschaft ab.

Entschlossen und unerschrocken.

Louise Michel engagiert sich in der proletarischen Frauenbewegung „Die rote Jungfrau", setzt sich gegen die Prostitution ein. In Schwarz gekleidet, mit einer roten Blume am Hut, hält sie vor Tausenden Vorträge in England, Belgien und Frankreich. 1883 fordert die Aktivistin zur Plünderung von Bäckerläden auf und wird erneut verurteilt. Sie zerstört ihre Zelle. Nach drei Jahren im Gefängnis flieht Louise Michel nach London, wo sie sich als Rednerin und Autorin von Gedichten, Kinder-büchern und Theaterstücken durchschlägt. In England gründet sie eine internatio-nale Schule und Armenhäuser. Nach ihrer Rückkehr nach Frankreich beginnt sie wieder ihr Heimatland nach ihren Vorstellungen zu missionieren. In Le Havre wird ihr 1888 zweimal in den Kopf geschossen. Eine Kugel kann nicht entfernt werden, aber sie überlebt und weigert sich, den Attentäter polizeilich verfolgen zu lassen.

Entschlossen und unerschrocken.

Die Fahnenträgerin des Anarchismus kämpft bis zur Erschöpfung. 75 Jahre alt, stirbt sie in Marseille. Ihre Feinde bejubeln den Tod der „blutrünstigen Wölfin", die Unterdrückten verehren sie als „la bonne Louise", als „Heilige".

Louise Michel, die charismatische *Figur* der Arbeiterwelt. Verlaine und Victor Hugo haben ihr Gedichte gewidmet, ihren Mut bewundert.

Entschlossen, unerschrocken und unbesiegt. Ein Mythos ist unbesiegbar. Wer kennt sie heute noch, diese legendäre Figur der Arbeiterwelt?

Rebellin: Von frz. rebelle, frz. rebeller (sich auflehnen) und lat. bellum (Krieg).

Louise Michel (1830–1905): Symbolfigur der Pariser Kommune von 1871, eine der bekanntesten Vor-denkerinnen des Anarchismus. Nicht nur Louise Michel, sondern auch 13.500 Frauen und Kinder wurden nach einer viermonatigen Schiffsreise, in Käfige eingesperrt, nach Neukaledonien deportiert. Die Insel trug den ominösen Namen le Caillou (der Stein). Neukaledonien ist heute ein TOM (Territoire d'Outre-Mer = Über-seeisches Gebiet).

Jeanne d'Arc (1412–1431): Die Tochter eines reichen Bauern aus Domrémy in Lothringen hatte eine heilige Mission: die Engländer aus Frankreich zu vertreiben und den Hundertjährigen Krieg zu beenden. Die „Jung-frau von Orléans" – sie befreite die Stadt 1429 – wurde von den Burgundern, den Alliierten der Engländer, gefangen genommen und dem Erzfeind ausgeliefert. Sie wurde der Ketzerei beschuldigt. Der französische

König Karl VII. unternahm nichts, um ihr zu helfen. Auf Befehl des englischen Königs wurde sie auf dem Marktplatz von Rouen in der Normandie verbrannt. Die französische Nationalheldin und Heilige der katholischen und anglikanischen Kirche wird auch von den Mitgliedern der rechtsextremischen Partei, der Front National (FN) verehrt.

Barrikade: Von frz. barrique (Fass). Siehe dazu die Wortgeschichte „Barrikade".

Marseillaise: Siehe die Wortgeschichte „Marseillaise".

Pariser Kommune (frz. La Commune de Paris): So wurde der spontan gebildete, revolutionäre Pariser Stadtrat vom 18. März bis 28. Mai 1871 bezeichnet, der gegen den Willen der konservativen Zentralregierung versuchte, Paris nach sozialistischen Vorstellungen zu verwalten.

Baudelaire (1821–1867): Charles Baudelaire war während der Revolution von 1848 ein Sozialist, Kunstkritiker und begeisterter Revolutionär. Er gilt heute als einer der größten französischen Lyriker überhaupt und einer der wichtigsten Wegbereiter der europäischen literarischen Moderne. Sein Hauptwerk „Les Fleurs du Mal" („Die Blumen des Bösen"), eine Sammlung von 100 Gedichten, wurde von Stefan George meisterlich übersetzt.

Empfehlung: Stefan George, Baudelaire, Die Blumen des Bösen, Umdichtungen, Klett-Cotta.

Revolte: Von frz. révolte (eigentlich „sich umdrehen").

Kanaken: Das Wort stammt vom polynesischen kanaka, was „Mensch" bedeutet. Im Französischen ist das Wort überhaupt nicht abwertend, sondern bezeichnet lediglich die einheimische Bevölkerung Neukaledoniens.

Figur: Von frz. figure (Form, Gestalt).

Regisseur

Sie küsste ihn nicht und schlug ihn auch nicht. Aber seine Mutter vernachlässigte ihn, seinen Vater hat er nie gekannt. Das uneheliche Kind trug seelische Verletzungen davon. Sie vernarbten nicht. Der schüchterne und *sensible* François Truffaut flüchtete in die Welt der Fantasie und frönte seiner Leidenschaft: dem Kino.

Mit sieben stiehlt er Filmplakate aus Schaukästen, mit vierzehn verlässt er die Schule, arbeitet als Laufbursche und in einer Fabrik, mit sechzehn gründet er einen Arbeiterfilmclub. Hochbegabt, eigenwillig, unangepasst. Als er zum Militärdienst nach Deutschland eingezogen wird, *desertiert* er und muss eine Zeitlang ins Militärgefängnis.

Truffaut schreibt für die Zeitschrift „Les Cahiers du cinéma" und ist ein gefürchteter Filmkritiker. „Les Quatre Cents Coups: Sie küssten und sie schlugen ihn" ist 1959 sein *Regiedebüt* und zugleich ein internationaler Erfolg. Der Film gewinnt die *Goldene Palme*, den Grand Prix der Filmfestspiele von Cannes. In diesem Erstlingswerk thematisiert Truffaut mit viel Einfühlungsvermögen die Probleme seiner eigenen Kindheit und Jugend. Mit anderen jungen talentierten *Regisseur*en gründet er eine neue Bewegung, die „*Nouvelle Vague*", eine Kriegserklärung an das traditionelle Kino. Die Erfolgswelle setzt sich fort mit Filmen, die zu den größten Klassikern der Filmgeschichte gehören: „Jules und Jim", eine poetische *Ménage à trois*, kommt 1961 in die Kinos. „Fahrenheit 451", nach dem *Roman* von Ray Bradbury, ist eine düstere Zukunftsvision. 1967 dreht Truffaut, ein Bewunderer von Hitchcock, seinen ersten „film noir", „La Mariée était en noir" (Die Braut trug schwarz) mit Jeanne Moreau in der Hauptrolle. Auch er, der Regie führt und an fast allen Drehbüchern mitarbeitet, übernimmt Rollen in seinen Filmen und sogar 1974 die Hauptrolle in „La nuit américaine" (Die amerikanische Nacht), eine dramatische, satirische, humorvolle Hommage an das Kino. Der Film gewinnt den Oscar für den besten fremdsprachigen Film. Truffaut ist vielseitig, dreht romantische Komödien und Dramen in einem kühlen, sachlichen Stil, der jedoch Sensiblität nicht ausschließt. 1970, in L'Enfant sauvage (Der Wolfsjunge), spielt Truffaut selbst die Rolle des Erziehers eines verwilderten Zwölfjährigen. In diesem Film, der auf einer wahren Begebenheit im Frankreich des 18. Jahrhunderts beruht, prangert der Regisseur die Brutalität und Unsinnigkeit des Zivilisierungsprozesses an.

Truffaut betritt gerne immer wieder neues *Terrain*. Das Drama „L'Histoire d'Adèle H."
(Die Geschichte der Adèle H.) ist die Geschichte einer *Amour fou* der psychisch
labilen Tochter von Victor Hugo mit einem englischen *Leutnant*. Isabelle Adjani
brilliert als Adèle. Mit dem Okkupationsdrama „Le dernier métro" (Die letzte Metro)
gewinnt Truffaut 1980 einen *César*, das französische *Pendant* zum amerikanischen
Oscar. In diesem Film spielen die „*monstres sacrés*" Catherine Deneuve und Gérard
Depardieu. Aber niemand ist gefeit. Vier Jahre später und völlig unerwartet verstirbt
1984 François Truffaut im Alter von nur 52 Jahren an einem Gehirntumor.

Seit der Erfindung des Kinos durch die *Gebrüder Auguste und Louis Lumière* blickt
Frankreich auf eine langjährige Tradition bezüglich der „septième art" („die siebte/
siebente Kunst") zurück, wie das Kino in Frankreich genannt wird. Wahre Künstler
waren sie alle, die großen Regisseure, Jean Renoir, René Clair, Marcel Carné, Julien
Duvivier, Louis Malle, um nur einige zu nennen, und eben der unvergessene
François Truffaut.

Sensibel: Von frz. sensible und frz. sens (Sinn).

Desertieren: Von frz. déserter.

Regiedebüt: „Debüt" ist entlehnt aus frz. début, einer Zusammenrückung mit frz. but (Ziel), also sich auf das Ziel einstellen.

Goldene Palme: Die „Palme d'or" ist seit 1955 die wichtigste Auszeichnung des Festivals.

Regisseur: Von frz. régie (Leitung). Regisseur wird im Französischen mit metteur en scène/réalisateur übersetzt.

Grand Prix: Frz. Großer Preis. Das französische Wort wird gerne in der deutschen Sprache verwendet. Z.B. Grand Prix Eurovision, Grand Prix von Deutschland, Autorennen auf dem Nürburgring) etc.

Nouvelle Vague: Dt. „Neue Welle". Zusammen mit Chabrol, Godard, Resnais und Rohmer war Truffaut Mitbegründer dieser Bewegung, die neue Filmtechniken und außergewöhnliche Erzählstile charakterisieren.

Ménage à trois: Dreiecksbeziehung. Ménage ist entlehnt aus altfrz. maisnie (famille).

Roman: Von frz. roman und altfrz. romanz, romant, eigentlich „französisch (in der romanischen Volkssprache geschriebenes Buch).

Terrain: Von frz. terrain, frz, terre (Erde) und lat. terrenum (Erde).

Amour fou, Leutnant, monstre sacré: Siehe die Wortgeschichten "Amour fou", "Ingenieur" und "Grande Dame".

César: Der nationale Filmpreis Frankreichs ist nach dem französischen Bildhauer César Baldaccini (1921-1998) benannt, der die begehrte Preistrophäe entwarf. Der Preis wurde erstmalig 1976 vergeben.

Pendant: Von frz. pendant (herabhängend).

Gebrüder Lumière: Auguste und Louis Lumière luden am 28. Dezember 1895 in einem Pariser Café zur ersten Filmvorführung ein. Der Kurzfilm „Die Ankunft eines Zuges im Bahnhof von La Ciotat" wirkte so überwältigend, dass einige Zuschauer fluchtartig den Saal verließen! Alle Informationen über die Erfinder des Kinos unter www.institut-lumiere.org.

Reneklode / Reineclaude

Eine Edel-Pflaume aus edler Herkunft.

Die etwas *salopp*e, eingedeutsche Schreibweise „*Reneklode*" hätte sicherlich die Königin *Claude de France* als despektierlich empfunden. „*Reineclaude*" hingegen kommt dem historischen Ursprung des Wortes ganz nah. Der Name der saftigen, gelb-grünen Frucht geht auf die Königin Claudia von Frankreich zurück. Wer war sie?

Claude de France, die Tochter von Ludwig XII. und Anna von Bretagne, war Herzogin der Bretagne. Mit fünfzehn Jahren wurde sie 1514 mit ihrem *Cousin* Franz von Orléans-Angoulême vermählt. Dieser wurde am ersten Januar 1515 König von Frankreich. Claude de France war klein, korpulent, ziemlich hässlich und stets kränklich. Seit ihrer Geburt litt sie unter einer Gehbehinderung. Ihrem athletischen Gemahl schenkte sie acht Kinder. Fast alle starben sehr früh. Sie selbst, geschwächt durch die zahlreichen Schwangerschaften, segnete das Zeitliche mit 25, in der Blüte des Lebens. Für die damalige Zeit nicht ungewöhnlich. Das Volk beweinte seine mild-tätige Königin, „la bonne Reine Claude", die gütige Königin Claudia. Ansonsten ist über sie wenig bekannt. Claude liebte Pflaumen über alles. Ihr zu Ehren ist die "reine-claude", die Königin der Pflaumen benannt.

Sie darf am Niederrhein in keinem „*Prumetaat*" fehlen!

Salopp: Von frz. salope, dessen weitere Herkunft nicht sicher geklärt ist. Vermutet wird eine Zusammensetzung aus frz. sale (schmutzig) und frz. hoppe (Wiedehopf), beides Wörter germanischer Herkunft. Der Wiedehopf gilt seit der Antike als schmutzig, weil er sich zur Tarnung auf den Boden legt und mit Erde bedeckt.
Die französischen Wörter salaud und salopard werden ins Deutsche mit „Schweinehund" und salope mit „Schlampe" übersetzt.

Reneklode/Reineclaude: Von frz. reine (Königin) und Claude (Claudia).
Die Edel-Pflaume kam wahrscheinlich von Syrien über Griechenland und Italien nach Frankreich.

Claude de France (1499-1524) ist als liegende Figur neben Franz I. in der Basilika Saint-Denis zu sehen. Ihr Sohn Heinrich wurde König von Frankreich.

Cousin: Von frz. cousin und lat. consobrinus („die Geschwisterkinder zueinander sind").

Prumetaat (oder Prumetat): Krefelder Platt. Von frz. tarte aux prunes (Pflaumenkuchen).

Restaurant

„Les animaux se repaissent, l'homme mange. L'homme d'esprit seul sait manger".

„Die Tiere fressen, der Mensch isst, und nur der Mann des Geistes versteht es,
das Essen zu genießen".

Zitat aus „Die Lehre von der Pflege des Magens" von
Jean-Anthèlme Brillat-Savarin (1755-1826), berühmter Gastrosoph

Austern, Froschschenkel, Kutteln, Seeigel, Schnecken... zu den für Deutsche oft
gewöhnungsbedürftigen kulinarischen Spezialitäten Frankreichs zählen auch
Hammelfüße. Diese *Delikatesse* spielt eine entscheidende Rolle in der Entstehungs-
geschichte des Restaurants.

Vor 1765 wurde in den Pariser Suppenküchen eine dicke gesunde bouillon
restaurant (stärkende, die Kräfte wiederherstellende Fleischbrühe) serviert. Da für
die Herstellung hochwertiges Fleisch verwendet wurde, war es eine Suppe nur für
Wohlhabende. Der Name „*Restaurant*" wurde erst später auf die Gaststätte übertragen. In Paris öffnete 1765 das erste Restaurant seine Türen. Monsieur Boulanger,
der Wirt einer Suppenküche, setzte sich gegen den Widerstand der Zunft der
Garköche durch und erhielt die Genehmigung, trotz der Zunftregeln auch andere
kleine Gerichte anzubieten, darunter Hammelfüße in *Sauce*. Die Auswahl war zwar
sehr begrenzt, aber zum ersten Mal hatte man die Möglichkeit à la carte zu essen
und für addierte Speisen eine Rechnung (frz. addition) zu bezahlen. *Diderot* war
Stammgast bei Boulanger.

Der schlaue Wirt warb auch geschickt für sein Restaurant. Über der Tür ließ er einen
biblischen Spruch in lateinischer Sprache anbringen, dessen Übersetzung lautet:
„Kommet her zu mir alle, die Ihr mühselig und beladen seid; ich will euch
erquicken" (et ego vos restaurabo). Von da an nannte er sich „Restaurateur".

Während der Revolution wurde das alte Zunftrecht aufgehoben. Bereits ab 1804
zählte man mehr als 500 Restaurants in Paris. Die namensgebende bouillon
verschwand um 1820 von den Speisekarten der Restaurants, aber die Einrichtungen
blieben erhalten. In Paris sind sie heutzutage noch erschwinglich, wie z.B. das
stimmungsvolle Chartier oder auch nicht, wie der *Gourmettempel* La Tour d'Argent.

Das Maxim's, mit seiner entzückenden Jugendstil-Inneneinrichtung, ist vielleicht das schönste Restaurant der Welt.

Die Liste der französischen Meisterköche (les grands chefs cuisiniers) ist ellenlang. Marie-Antoine Carême, Auguste Escoffier, der die Pêche Melba erfand, Alain Ducasse etc. *Paul Bocuse*, einer der bekanntesten Vertreter der *Nouvelle Cuisine*, wurde 40mal in Folge mit der Höchstbewertung von drei Michelin-Sternen ausgezeichnet.

Die französische *Haute Cuisine*, eine reine Männer*domäne*?
Anne-Sophie Pic aus Valence (Département Drôme) wurde 2007 zur Köchin des Jahres gewählt und als erste Frau im *Guide Michelin* mit drei Sternen ausgezeichnet.

Austern, Froschschenkel, Kutteln, Seeigel, Schnecken: Huîtres, cuisses de grenouille(s), tripes, oursins, escargots. Die Connaisseurs (frz. connaître = kennen) freuen sich!

Hammelfüße sind in mehreren Regionen (Normandie, Auvergne) zu genießen. In der Provence gibt es die berühmten Pieds et Paquets. Bei den Pieds handelt es sich um Schafsfüße, bei den Paquets um kleine Pakete aus Schafsmagen-Lappen.

Delikatesse: Von frz. délicatesse.

Restaurant: Von frz. restaurant (stärkend, wiederherstellend).

Sauce: Von frz. sauce und lat. salsa (gesalzene Brühe).

Diderot (1713-1784): Bedeutender französischer Schriftsteller und Aufklärer. Sehr bekannt ist seine „Encyclopédie" (60.000 Artikel!), die er mit seinem Freund d'Alembert verfasste.

Gourmettempel: Gourmand und Gourmet haben eine völlig unterschiedliche Bedeutung. Der Gourmand unterscheidet sich von Gourmet durch fehlende Mäßigung und geringere Sachkunde, er wird eher als Synonym für „Leckermaul" oder „Vielfraß" verstanden. Der Gourmet ist ein „Feinschmecker und Weinkenner", im 19. Jahrhundert aus gourmet, von altfranz. gormet, „Gehilfe des Weinhändlers", dann „Weinkenner, Feinschmecker", entlehnt.

Paul Bocuse und die Nouvelle Cuisine: Der Ausnahmekoch, Gastronom und Kochbuchautor ist 84 Jahre alt. Er betreibt drei Sterne-Restaurants, u.a. L'Auberge du Pont de Collonges in der Nähe von Lyon. Berühmt ist seine 80 Euro „Soupe aux truffes noires" (Suppe mit schwarzen Trüffeln), die er 1975 für das Élysée in Paris kreierte (www.bocuse.fr). Anfang der 70er Jahre führte er die Nouvelle Cuisine (Neue Küche) zu einem hohen Bekanntheitsgrad. Nicht so schwer und kalorienreduzierte Zubereitung sowie erstklassige, frische Zutaten sind die Grundlage einer „Nouvelle Cuisine". Ein berühmter Schüler ist Eckardt Witzigmann.

Haute Cuisine: Dt. Hohe Küche. Eine Küche, in der mit wenig Fett, aber vielen Kräutern und Gewürzen gekocht wird. Besonderer Wert wird auf die Präsentation der Gerichte gelegt.

Domäne: Von frz. domaine (Landgut) und ursprünglich lat. dominus (Herr). Danach in beiden Sprachen und im übertragenen Sinne, Gebiet, Sparte.

Guide Michelin: Der bekannte „Rote Michelin" wurde erstmals 1900 nur in Frankreich herausgegeben. Er wurde von der Touristikabteilung des Reifenherstellers Michelin gestaltet und als ein Werkstatt-Wegweiser für die weniger als 3.000 Autofahrer gedacht, die es damals in Frankreich gab.

Retourkutsche

Wer einen Vorwurf nicht akzeptiert oder eine Beleidigung zurückweisen will, sinnt oft auf Vergeltung und sucht dazu eine passende Gelegenheit. Die *Retour*kutsche ist redensartlich eine verbale Vergeltungsaktion, bei der Gleiches mit Gleichem vergolten oder ein Vorwurf mit einem Gegenvorwurf gleichen Inhalts erwidert wird. Der Begriff leitet sich her von frz. *carrosse de retour* („zurückfahrende Karosse"), womit seit dem 18. Jahrhundert eine Kutsche bezeichnet wurde, die regelmäßig zwischen zwei Orten verkehrte, oder eine Mietkutsche, bei deren Anmietung der Reisende sich verpflichtete, für ihre Rückkehr an den Ort der Anmietung zu sorgen.

Im originellen Berliner Volksmund trägt die berühmte Quadriga, das Viergespann auf dem Brandenburger Tor, den Spitznamen „Retourkutsche". Am 27. Oktober 1806 *marschierten* die französischen Truppen in Berlin ein und zogen durch das Brandenburger Tor. Napoleon nahm im Schloss der Hohenzollern *Quartier*, seine Garde *biwakierte* im Lustgarten. Der Kaiser ließ die Quadriga abnehmen und als Beutegut auf dem Wasserweg nach Paris abtransportieren. Die *Demontage* der Siegesgöttin symbolisierte Preußens *komplett*e Niederlage. Gerechtigkeit der Geschichte: 1814 nach der Eroberung von Paris durch die Koalitionstruppen wurde der schwere Streitwagen nach antikem Vorbild in Kisten nach Berlin zurückgebracht.

Retour: Von frz. retour (Rückfahrt) und frz. retourner (zurückkehren).
An deutschen Supermarktkassen hört man manchmal die Kassiererin sagen: „Sie bekommen noch zwei Euro retour". Es klingt sehr französisch. Eine Kassiererin in Frankreich würde allerdings eine solche Äußerung nie machen, sondern einfach sagen „Je vous rends deux euros". (Ich gebe Ihnen zwei Euros zurück).

Carrosse de retour: Karosse ist entlehnt aus frz. carrosse, ital. carozza und lat. carrus (Karren).

Marschierten: Von frz. marcher (gehen).

Quartier: Von frz. quartier (Viertel).

Biwakieren: Von frz. bivouaquer und niederdeutsch Biwacht (Beiwache, Hilfswache). Die Beiwache patrouillierte nachts und war im Freien postiert.

Demontage: Von frz. démontage.

Komplett: Von frz. complet.

Revanche

Durch den Spiegelsaal des prunkvollen Schlosses geistert das hässliche Gespenst der Revanche.

Versailles, 18. Januar 1871 im Spiegelsaal des Schlosses.

Für die siegreichen Preußen, die Versailles als Hauptquartier ausgewählt haben, ist die Stunde der Revanche gekommen: Revanche für die Verwüstung der *Pfalz* im Jahre 1689 durch die mordenden *Truppen* des Generals Mélac, Revanche für die Sprengung des Heidelberger Schlosses, die Schändung der Kaisergräber in *Speyer* und die systematische Zerstörung von Baden-Baden, Mannheim und Worms, Revanche für die demütigende napoleonische Besatzung. An diesem Wintertag, im Allerheiligsten des französischen Königtums, wurde ein deutscher König von Graf Bismarck zum Kaiser gemacht. Vor der Proklamation, die Otto von Bismarck verlas, wurden noch rechtzeitig Feldbetten aus dem Spiegelsaal entfernt. Bismarck beschrieb den historischen Augenblick der Krönung Wilhelms I. als „ergreifend". In Versailles! Welch eine Schmach für das unterlegene Frankreich!
Das werden die „*Boches*" noch büßen!

Versailles, 28. Juni 1919 im Spiegelsaal des Schlosses.

Für die Franzosen hat die Stunde der süßen Rache gegen den Erzfeind geschlagen. Revanche für die schändliche Demütigung von 18. Januar 1871, Revanche für das vierjährige Gemetzel auf französischem Boden, Revanche für die unzähligen Toten von *Verdun*. „*Faites entrer les Allemands*" („Lassen Sie die Deutschen reinkommen"), befiehlt der französische *Premier*, *Georges Clémenceau*. Les Allemands? Die armselige deutsche Delegation besteht lediglich aus dem Außenminister Hermann Müller und dem Verkehrsminister mit einem eher unbedeutenden *Ressort*, Johannes Bell. Die beiden Männer werden ohne Wenn und Aber den 440 Artikeln des Friedensvertrages zustimmen müssen. Damit verliert Deutschland ein Siebtel seines Landes, ein Zehntel seiner Bevölkerung, ein Drittel seines Kohle- und drei Viertel seines Erzvorkommens, alle Kolonien; das deutsche Militär wird auf einen *Rest* von 100.000 Mann ge-schrumpft. Welch eine Schmach für das unterlegene Deutschland! Dieses gnaden-lose Diktat werden die „*Franzmänner*" noch büßen!

Abends, nachdem die ahnungslosen Besucherhorden des Schlosses sich mit mehr oder weniger kitschigen *Souvenir*s eingedeckt haben, geistert im Spiegelsaal das hässliche Gespenst der Revanche. Es war schon da im Winter 1871 und im Sommer 1919. An jenem Abend dieses sonnigen, doch ominösen Tages, färbte sich der Himmel blutrot.

Am Horizont zeichnete sich der nächste Krieg schon ab, und es war kein *Trompe-l'oeil.*

Revanche: Französischer Begriff für Rache, Vergeltung. Von frz. revanche (Rache) und altfrz. venchier, vengier (rächen).

In Frankreich bezeichnet Revanchismus (frz. revanchisme) eine zwischen dem Deutsch-Französischen Krieg 1870/1871 und dem Ersten Weltkrieg weit verbreitete nationalistische Strömung, die die Rückeroberung Elsass-Lothringens zum Ziel hatte.

Versailles: Ab der Mitte des 17. Jahrhunderts war Versailles die barocke Residenz der französischen Könige. 1837, unter Louis-Philippe, wurde aus dem restaurierten Schloss ein Museum. Versailles war das Vorbild zahlreicher Schlösser europäischer Fürsten und Könige. Alles über das Schloss unter www.chateauversailles.fr (Französisch und Englisch).

Die Pfalz: Frz. le Palatinat. Die Truppen von General Ézéchiel Mélac verwüsteten mit großer Brutalität während des Pfälzer Erbfolgekriegs 1688-1697 große Teile der Kurpfalz und Städte in Württemberg und Baden. Im deutschen Südwesten wurde Mélacs Name zum Inbegriff für „Mordbrennen" schlechthin. Bis ins 20. Jahrhundert war es dort nicht ungewöhnlich, Haushunde Mélac (oftmals Mellag) zu nennen.

Truppen: Von frz. troupe und lat. troppus (Herde).

Speyer: Frz. Spire. Typisch für Franzosen, sie geben deutschen Städten französische Namen (z.B. Brême, Coblence, Cologne, Fribourg, Hambourg, Mayence, Munich, Nuremberg, Ratisbonne etc.)

Boches: Der Begriff stammt seit 1870 aus dem Französischen und wird überwiegend als herablassende, meist auch diffamierende Bezeichnung für Deutsche gebraucht.

Boche fand verstärkt Verwendung im Ersten und Zweiten Weltkrieg und ist heute noch gebräuchlich. „Les Fritz", „les Chleuhs" (erst im Zweiten Weltkrieg) sind auch weitere Bezeichnungen. Seinen etymologischen Ursprung hat der Begriff boche im Wort alboche, einer Zusammensetzung aus dem Präfix al - abgekürzt für allemand (deutsch) – und boche für caboche (Schädel bzw. „Dickschädel").

Verdun: Die Stadt Verdun (23.000 Einwohner) liegt an der Maas im Département Meuse. Die Schlacht von Verdun begann am 21. Februar 1916 mit einem Angriff deutscher Truppen auf die französischen Stellungen bei Verdun. Insgesamt fanden fast 400.000 französische und deutsche Soldaten den Tod in der Hölle von Verdun. Nicht umsonst wurde das Schlachtfeld als „Blutpumpe" und „Knochenmühle" bezeichnet.

Georges Clémenceau (1841-1929): Der Politiker und Staatsmann war auch Journalist und Herausgeber der Zeitung L'Aurore. Dieser Radikalsozialist setzte sich, zusammen mit dem Schriftsteller Émile Zola, für den unschuldigen Offizier Alfred Dreyfus ein.

Premier: Von frz. premier (erster).

Ressort: Von frz. ressort und frz. ressortir (hervorgehen, angehören).

Rest: Von frz. reste (Rückstand).

Franzmänner: Der heute veraltete Begriff tauchte im deutschen Sprachraum erstmals im 17. Jahrhundert auf. Im 19. Jahrhundert, im aufkommenden Nationalismus, erhielt die Bezeichnung einen unfreundlichen, abfälligen Klang. Ende des 19. und zu Beginn des 20. Jahrhunderts galt der „Franzmann" als Erzfeind. Während des Ersten Weltkrieges und in der Zeit des Nationalsozialismus wurde der Begriff vor allem für französische Soldaten verwendet und zwar im negativen Kontext.

Souvenirs: Von frz. souvenir (Erinnerung).

Trompe-l'oeil: Ein Trugbild, auch im übertragenen Sinne. Von frz. tromper (täuschen) und l'oeil (das Auge). In der Kunst ist ein trompe-l'oeil ein illusionistisches Gemälde, das mittels geschickter perspektivischer Darstellung eine nicht vorhandene Räumlichkeit vortäuscht. So z. B. in der Universitätskirche in Wien. Trompe-l'oeil Deckenfresken vermitteln dort den Eindruck einer Kuppel.

Sanssouci

„Monsieur de *Voltaire*, cher ami, vous voilà enfin! Cela me fait grand plaisir. Bienvenue à Sanssouci!"

„Tout le plaisir est pour moi, Majesté".

Wahrscheinlich haben sich die beiden großen Aufklärer in Europa so begrüßt, auf Französisch selbstverständlich, denn *Friedrich II.* beherrschte diese Sprache besser als Deutsch.
1750, auf Einladung des zwanzig Jahre jüngeren Preußenkönigs, ist der angesehene französische Philosoph nach Potsdam gereist. Er soll dort das Amt des Hofkämmerers bekleiden.

Eine langjährige Freundschaft verbindet sie, die Bewunderung ist gegenseitig. Bei Tafelrunden in der Sommerresidenz wird mit anderen französischen Intellektuellen über Philosophie, Religion, Toleranz, Kunst und Bildung sinniert und *debattiert*. Friedrich II. und Voltaire erinnern sich an das erste Treffen, 1740, im Schloss Moyland bei Kleve und an die weiteren Begegnungen in Berlin und Aachen.

Seitdem korrespondieren sie regelmäßig, manchmal in einer verschlüsselten Sprache voller *Esprit* und *Finesse*:

Friedrich der Große schreibt an Voltaire:
$$\frac{P}{venez} \text{ à } \frac{6}{100} \quad \text{„Venez souper à Sanssouci".}$$

(Venez = Kommen Sie, sous = unter = also sous p = souper à cent (100)
sous = unter six = sechs Sanssouci = Kommen Sie zum Abendessen nach Sanssouci).

Und der geistreiche Philosoph antwortet:
G   a   „J'ai grand appétit".
(G grand, a petit = Ich habe großen Appetit).

Wenn zwei starke Persönlichkeiten aufeinander treffen, ist manche Konflikt-situation schwer vermeidbar. Zu einer tiefen Verstimmung Friedrichs führen die ständigen Querelen des scharfzüngigen Franzosen mit anderen Höflingen. In einer satirischen Schrift verspottet Voltaire den Präsidenten der vom König gegründeten Preußischen Akademie der Wissenschaften in Berlin, Pierre Maupertuis.

Dieser *Affront* bringt das Fass zum Überlaufen. Als Voltaire erfährt, dass der König *süffisant* über ihn sagt: „J'aurai besoin de lui encore un an, tout au plus; on presse l'orange et on jette l'écorce". („Ich brauche ihn noch höchstens ein Jahr; man presst die *Orange* aus und wirft die Schale weg"), ist er zutiefst gekränkt und bittet um Entlassung aus seinem Hofamt. Nach zwei Jahren in der Sommerresidenz wird der Philosoph in Unehren entlassen. Zerbricht die Freundschaft endgültig? Fünf Jahre später vermittelt Friedrichs Schwester Wilhelmine eine Versöhnung zwischen beiden Männern, und sie wechseln wieder höfliche Briefe. Es ist eine innige Hassliebe.

1778, einige Monate nach dem Tod Voltaires, lässt aber der Preußenkönig eine „Éloge de Voltaire", eine bewegende Gedenkrede auf den Philosophen-Freund, in der Berliner Akademie der Wissenschaften verlesen: „Monsieur de Voltaire valait seul toute une Académie" („Voltaire allein wog eine ganze Akademie auf").

Wahre Freundschaft vergeht nie. Auch wenn sie verblasst, bleibt am Ende die Bewunderung, wenn nicht für den Menschen, dann für seine Leistungen.

Sanssouci: Von frz. sans souci = ohne Sorge. „Mein Weinberghäuschen", wie es Friedrich der Große nannte, ist eines der bekanntesten Hohenzollernschlösser der brandenburgischen Landeshauptstadt Potsdam. Nach eigenen Skizzen ließ der preußische König in nur zwei Jahren (1745-1747) ein kleines, intimes und feines Sommerschloss im Stil des Rokoko (von frz. rocaille = Muschelwerk) errichten. Mit der Planung beauftragte er den Architekten Georg Wenzeslaus von Knobelsdorff. In Sanssouci komponierte, musizierte (Flöte!) und philosophierte der preußische Monarch. Er lebte dort bescheiden und ohne Prunk. Seine Bibliothek beherbergt ca. 2.100 Bände der griechischen und römischen Dichtung und Geschichtsschreibung in französischer Übersetzung und französische Literatur des 17. und 18. Jahrhunderts, deren Mittelpunkt die Werke Voltaires bilden. Der „Alte Fritz" starb 1786 im Sessel seines Arbeitszimmers im Schloss Sanssouci. Er wollte laut eigener Verfügung in einer einfachen Gruft neben seinen Lieblingshunden beigesetzt werden. Dies gelang jedoch erst 1991. Die Windspiele trugen tw. französische Namen, z.B. „Biche" (Hirschkuh), „Superbe" (prächtig), schliefen in seinem Bett. Die Lakaien mussten sie auf Französisch und mit Sie anreden. Starb einer der Hunde, wurde für ihn ein Sarg hergestellt, der in der Bibliothek aufgestellt wurde, bevor er in der Gruft auf der obersten Weinbergterrasse beigesetzt wurde.

1744 hatte der König schon gesagt: „Quand je serai là, je serai sans souci". („Wenn ich da (in der Gruft) sein werde, werde ich ohne Sorge sein"). Friedrich der Große war zugleich ein Feingeist, der besser Französisch sprach als Deutsch, und ein autokratischer Kriegsherr. Das Regieren war natürlich nicht sorgenfrei. Wer die Sommerresidenz besichtigt, sollte auf die raffinierte, durch ein Komma getrennte Inschrift, „sans, souci" auf der Fassade (von frz. façade) genau achten. Für die sorgenfreien Gäste waren im linken Flügel Räume reserviert, die restlichen waren die privaten Gemächer des doch von Sorgen geplagten Königs.

Seit 1990 steht Sanssouci, „das preußische Versailles", mit seinen Schlössern und dem weitläufigen Schlosspark als Weltkulturerbe unter dem Schutz der UNESCO. Das Ensemble ist sehr harmonisch. Friedrich II. war der Auffassung, dass Kunst und Natur eine Einheit bilden sollten. Weitere Informationen unter www.sanssouci.de

Friedrich II. und Voltaire: Voltaire (1694-1778) war einer der einflussreichsten Autoren der französischen und europäischen Aufklärung. In Frankreich nennt man das 18. Jahrhundert deshalb „le siècle de Voltaire" (das Jahrhundert Voltaires). 22.000 Briefe fanden sich in seinem Nachlass.

Langjähriger Briefpartner und Gönner war der frankophile Friedrich der Große (1712-1786). Als 1740 Friedrich II. den preußischen Thron besteigt, führt er die Schulpflicht ein, schafft als Erstes Zensur und Folter ab, begeistert gefeiert von seinem Freund Voltaire. Der französische Philosoph träumt von Frieden und humaner Herrschaft und wird bitter enttäuscht.

Friedrichs Kriege erschüttern schon bald nicht nur Europa, sondern auch die Freundschaft zwischen König und Philosoph. Der rege Briefwechsel, ca. 300 Briefe, zwischen Friedrich und Voltaire, geben Einblick in alle Höhen und Tiefen einer ungewöhnlichen Männerfreundschaft im Zeitalter der Aufklärung.

Die Anwesenheit Voltaires in Sanssouci ist auf dem bekannten Gemälde „Die Tafelrunde in Sanssouci" von Adolph von Menzel aus dem Jahr 1850 festgehalten worden. An der Tafelrunde nahmen Diplomaten, Offiziere, Schriftsteller und Philosophen teil – zu ihnen zählte sich auch der König als „Philosoph von Sanssouci".

Debattiert: Von frz. débattre (diskutieren) und frz. battre (schlagen).

Esprit: Von frz. esprit und lat. spiritus (Geist).

Finesse: Von frz. finesse, frz. fin und lat. finis (Grenze).

Affront: Von frz. affront, frz. affronter (die Stirn bieten) und frz. front (Stirn).

Süffisant: Von frz. suffisant (genügend).

Orange: Von frz. orange, spanisch naranja und arabisch narang.

Schattenmorellen

Diese Sauerkirschen sind klein, fruchtbar, anspruchslos, haben eine schwarzrote Farbe, einen klangvollen Namen (auf jeden Fall schöner als die französische Übersetzung griotte) und wachsen mit Sicherheit nicht im Schatten.

In Westfrankreich, nördlich von *La Rochelle*, liegt im sonnenverwöhnten Sumpfgebiet „*Marais Poitevin*" das Château de Moreilles, kurz für Le Château de l'Abbaye (Abtei) Moreilles. Es ist wahrscheinlich, dass der Begriff Schattenmorelle eine Verballhornung des Château de Moreilles ist. In dessen Gärten wurde die Kirschsorte schon 1598 gezüchtet, und im Laufe der Zeit wurde aus Château Schatten.

Allerdings könnte das Wort aus Italien kommen, denn die italienische „amarena" ist ebenfalls eine Sauerkirschsorte. Wir halten jedoch an der originellen französischen Version fest!

La Rochelle: Die freundliche westfranzösische Hafenstadt (ca. 76.000 Einwohner) und Hauptstadt des Départements Charente-Maritime ist ein Tourismusmagnet. Bis zum 15. Jahrhundert blieb La Rochelle der größte Hafen Frankreichs an der Atlantikküste. Die Stadt war um 1565 während der Religionskriege eine Hochburg des Protestantismus. Die Belagerung von La Rochelle (1627–1628) durch Kardinal Richelieu bedeutete das Ende der hugenottischen Herrschaft. Von den ursprünglich 28.000 eingeschlossenen, ausgehungerten Einwohnern überlebten nur 5.000. Heute gilt La Rochelle als eine der schönsten Städte Frankreichs. Zahlreiche Sehenswürdigkeiten (Alter Hafen, Belfried, die Türme am Hafeneingang, Porte de la Grosse Horloge, alte Häuser etc.).

Marais Poitevin: Ein einzigartiges Naturschutzgebiet! Die Sumpfregion nördlich von La Rochelle ist nach der bekannteren Camargue das zweitgrößte Feuchtgebiet Frankreichs. Über 100.000 Hektar und 4.000 km Wasserwege. Das Marais (dt. Sumpf) Poitevin (Adjektiv für die Region Poitou) wird wegen seiner Kanäle „la Venise Verte" (das grüne Venedig) genannt. In reizvollen, unberührten Dörfern mit kleinen Häfen wie z. B. Coulon, stehen Naturliebhabern Flusskähne zur Verfügung.

Schorle

Toujours l'amour!
Immer die Liebe!

Tatort: Würzburg im 19. Jahrhundert. Es ist sommerlich warm in der fränkischen *Barockstadt*. In einer gemütlichen Kneipe sitzt ein französischer *Offizier* und bestellt sein Lieblingsgetränk, eine Weinschorle. Vor jedem Glas lautet sein Trink-spruch: „Toujours l'amour". Die *„Schoppenfetzer"* am Nebentisch hören immer wieder diesen Spruch und machen daraus Schorlemorle oder auch kurz Schorle. Im wahrsten Sinne des Wortes eine erfrischende Interpretation.

In Süddeutschland bezeichnet ein Schurimuri einen aufgeregten, hektischen Mensch. War dieser französische Offizier aufgeregt, weil er nur an schöne Frauen dachte? Im älteren Niederdeutsch bedeutet Schurrmurr Mischmasch. Dies könnte zu der Mischung aus Wein/Apfelsaft und Mineralwasser gut passen. Schorlemorle könnte auch vom mundartlichen Südwestdeutsch schuren (sprudeln) stammen.

Alle Versionen über die Herkunft des Durstlöschers mögen stimmen. À votre santé et à vos amours!

Offizier: Von frz. officier (Inhaber eines Amtes).
Barockstadt: Von frz. baroque (bizarr, grotesk). Das französische Wort für den verschnörkelten Kunststil des 18. Jahrhunderts bezeichnet ursprünglich eine unregelmäßige Perle, es ist entlehnt aus portugiesisch barroco.
Schoppenfetzer: Weintrinker in Franken. Übrigens, das französische wort chopine kommt von Schoppen. „Chope" im Französischen bedeutet „Bierkrug".

Schrohm

Für Dirk Peterke.

In manchem deutschen Dialekt, in Kasselänisch zum Beispiel, verstecken sich *amüsante* Gallizismen. Der Volksmund in Nordhessen bezeichnet heute noch mit "schrohm" einen Schalk oder Schürzenjäger. Das *kuriose* Wort ist eine Verballhornung des französischen Vornamens Jérôme.

Drehen wir das Rad der Geschichte um 200 Jahre zurück. 1807, nach dem Frieden mit Russland in Tilsit, ist Napoleon bestrebt, Europa zu seinem Vorteil neu zu ordnen. Der Kaiser schafft deshalb das Königreich Westphalen. Dieses besteht aus dem ehemaligen Herzogtum Braunschweig (frz. Brunswick), Kurhessen und vormals versprengten hannoverschen und preußischen Gebietsteilen westlich der Elbe. Es sollte ein Modellstaat werden. An die Spitze des Königreiches setzt er seinen jüngsten Bruder, Jérôme Bonaparte. Der neue König ist erst 23 Jahre alt, witzig, charmant, unbekümmert und, obwohl unerfahren, anfänglich sehr beliebt. Unter seiner Herrschaft werden der Gleichheitsgrundsatz und die Gewerbefreiheit eingeführt, die Leibeigenschaft aufgehoben, der fortschrittliche *Code Civil* übernommen. Jérôme steht auch für das erste Parlament auf deutschem Boden, das Fridericanum in Kassel. So weit, so gut. Aber der *joviale* Jérôme ist kein Arbeitstier wie sein großer Bruder, sondern frönt ausgiebig einem ausschweifenden Leben in seiner Hauptstadt Kassel. In seinem Schloss auf der Napoleonshöhe lädt er zu rauschenden öffentlichen Festen ein und plündert dafür bedenkenlos die Staatskassen. Seine Kenntnisse der deutschen Sprache reduzieren sich auf einen einzigen Satz, der auch seinen lockeren Regierungsstil charakterisiert: „Lustik, lustik, demain encore (morgen wieder) lustik!". Dieser oberflächliche Ausländer treibt es auf die Spitze, *peu à peu* kippt die gute Stimmung im Volk um. Alsbald verspotten die Bürger Kassels ihren Herrscher als „König *Lustik(g)*". Tagsüber sieht man Jérôme sehr selten am lästigen Schreibtisch, er ist kein *Bürokrat*, dafür nachtaktiv und dies nicht nur auf der Tanzfläche. Der gut aussehende König wird seinem feurigen korsischen Temperament und allen Vorurteilen gegen Franzosen gerecht.

Jérôme erweist sich als hervorragender Liebhaber. Obwohl er mit seiner geduldigen Gemahlin Katharina von Württemberg schon drei Kinder hat, sorgt er mit seinen zahlreichen *Mätressen* für einen positiven demografischen Faktor im Königreich. Auf der Göttinger Schillerwiese steht der *Jérôme-Pavillon*, in dem der unverbesserliche Schürzenjäger sich des öfteren in weiblicher Begleitung aufgehalten haben soll.

1813, nach der Völkerschlacht bei Leipzig, löst sich das Königreich Westphalen auf. Verbände der Kosaken nehmen Kassel ein, Jérôme muss Hals über Kopf fliehen. Es war Schluss mit der Verschwendungssucht und den permanenten *amourös*en Abenteuern. Nach einer sechsjährigen Herrschaft war Schluss mit (König) lustig.

Im damals gesegneten Alter von 76 Jahren starb Jérôme Bonaparte in Villegenis bei Paris. Aber „Schrohm" lebt heute noch, sehr zu unserem sprachlichen Vergnügen.

Amüsant: Eine amüsante Wortherkunft! Von frz. amusant und ursprünglich frz. muser (trödeln, sich vergnügen) und frz. museau (Maul, Schnauze). Wer sich also amüsiert, reißt also das Maul auf!

Kurios: Von frz. curieux und lat. cura (Sorge). Ursprünglich im Französischen bedeutete das Wort „Sorgfalt".

Code Civil: Der Code Civil entstand 1804 und wurde kurzzeitig zwischen 1853 und 1871 in Code Napoléon unbenannt. Das französische Gesetzbuch zum Zivilrecht ist in wesentlichen Teilen heute noch gültig. Der Code Civil umfasste 2281 (!) Artikel und stellte eine Verbindung von altem Recht, kodifizierten und Gewohnheitsrecht sowie dem neuen revolutionären Recht in Frankreich dar. Das Gedankengut der Revolution zeigte sich in der Gleichheit aller vor dem Gesetz, dem Schutz und der Freiheit des Individuums und des Eigentums und der weitgehenden Toleranz in Religionsfragen. Der Code Civil wurde in zahlreichen Rheinbundstaaten eingeführt und tw. auch nach 1815 freiwillig beibehalten.

Mätresse: Von frz. maîtresse (Herrin, Gebieterin).

Jovial: Von frz. jovial. Das Wort geht auf den römischen Gott Jupiter (lat. Iovis) zurück und bedeutet eigentlich „zu Jupiter gehörig". Wer im Sternbild des Planeten Jupiter geboren wurde, betont die Astrologie, hat ein heiteres Gemüt und ist leutselig.

Peu à peu: Von gleichbedeutend frz. Wörtlich: „Wenig für wenig", also Schritt für Schritt.

Lustig: Aus der deutschen Sprache ins Französische entlehnte Wörter sind eher selten. Interessant in diesem Zusammenhang ist das etwas veraltete französische Wort „loustic", seit 1762 eine Entlehnung aus „lustig". Es wird angenommen, dass Schweizer Regimente im Dienste der französischen Krone das Wort nach Frankreich brachten. Der „loustic" war der Spaßmacher eines Regiments.

Bürokrat: Wörtlich „der Herrscher in Amtszimmern". Das Wort Büro ist entlehnt aus frz. bureau und altfrz. bure, das ein grobes wollenes Tuch und danach einen bedeckten (Schreib-)Tisch bezeichnete.

Jérôme-Pavillon: Pavillon ist entlehnt aus frz. pavillon (Zelt), und lat. papilio („Schmetterling"). Von „Zelt" dann Übertragung auf weitere Konstruktionen.

Amourös: Ganz offensichtlich ist die französische Wortherkunft. Amour=Liebe.

Silhouette

Eine schöne Stadtsilhouette hat *Limoges*, am Fluss Vienne im nordwestlichen Zentralmassiv gelegen. Bekannt ist Limoges für die Herstellung von hochwertigem Porzellan und als Geburtsort des weltberühmten Malers *Pierre-Auguste Renoir*.

Weniger bekannt ist eine gewisse Schattenseite… In Limoges erblickte 1709 der Marquis Étienne de Silhouette das Licht der Welt und machte sich unsterblich, allerdings auf eine ganz andere Art als sein illustrer Landsmann. Zum Finanzminister unter Ludwig XV. emporgestiegen, musste er aufgrund der leeren Staatskasse unpopuläre Sparmaßnahmen ergreifen: z.B. Steuerpflicht für alle Staatsangestellten und Beamten, Vermögenssteuer für die Besserverdienenden im Lande, und den einfachen Leuten empfahl er Schlichtheit in vollendeter Form. Dabei ging er mit gutem Beispiel voran. Sein eigenes Schloss in Bry-sur-Marne schmückte er mit schwarzen papiernen Scherenschnitten anstelle aufwändiger in Öl gemalter *Porträt*s. Mit Silhouette verband man zunächst billige schlecht gemachte Porträts, und dann bezeichnete man allgemein alles, was irgendwie sparsam und armselig aussah, als „à la Silhouette". Bei soviel Unbeliebtheit in allen Bevölkerungskreisen wurde *Étienne de Silhouette* nach nur acht Monaten aus dem Amt gejagt.

Im Laufe der Zeit übertrug sich das Wort auf natürliche Konturen und auf Hell-Dunkel-Konturen als künstlerisches Mittel.
Unterschiedlicher konnten sie nicht sein, Renoir, der Meister der Farbe, und Silhouette, der berüchtigte Meister des Schattenrisses.

Limoges: Die Hauptstadt (knapp 132.000 Einwohner) des Départements Haute-Vienne und der Region Limousin ist vor allem durch die Herstellung von Porzellan bekannt. Bis ins 19. Jahrhundert belieferte Limoges den französischen Hof. Sehenswert: das Porzellanmuseum und die Kathedrale Saint-Étienne, das Musée national Adrien Dubouché (www.musee-adriendubouche.fr).

Pierre-Auguste Renoir (1841-1919): Stammte aus armen Verhältnissen. Mit 13 trat der große Impressionist eine Lehre als Porzellanmaler an. Mit 15 war er so gut, dass ihm die Manufaktur anspruchsvolle Malerarbeiten anvertraute.

Porträt: Von frz. portrait und altfrz. portraire (darstellen).

Étienne de Silhouette (1709-1767): Der notorische Geizkragen war ein Protegé von Madame Pompadour. Er schrieb auch Bücher, u.a. ein historisches Lexikon über illustre Männer. In der zweiten Hälfte des 18. Jahrhunderts wurde auch Deutschland von einer Welle der Begeisterung für Schattenrisse erfasst. Ein bedeutender Silhouettenschneider war Johann Wilhelm Wendt (1747-1815).

Stoff

„Vivre libre en travaillant ou mourir en combattant."

„Arbeitend frei leben oder kämpfend sterben".

Aufschrift auf der schwarzen Fahne der Seidenweber in Lyon
während des Aufstandes vom 21. November 1831

„Dä Schakardstouhl"

Krefelder Platt für den Jacquardstuhl

Der schönste Platz der Seidenstadt Lyon ist heute der Place des Terreaux, früher ein Schweinemarktplatz und berüchtigter Hinrichtungsort.

1806 findet dort eine besondere öffentliche Hinrichtung statt. Es ist nicht verwunderlich, wenn der Verurteilte völlig ungerührt bleibt. Es handelt sich um einen neuartigen Webstuhl, der auf Befehl des Zunftmeisters zerschlagen und verbrannt wird. Brandgefährlich wird es auch für seinen Erfinder, *Joseph-Marie Jacquard*. Von aufgebrachten Seidenwebern, in Lyon „canuts" genannt, wird er zusammengeschlagen. Die Polizei kann gerade noch verhindern, dass der verängtigste Jacquard in die *Rhone* geworfen wird. *À la bonheur*!

Was war geschehen? Auf Napoleons Geheiß wird der Lyoner Weber Jacquard ans „*Conservatoire des arts et métiers*" berufen, um mechanische Erfindungen zu machen. Ein Jahr später erfindet Jacquard eine Vorrichtung, mit deren Hilfe man jeden Kettfaden an der Webmaschine steuern und somit komplizierte, vielfältige Muster weben kann. Mit der neuartigen Lochkartensteuerung wird der Webstuhl „programmiert". Dieser revolutionäre Fortschritt vernichtet allerdings radikal Arbeitsplätze. Alsdann kann ein einziger Weber die Jacquardmaschine bedienen. Kinder, die früher einen Teil des ohnehin niedrigen Familieneinkommens sicherten, werden nicht mehr gebraucht.

Begeistert von der bahnbrechenden Erfindung Jacquards, versucht Napoleon 1806 per Dekret die neuen Webstühle durchzusetzen. Es kommt zu einem erbitterten Widerstand der Zünfte. Der *Protegé* des Kaisers wird mehrfach angegriffen und vor Gericht gebracht.

Als die englischen *Textilfabriken* Jacquard-Webstühle einsetzen, gelingt der Durchbruch auch in Frankreich. 1812 zählt man an die 18.000 Jacquard-Webstühle. Für seine Verdienste wird der Erfinder mit dem *Kreuz der Ehrenlegion* geehrt und erhält vom Kaiser eine lebenslange *Rente*. Für die bitterarmen Seidenweber gibt es nach wie vor trockenes Brot und dünne Suppe. Sie kämpfen für einen Mindestlohn und bessere Arbeitsbedingungen. 1831 brechen blutige Aufstände in Lyon aus, die von der Armee unter Führung des Marschalls Soult brutal niedergeschlagen werden. 600 Opfer sind zu beklagen. 1834 beim zweiten Aufstand der „canuts" gibt es wieder Hunderte von Toten. 1835 in Paris werden in einem Mammutverfahren über 10.000 gefangene Aufständische zur Deportation nach *Cayenne* oder Neukaledonien oder zu schweren Gefängnisstrafen verurteilt.

Heute sind die aufwändigen, hochwertigen *Jacquardstoff*e mit edlem Streifen*dessin* u.a. als Bettwäsche, Tischdecken, Sitzkissen oder im Dekobereich sehr begehrt. Nicht jeder kann sich diesen Luxus leisten.

Durch seine geniale Erfindung trug Jacquard entscheidend zur industriellen Revolution bei. Mit ihrem binären System waren die ersten „programmierten" Jacquardwebstühle die Vorfahren der modernen Computer. Auch sie sehr nützlich, andererseits ersetzen oder versklaven sie Menschen.

Der technische Fortschritt: Fluch und Segen zugleich, gestern und heute.

Joseph-Marie Jacquard (1752–1834): In Lyon geboren, entstammte einer Weberfamilie. Sein Vater besaß eine Werkstatt mit mehreren Webstühlen. Lyoner Textilfabrikanten haben seine Versuche finanziell unterstützt. In Calais steht eine Statue von Jacquard. Wer sich für Textilgeschichte und Sozialgeschichte (u.a. ausbeuterische Kinderarbeit) interessiert, kann in Wuppertal das Historische Zentrum – Museum für Frühindustrialisierung (www.historisches-zentrum-wuppertal.de) besichtigen. Auch eine Jacquardmaschine ist dort zu bewundern. Ebenfalls im Deutschen Museum (www.deusches-museum.de) in München. Durch das Endlosprinzip der Lochkartensteuerung konnten endlose Muster von beliebiger Komplexität mechanisch hergestellt werden. Der Lochstreifen erhielt alle Informationen, die für das zu fertigende Muster wichtig waren. Die Karten wurden mit Nadeln abgelesen. Bei einem Loch wurde der Kettfaden gehoben. Ohne Loch wurde er gesenkt. Somit war der mechanisierte Webstuhl die erste Maschine, die vom Menschen programmiert werden konnte und, wie die modernen Computer, mit dem binären System arbeitete. Die modernen Jacquardmaschinen sind selbstverständlich computergesteuert.
Stoff: Von altfrz. estoffe.
Dessin: Von frz. dessin (Zeichnung).

Canuts: 1464 wurde Lyon zu einer bedeutenden und florierenden Messestadt in Frankreich. Die Seiden-weberei in Lyon blickt auf eine lange Tradition zurück. Dort ließ Im Jahre 1540 König François I. eine Seidenweberei errichten. Die Stadt hatte damit das Seidenproduktionsmonopol. In Lyon wurden die Seiden-weber „canuts" genannt. 1830 hatte Lyon etwa 165.000 Einwohner. Die Arbeitsbedingungen für die 30.000 Seidenweber waren extrem hart (18 Stunden Arbeit täglich für einen kargen Lohn). Wegen der Mechanisierung der Webstühle kam es zu blutigen Aufständen. Berühmt in Frankreich ist das rührende Lied von Aristide Bruant „Le Chant des Canuts" (1894). Sehr informativ ist „La Maison des canuts" (www.maisondescanuts.com) in Lyon. Seidenweberaufstände hat es auch in Deutschland gegeben. In Augsburg gab es 1784/85 und 1794/95 Weberaufstände, die durch württembergische Soldaten niedergeschlagen wurden. 1828 fand ein Seidenweberaufstand in Krefeld statt. Die Seidenweber der Firma des Seidenbarons Friedrich von der Leyen rebellierten gegen Lohnkürzungen und Schickanen. Z.B. es durfte während der Arbeitszeit (12 bis 18 Stunden täglich) nicht gesprochen werden. Preußische Husaren schlugen die Aufständischen nieder. Bekannt sind der „schlesische Weberaufstand" von 1844 und ebenso das beeindruckende Gedicht von Heinrich Heine „Die schlesischen Weber" sowie das Drama „Die Weber" von Gerhart Hauptmann.

À la bonheur! Dieser Ausdruck wird ins deutsche mit „Recht so!", „ausgezeichnet!" übersetzt und stammt von frz. „à la bonne heure" (zur guten/günstigen Stunde).

Rhone: Frz. le Rhône, also „männlich". 812 km lang. Lyon liegt in strategisch idealer Lage am Zusammen-fluss von Rhône und Saône und ist immer ein bedeutender Handelsplatz und Verkehrsknotenpunkt gewesen. Im Laufe der Jahrhunderte hat es immer wieder Überschwemmungen gegeben.

Conservatoire des arts et métiers: Von frz. métier (Beruf) und lat. ministerium (Dienst).

Protegé: Dt. der Schützling, von frz. protéger (schützen).

Textilfabriken: Das Wort „Fabrik" ist entlehnt aus frz. fabrique (Herstellungsgebäude, Herstellung).

Kreuz de Ehrenlegion: „La Croix de la Légion d'Honneur" ist in Frankreich seit 1802 auf Initiative von Napoleon die ranghöchste Auszeichnung für militärische und zivile Verdienste. Die Verleihung erfolgt im Namen und auf Vorschlag des Staatspräsidenten. Es gibt fünf Stufen: Ritter, Offizier, Kommandeur, Großoffizier und Großkreuz. Mit dem Orden werden nicht nur Einzelpersonen geehrt. Auch Städte und Institutionen können mit dem Orden der Ehrenlegion ausgezeichnet werden.

Rente: Von altfrz. rente und frz. rendre (zurückgeben).

Cayenne: Die Hauptstadt (58.000 Einwohner) des französischen Überseedépartements Französisch-Guyana. Vor der Küste von Cayenne liegen die Îles du Salut, die Frankreich als Strafkolonie dienten. Bis 1951 unter-hielt Frankreich auf der gesamten Inselgruppe ein schreckliches Gefängnis (mit Todestrakt) für bis zu 2.000 Gefangene.

Jacquardstoff: Ein besonders edler Stoff. Zu Lebzeiten Jacquards war in den oberen Schichten der Gesell-schaft die Nachfrage nach edlen Stoffen mit originellen Mustern (z.B. Vögel) sehr groß. Mit der Erfindung hatte Jacquard maßgeblich zur Entwicklung der Textilindustrie in Deutschland beigetragen. Allerdings waren es nicht die berühmten Manufakturen in Lyon, die die blauen Samtmäntel für die rund 100 Senatoren, die an der Kaiserkrönung Napoleons am 2. Dezember 1804 teilnahmen, lieferten. Den Auftrag erhielt der Krefelder Seidenfabrikant Ludwig Maximilian Comte Rigal.

Tennis

Deuce, Longline, Stopball, Tiebreak, Serve and Volley... Diese Fachbegriffe aus der Tennissprache lassen erahnen, dass Tennis ursprünglich ein englisches Spiel ist und sein Name eigentlich ein englisches Wort sein müsste.

Irren ist menschlich! Tennis ist in Wahrheit in Frankreich erfunden worden, schon im 13. Jahrhundert; und zwar von Mönchen, die, um sich fit zu halten, als erste dem *Jeu de Paume* auf dem Klosterhof frönten. Das Fangen des damaligen Holzballs mit der bloßen Hand erwies sich gelegentlich als schmerzhaft, und so wurde die Erfindung des Holzschlägers ein wahrer Segen.

Im 17. Jahrhundert war am französischen Hof das Jeu de Paume bei Adligen und Königen en vogue. Im 18. Jahrhundert kam das Spiel nach England. Dort wurde das Rasentennis entwickelt, und Major Walter Clopton Wingfield schrieb 1874 das erste Regelwerk.

Und das Wort „Tennis"? Es kommt von frz. tenir (halten). Der aufschlagende Spieler beim Jeu de Paume rief seinem Gegenspieler zu: „Tennetz!" („Nehmen Sie/Halten Sie (den Ball))". Der Vorläufer des Tennis „real/royal tennis" wird heute noch in Großbritannien, in den Vereinigten Staaten, in Australien und selbstverständlich in Frankreich von 10.000 Sportlern und, wie beim Squash, mit Wänden gespielt.

Stolz ist man in Deutschland auf den dreimaligen Wimbledonsieger Boris Becker. Die berühmte *Marke* Lacoste kennt jeder; seinen Erfinder, die französische Tennislegende, René Lacoste, weitaus weniger. In den zwanziger Jahren war er eine Zeitlang der beste Spieler der Welt, und Wimbledon gewann er sogar zweimal.

Jeu de Paume: Frz. für „Spiel mit der Handinnenfläche". Dieses Spiel war 1908 in London olympische Disziplin. Die Galerie nationale du jeu de Paume (www.jeudepeaume.org) ist ein Museum für zeitgenössische Kunst (Fotografie, Videokunst) in Paris, 1861 erbaut. Der Name kommt von der ursprünglichen Ausstattung mit Spielfeldern.

Marke: Von frz. marque (Marke, Zeichen).

Todschick

Ein Wort mit Migrationshintergrund par excellence.

Was kann am Tod schon so „*schick*" sein? Nämlich gar nichts. Das Wort stammt eigentlich aus dem Französischen, hat mit dem Tod absolut nichts zu tun, sondern mit dem Gegenteil, mit der Lebenslust und Lebensleistung von Französinnen und Franzosen, die Anfang des 18. Jahrhunderts zur wirtschaftlichen Prosperität in Berlin und Brandenburg maßgeblich beitrugen.

Wer waren diese Einwanderer?
Schon damals mussten die im eigenen Land wegen ihres Glaubens verfolgten reformierten Franzosen ins Ausland flüchten. Allein in der berüchtigten „Bartholomäusnacht" vom 24. August 1572 wurden Tausende Hugenotten kaltblütig ermordet, darunter auch ihr führender Kopf, Admiral Gaspard de Coligny. Jeglicher reformierte Gottesdienst wurde im katholischen Frankreich streng verboten. Trotz des ausdrücklichen Auswanderungsverbots flohen nach 1685 von den etwa 850.000 reformierten Protestanten schätzungsweise 200.000 in die Niederlande, nach England und Deutschland.

Mit dem Edikt von Potsdam vom 29. Oktober 1685 löste Kurfürst Friedrich Wilhelm einen beachtlichen Einwandererstrom aus. Etwa 20.000 Hugenotten folgten der Einladung des Großen Kurfürsten und siedelten sich vor allem im religiös toleranten Berlin und Brandenburg an. Und so kam es, dass im Jahr 1710 jeder fünfte Berliner Hugenotte war. Diese gebildeten und fleißigen Franzosen kamen meist mittellos an. Mit der Zeit aber errichteten sie zahlreiche *Manufaktur*en, Seidenfabriken, brachten auch technische Innovationen ins Land und führten sogar in Brandenburg-Preußen über 40 neue Berufe (Uhrmacher, Goldschmied etc.) ein.

Da sich der kurfürstliche Hof nach französischer Mode kleidete, waren in Berlin französische Knopf-, Hut- und Handschuhmacher gern gesehene Leute. Réfugiés (Flüchtlinge) wie Joyeux und De Rieux verbesserten die Technik der Seidenherstellung und -verarbeitung. Die Hugenotten führten die Tuchfärberei ein. Aus der kleinen französischen Stadt Aubusson kam Pierre Mercier. Er erstellte kunstvolle Wandteppiche, von höchster Qualität und wurde sogar „Hoftapissier". Auch zahlreiche, „*adrett*e" französische Schneider kamen nach Berlin und brachten ihre Kunstfertigkeiten mit. Ohne die Hugenotten wäre damals die Textilindustrie völlig undenkbar gewesen.

Die Hofgesellschaft war sehr modebewusst, *parlierte* Französisch und Modeartikel aus Frankreich galten als „tout chic", ganz schick, im Volksmund „todschick". Die Einwanderer selbst, vom Calvinismus zu einem sittenstrengen Leben verpflichtet, bevorzugten in der Regel eine betont anspruchslose, bürgerliche Kleidung. Unter den Réfugiés waren auch Buchdrucker. Das Leipziger Verlagshaus Reclam wurde von Nachkommen eines in Berlin lebenden Réfugiés gegründet. Viele Hugenotten waren Intellektuelle. Sie gründeten ein auch von gebildeten Berlinern stark frequentiertes französisches Gymnasium („Collège français"), und französische Sprache und Kultur kamen alsbald sozusagen in Mode. Sehr schnell nahm das Berliner Volk französische Sprachelemente aus dem Gartenbau, der Gastronomie (z.B. *Bulette*, *Ragufeng*, *Erbspüree* etc.), und vor allem aus der Mode (*Manschette*, *Taille*, *Negligé*, *blümerant* etc.) in sein Vokabular auf. Auch „todschick".

Gestern die Hugenotten, die eine stets starke französische Tradition nach Berlin brachten, und heute die Fortsetzung dieser weltweit bewunderten Tradition in der Modewelt von Chanel, Cardin, Dior, Lacroix und Yves Saint-Laurent. Eben todschick und immer quicklebendig!

Todschick: Verballhornung aus frz. tout (ganz) und chic (schick). Schick kommt von frz. chiquer (hinwerfen von einer Zeichnung, spritzig entwerfen). Möglicherweise eine Abkürzung von dt. „Geschick" (Haltung in der militärischen Sprache).

Manufaktur: Von frz. manufacture, einer Zusammensetzung aus frz. main (Hand) und frz. facture (Herstellung).

Adrett: Von frz. adroit (geschickt). Im Deutschen hat das Wort eine andere Bedeutung (gepflegt).

Parlieren: Von frz. parler (sprechen, reden).

Bulette: Von frz. boulette (de viande) (Hackfleischbällchen) und frz. boule (Kugel).
Die Bulette wurde damals häufig beim „Budiker" bzw. in einer „Budike" gekauft. Ein „Budiker" war ein Kleinkaufmann, der Garküche und Ausschank gleichzeitig betrieb. Sprachlich leitet sich die „Budike" vom französischen boutique (Laden, Bude) her. Ursprünglich durften die Hugenotten kleine „boutiques" an den Brücken Berlins errichten, um Kleinwaren aller Art zu verkaufen. Siehe die Wortgeschichte „Boutique".

Ragufeng: Von frz. ragoût fin und frz. goût (Geschmack).

Erbspüree: Von frz. purée (Brei).

Manschette: Von frz. manchette und frz. manche (Ärmel).

Taille: Von frz. taille und frz. tailler (nach einer Form schneiden).

Negligé: Siehe die Wortgeschichte „Negligé".

Blümerant: Siehe die Wortgeschichte „Blümerant".

Empfohlene Lektüren:
„Hugenotten in Berlin", Herausgeber Gottfried Bregulla, Union Verlag Berlin, 1988. Leider vergriffen.
Wer mehr über die Geschichte des französischen Protestantismus und die Geschichte der Hugenotten in Berlin und Brandenburg erfahren möchte, sollte das Hugenottenmuseum im Französischen Dom, Gendarmenmarkt, besichtigen. 1705 wurde der Französische Dom nach dem Vorbild der 1688 zerstörten Hauptkirche der Hugenotten in Charenton erbaut.
Ewald Harndt, Französisch im Berliner Jargon, Saron Verlag, 2005.

Toilette

Bis tief in die Nacht hinein hat sie mit ihm getanzt.

Zu spät aufgestanden! Sie fiebert dem *Rendezvous* mit dem *charmant*en *Beau* entgegen, eilt zum Frisiertisch im Ankleidezimmer, schaut sich im undankbaren Spiegel an und seufzt entgeistert: „Mon Dieu! Mein Gott! Wie sehe ich denn aus"!
Auf dem Frisiertisch liegt ein Tuch aus Spitze, und darauf ein Arsenal von kostbaren Reinigungsgeräten für ihre aufwändige Körperpflege: silberne *Puderdosen*, vergoldete Zierkämme, exquisite Duftkissen, ziselierte Taschenriechdosen, Zahnstocherbüchschen aus Elfenbein. Rote und weiße Schminke, die Farben der feinen Welt, für den perfekten *Teint*, *Pomade*, verführerische *mouches*, diese schwarzen Schönheitspflästerchen. Edle *Flakon*s voller betörender *Parfüm*s aus *Grasse* dürfen selbstverständlich nicht fehlen.
Bloß kein Wasser, es ist nur für arme Leute gut! Und jetzt aus der umfangreichen erlesenen *Garderobe* Passendes finden... ist wirklich nicht leicht.

Endlich das teure *Kollier* gefunden! Sie blickt zufrieden in den gleichgültigen Spiegel. Ihre Kleider sind geschmackvoll und wunderschön, ihre Frisur *apart*, die Gesichtsmaske ein wahres Kunstwerk.

„Kutscher! Schnell zum *Palais-Royal*. Noch schneller! Verlieren Sie keine Zeit"!
Zu spät angekommen. Der Schönling, dieser Schuft, hat sie sitzen lassen! Einfach *degoutant*! Für diesen *arrogant*en *Parvenü* hatte sie ein Schönheitsplästerchen im Mundwinkel platziert. Er hätte sofort verstanden.

Wütend wirft sie die nutzlose „mouche" weg.

Toilette: Von frz. toile (Tuch). Die abgeschlossenen Ankleidezimmer der Hofdamen im 18. Jahrhundert hießen closets (von altfrz. clos = geschlossen). Dort frönten sie nicht nur der Schönheitspflege, sondern verrichteten auch auf Leibstühlen ihre Notdurft. Im Laufe der Zeit entstand eine logische Pluralbildung. Statt „aller à la toilette" hieß es „aller aux toilettes" (dt. „auf die Toilette gehen").
Rendezvous: Von frz. rendez-vous, was ursprünglich „ergebt euch" und dann „begebt euch" bedeutet. So zunächst benannt aufgrund der gleichlautenden Aufforderung an Soldaten, sich zu versammeln. Auf Deutsch ist ein Rendezvous amouröser Natur. Im Französischen nicht unbedingt und manchmal sogar das Gegenteil, recht unangenehm. Z.B. „J'ai un rendez-vous chez le dentiste (beim Zahnarzt)".
Charmant: Von frz. charme und lat. carmen (Gesang, Zauberformel). Franzosen in Deutschland werden oft als Charmeurs empfunden. Liegt es am charmanten Akzent, an der schönen Sprache, an Vorurteilen?
Beau: Von frz. beau (schön), also Schönling.

Rouge: Von frz. rot. Die deutsche Sprache hat einige Farbbezeichnungen aus dem Französischen übernommen: z.B. aubergine, beige, Karo, (von franz. carreau), lila (von frz. lilas = Flieder), orange, bordeauxrot (in direktem Zusammenhang mit dem Wein), violett (von frz. violette =Veilchen).

Puderdosen: Das Wort Puder ist entlehnt aus frz. poudre.

Teint: Von frz. teint und frz. teindre (färben).

Pomade: Von frz. pommade und pomme (Apfel). Die Pomade galt im 18. Jahrhundert als Kosmetikprodukt des Adels. Der Begriff stammt aus der damals üblichen Herstellung von Pomade aus Äpfeln.

Mouches: Die sog. mouche (dt. Fliege) ist die Bezeichnung für ein kleines, schwarzes Schönheitspflaster aus gummiertem Taft, Samt oder Seide. Die mouches wurden von vielen Damen und einigen Herren getragen. Unterschiedliche Formen fanden Verwendung: Sterne, Herzen, Mondsicheln, Rauten, Insekten. Die Anbringung von mouches war Teil der ausführlichen Morgentoilette. Die mouches waren eine Art Geheimsprache und überbrachten je nach Platzierung bestimmte Botschaften. Die leidenschaftliche Frau (la passionnée) trug eine mouche im Augenwinkel, die kokette Frau (la coquette) über den Lippen. Eine Dame, die nichts gegen Liebesabenteuer hatte (la galante), platzierte das Pflästerchen auf die Wange, die Frau, die gerne küsste (la baiseuse), im Mundwinkel. Mit der „Diebin" (la voleuse) konnte man eine kleine Unreinheit der Haut verdecken.

Flakons: Von frz. flacon und altfrz. flascon und Niederfränkisch flasko (Flasche).

Parfüm: Von frz. parfumer (mit Duft erfüllen) und frz. fumée (Rauch, Dampf).

Grasse: Die südfranzösische „Stadt der Düfte" (40.000 Einwohner) ist für ihre luxuriöse Parfümindustrie (4.000 Beschäftigte in 30 Parfümfabriken) weltberühmt. Grasse ist der Handlungsort des Romans „Das Parfüm" von Patrick Süskind.

Eau de Cologne: Der Begriff „Kölnisch Wasser" wird in Frankreich nicht verstanden, dafür selbstverständlich „Eau de Cologne" dessen Erfinder Giovanni Maria Farina (1685-1766) war. In Köln lebte um 1700 eine große italienische Gemeinde. Man sprach und las Französisch und zu dieser Zeit war Französisch die Handelssprache. Sehenswert: Das Duftmuseum im Farina-Haus (www.farina.eu).
Interessant ist die berühmte Hausnummer 4711 in Köln. Sie basiert auf einer französischen Verordnung aus napoleonischer Zeit, um alle Häuser eindeutig markieren zu können. Bis dato hatten die Häuser in der Domstadt nur Namen.
Es sind ca. 500 französische Wörter, die den kölnischen Dialekt beeinflusst haben, z. B. Plümo (siehe die Wortgeschichte „Plumeau"), Paraplü (Regenschirm), Trottoir (Gehweg), promenieren (spazieren) etc.

Garderobe: Von frz. garde-robe, wörtlich „Verwahrung des Kleides".

Kollier: Von frz. collier und frz. col und cou (Hals).

Apart: Von frz. à part (auf der Seite).

Palais-Royal: Pariser Stadtpalast in der Nähe des Louvre. 1634-1639 im Auftrag von Kardinal Richelieu erbaut. Hinter dem Palais-Royal, umringt von zahlreichen Buch- und Antiquitätenläden und Cafés, liegt der schöne Garten des Palais-Royal, eine wahre Oase der Ruhe mitten in der Großstadt. Feine Gegend und hohe Immobilienpreise (10.000 Euro pro Quadratmeter für eine Wohnung).

Degoutant: Von frz. dégoûtant (widerlich).

Arrogant: Von frz. arrogant und lat. arrogare („etwas für sich beanspruchen").

Parvenü: Von frz. parvenu(e) (hingekommen).

Tour

Maurice Garin, der kleine drahtige Schornsteinfeger mit dem unbändigen Sieges-
willen, will Geschichte schreiben. Dafür hat der *populär*e Rennradfahrer 18 Tage Zeit.

Andere Favoriten wollen es auch. Die stärksten Konkurrenten sind Hippolyte
Aucouturier, *„le Terrible"* genannt, und der deutsche Kraftprotz, Josef Fischer, einer
der besten Straßenfahrer der Welt. Auch der junge talentierte Lucien Pothier ist
nicht zu unterschätzen. Er, Garin, trägt die Startnummer eins. Ein gutes Omen?
Am ersten Juli 1903 versammeln sich 60 ehrgeizige Radrennfahrer vor dem Café *le
Réveil-Matin* in der Pariser Vorstadt Montgeron. Um 15:15 Uhr ist es so weit. Die
Sportler müssen ganz Frankreich durchqueren, 2.428 Kilometer bewältigen, aufgeteilt auf nur sechs *Etappe*n mit einer Durchschnittslänge von über 400 Kilometern.
Selbst für die besten Fahrer dauert jede Etappe rund sechzehn Stunden. Zum Glück
hat der Veranstalter, *Henri Desgrange*, sieben Erholungstage eingeplant. Mit diesem
einzigartigen Ereignis will der Chefredakteur von *„L'Auto"* die Auflage seiner
Sportzeitung steigern. Für die Radrennfahrer heißt das Ziel, Aucouturier und Garin
zu schlagen, zumindest eine Etappe gewinnen und vor allem bloß nicht aufgeben,
diese Höllenfahrt heil überstehen. Die Hölle, das sind staubige, unasphaltierte
Straßen voller Schlaglöcher, die erbarmungslose flirrende Hitze des Südens, der
peitschende Regen in der rauen Bretagne. Die klobigen Rennräder wiegen oft mehr
als zwanzig Kilo, bei einer Panne muss jeder Fahrer sein Rad ganz allein reparieren.
Als Desgrange sich 1910 entscheidet, die Strecke durch die Pyrenäen zu führen, löst
er Empörung im Volk aus, denn in den häufig schneebedeckten Bergen könnte sich
eventuell ein älterer, hungriger wilder Bär auf ein willkommenes „Essen auf
Rädern" freuen.

Hippolyte Aucouturier führt, muss aber wegen Magenproblemen in Nevers aufgeben. Glück für den kleinen Schornsteinfeger, der drei Etappen gewinnt und in Paris
triumphiert. Mit ihm erreichen zwanzig erschöpfte, geräderte Fahrer das ersehnte
Ziel, Lucien Pothier wird Zweiter, der Letztplatzierte hat einen Rückstand von beinahe 65 Stunden.

Maurice Garin trug kein gelbes *Trikot*, hatte weder Helfer noch Sponsoren, kein
Hightechfahrrad. Als Gesamtsieger bekam der kleine Mann aus Lens in Nordfrankreich
lediglich 3.000 alte französische Francs. Viel Geld war es nicht und darum ging es
auch nicht. Gedopt war er auch nicht. Er trug allerdings eine Flasche Rotwein bei
sich. Bekanntlich ist Rotwein, in Maßen getrunken, gut für das Herz!

Nach einer *formidable*n Leistung gewann der *Champion* die erste Tour de France, die eine *Tour de Force* war, bevor sie zur *Tour de Farce* wurde. Den unrühmlichen Anfang machte ausgerechnet Maurice Garin. Auch die Tour de France 1904 konnte er *sensationell* gewinnen. Dennoch wurde ihm der Sieg aberkannt. Nachweislich hatte der kleine *Filou*, wie andere Fahrer auch, Abkürzungen über Waldwege genommen und die Eisenbahn benutzt, um schneller ans Etappenziel zu gelangen.

Erst kommt der Sieg, dann die *Moral*.

Tour: Von frz. tour (Drehung, Wendung) und lat. tornare (drechseln).

Populär: Von frz. populaire und lat. populus (Volk).

„Le Terrible": Dt. „Der Schreckliche".

Le Réveil-Matin: Das französische Wort réveille-matin bzw. réveil bedeutet „Wecker".

Etappe: Von frz. étape. Ursprünglich stammt das Wort aus dem mittelniederländischen stapel und bedeutet Lagerplatz.

Henri Desgrange (1865–1949): Erfand 1919 das wichtigste Wahrzeichen der Tour de France: Um den führenden Fahrer kenntlich zu machen, hatte er die Idee, ihm ein gelbes Trikot zu geben. Der erste Fahrer, der diese Ehre hatte, war der Franzose Eugène Christophe. Dieser Rennradfahrer musste 1913 mit seinem Fahrrad auf der Schulter zu Fuß die 14 Kilometer bis zur nächsten Schmiede zurücklegen, wo er sein Rad ganz allein reparierte, da es verboten war, Hilfe anzunehmen im Falle eines Defektes. Er überquerte die Ziellinie vier Stunden nach dem Etappensieger. Bis zu seinem Tod 1940 blieb Desgrange Direktor der Tour.

L'Auto: Die heutige „L'Equipe" (Dt. die Mannschaft), die größte Sportzeitung Frankreichs.

Trikot: Von frz. tricot und frz. tricoter (stricken).

Formidabel: Von frz. formidable und lat. formidabilis (furchterregend).

Champion: „Celui qui combat en champ clos", wörtlich „Derjenige der auf dem geschlossenen Feld (Turnierplatz) kämpft". Von frz. champion, frz. champ (Feld) und lat. campus im Sinne von „Schlachtfeld". Und alles ursprünglich von germ. Kamp (Schlacht).

Tour de Force: Von frz. force (Kraft).

Tour de Farce: Von frz. farce (Posse).

Sensationell: Von frz. sensationnel.

Filou: Siehe die Wortgeschichte „Filou".

Moral: Von frz. morale.

Vernissage

„Ce qui entend le plus de bêtises dans le monde
est peut-être un tableau de musée".

„Was den meisten Unsinn auf der Welt hört,
ist vielleicht ein Gemälde im Museum".

Edmond und Jules de Goncourt

Die Magier des Lichtes und der Farben malen anders. Ihre Stilrichtung missfällt den allmächtigen Herren vom *Pariser Salon*. Diese haben nur ein Wort auf den Lippen: Abgelehnt!

Degas? Abgelehnt. Monet? Abgelehnt. Renoir? Abgelehnt. Sisley? Abgelehnt. Weil sie keine *Chance* sehen im Salon auszustellen, müssen die Erneuerer eine Gruppenausstellung in eigener *Regie* durchführen. Aber wo? Zum Glück stellt der *engagiert*e Fotograf Nadar sein Atelier als *Galerie* zur Verfügung. Bei der *Vernissage* am 15. April 1874 feiern die Künstler mit einigen Freunden, aber ihre Freude ist von kurzer Dauer. Danach kommen die Besucher: Grimmige Gesichter, viele schütteln verständnislos den Kopf, einige sind empört: „Was soll diese Skizzenhaftigkeit"? „Man erkennt so gut wie gar nichts". „Entsetzlich! Und solche Schmierereien nennen sie Kunst"?

Claude Monet schweigt. Die ersehnte Ausstellung der Künstlervereinigung endet in einem Fiasko. Kunstkritiker überbieten sich in der Presse mit Schmähungen. Nachdem er sich das Bild von Monet „*Impression, Soleil Levant*" (Impression, Sonnenaufgang) angeschaut hat, schrieb der *Journalist* Louis Leroy in einem hämischen Artikel: „Eine Tapete im Urzustand ist ausgearbeiteter als dieses Seestück". Außerdem bezeichnete er in Anlehnung an Monets Bild die erste Gruppenausstellung der Société Anonyme Coopérative d'Artistes-Peintres, -*Sculpteur*s, *Graveur*s, etc. spöttisch als „Ausstellung der *Impressionisten*", womit er der ganzen Stilrichtung ihren Namen gab.

Das Wort „Impression" bezeichnet einen persönlichen und subjektiven Eindruck. Ein Kunstkritiker, der sich für wichtig hielt, verglich ein Meisterwerk von Monet mit einer wertlosen Tapete.

Wer kennt heute noch Louis Leroy, diesen Kunstbanausen?

Pariser Salon: Der Salon de Paris (aus frz. salon = großer Saal) war die bedeutendste Kunstausstellung, die von König Ludwig XIV. im Jahre 1667 initiiert wurde, um den offiziellen höfischen Kunstgeschmack zu propagieren. Die Auswahlkriterien waren sehr konventionell und unterdrückten neue Ideen regelrecht. So kam es ab Mitte des 19. Jahrhunderts zu zahlreichen Gegenausstellungen. Das französische Wort salon kann auch eine Messe in Frankreich bezeichnen (z. B. le Salon de l'Automobile, le Salon du Meuble, le Salon du Livre in Paris).

Chance: Von frz. chance und lat. cadere (fallen). So benannt nach einem Ausdruck des Würfelspiels, der den günstigen Fall der Würfel bezeichnet.

Regie: Von frz. régie (Leitung).

Engagiert: Von frz. engagé (verpflichtet) und frz. gage (Pfand, Lohn), eigentlich „in Sold genommen".

Atelier: Von frz. atelier „Werkstatt". Im altfrz. ist astelier der Ort, wo es viele Holzspäne gibt. Im altfrz. bedeutet astelle „Span, Splitter".

Galerie: Von frz. galerie (Säulengang). In solchen Säulengängen wurden Bilder aufgehängt. So entstanden die ersten Gemäldesammlungen.

Vernissage: Eröffnung einer Kunstausstellung. Von frz. le vernissage. Das Wort ist vom französischen Begriff vernis „Firnis, Lack" abgeleitet. Ursprünglich firnissten die Künstler anlässlich der Vernissage ihre Bilder, d.h. sie überzogen sie mit einem klaren Schutzlack. Damit schlossen sie ihre Arbeit ab, denn ein Weitermalen war jetzt praktisch unmöglich. Im Laufe der Zeit entstand der Brauch, diesen Abschluss der Arbeit mit einer kleinen, intimen Feier – etwa im Kreise von Freunden und Auftraggebern – zu würdigen, die einer etwaigen, förmlicheren Ausstellungseröffnung mit größerem Publikum voranging. Das feierliche Ende am letzten Tag einer Kunstausstellung nennt man in beiden Sprachen Finissage (von frz. finir = enden). Bei größeren Kunstausstellungen kann es zur Halbzeit der Ausstellung auch eine Midissage geben.

Anmerkungen: Französische Lehnwörter, wie étage, garage, hommage, massage, montage, reportage, sabotage (von frz. sabot „Holzschuh", eigentlich „in Holzschuhmanier arbeiten", also schludern, pfuschen), vernissage, finissage oder collage sind in der deutschen Sprache weiblich – im Französischen sind sie in der Regel männlich (Ausnahmen z. B. le courage, le fromage, le péage). Zur Herkunft des Wortes Collage: Dieses Wort ist entlehnt aus frz. collage und frz. coller (kleben). Das Wort wird gebraucht seit etwa 1910 für die von G. Braque und P. Picasso geschaffenen kubistischen Bilder, in die Zeitungs-, Tapeten- und Wachstuchteile eingeklebt waren; dann Verallgemeinerung.

Claude Monet (1840–1926): Im Alter von fünf Jahren zog die Familie Monet in die Hafenstadt Le Havre. Die Kindheits-Eindrücke von Hafen, Küste und Meer malte Monet später immer wieder. 1859 ging er entgegen dem Willen seines Vaters nach Paris, um dort Malerei zu studieren. Monet malte oft im Freien („Der Spaziergang"). Weltberühmt sind seine Seerosen.
Bis in die 1890er Jahre blieb die finanzielle Situation des größten Impressionisten angespannt. In dieser Zeit entwickelte Monet das Konzept der Serie, in denen er ein Motiv in verschiedenen Lichtstimmungen malte. Er legte einen berühmten Garten in Giverny (www.foundation-monet.fr/de/) an. Dort lebte er von 1883 bis zu seinem Tod. Haus und Garten können besichtigt werden.

Impression, Soleil Levant: Das Bild zeigt den Hafen von Le Havre am Morgen. Im Hintergrund liegen Schiffe vor Anker, die im Nebel verschwinden. Im Vordergrund sind drei kleinere Boote schemenhaft zu erkennen. Auf dem Wasser spiegelt sich das Licht der aufgehenden Sonne. Im Musée Marmottan (www.marmottan.com) in Paris, befinden sich zahlreiche Gemälde von Monet und anderen berühmten Impressionisten. Dort kann man auch „Impression, Soleil Levant" bewundern.

Journalist: Er schreibt meistens täglich für seine Zeitung (frz. journal, abgeleitet von jour = Tag). Ein journal kann in Französisch auch ein Tagebuch bezeichnen, (z. B. „Le journal d'Anne Frank").

Sculpteur: Dt. Bildhauer.

Graveur: Dt. Gravierer, aus frz. graveur.

Impressionisten: Zu den berühmtesten Malern dieser Stilrichtung zählen Berthe Morisot, Cézanne, Degas, Monet, Renoir, Pissaro, Sisley. Ihre Werke bestechen durch herrliche Farben. Sie versuchten, die Stimmung des Augenblicks einzufangen. Den Einfluss des Lichtes auf ein Motiv darzustellen, war den Impressionisten besonders wichtig. Damals reagierte die Presse sarkastisch. In Zeitungskarikaturen wurden schwangere Frauen davor gewarnt, impressionistische Ausstellungen zu besuchen, wegen der Gefahr einer Fehlgeburt. In anderen Karikaturen wurde vorgeschlagen, die preussischen Feinde, die im Jahr 1870 auf Paris marschierten, durch Vorzeigen impressionistischer Bilder abzuschrecken. Heute sind zahlreiche Werke dieser Maler im Musée d'Orsay (www.musee-orsay.fr/de/empfang.html) und im Musée Marmottan in Paris zu sehen. Das Wort „Impression" ist aus frz. impression (Eindruck) entlehnt.

Vignette

An der französischen, österreichischen oder schweizerischen Grenze schmerzt ein besonders empfindliches Organ den Autofahrer: der Geldbeutel.

Am „*péage*" in Frankreich wird bar bezahlt, in Österreich und in der Schweiz ist die Autobahnvignette fällig. Als Kontrollnachweis „schmückt" dann ein hässlicher Aufkleber die Windschutzscheibe. Aber ist deshalb „Vignette" ein unschönes Wort? Die Herkunft dieser uralten Bezeichnung beweist geradezu das Gegenteil.

„Vignette" leitet sich vom französischen „vigne" für Weinrebe ab. Es bezeichnet ursprünglich einen Buchschmuck, ein ornamentales Zierstück im Druckwesen. Der „vignettiste" war und ist heute noch ein wahrer Künstler. Damals gestaltete der „vignettiste" hochdekorative, manchmal goldverzierte Kupferstiche oder Holzschnitte oft mit bildlicher Darstellung auf dem Titelblatt eines Buches. Als kleinere Zeichnungen befanden sich Vignetten auch zu Beginn oder am Ende eines Kapitels.

Reichlich Rankenwerk umrahmte die bildliche Darstellung. Diese war oft ein Symbol oder eine mythologische *Figur* wie z.B. Amor. Solche kunstgrafischen Kostbarkeiten findet man heute noch in besonders wertvollen Buchausgaben. Das Rankenwerk ist zwar verschwunden, die künstlerische Qualität geblieben.

Ein schönes Bild sagt mehr als tausend Worte.

Vignette: Von frz. vignette (eigentlich Weinrankenornament) und frz. vigne (Weinrebe).
Péage: Frz. für Zahlstelle (payer = bezahlen) für die Autobahngebühr in Frankreich.
Figur: Von frz. figure (Form, Gestalt).

Zelle

„Personne ne peut s'imaginer ce que cela veut dire de devoir transformer l'encre en or".
„Niemand ahnt, was es heißt, Tinte in Gold verwandeln zu müssen".

Brief von Balzac an Ewelina Hanska.

Kurz nach Mitternacht flackert Kerzenlicht in der ersten *Etage* eines bescheidenen Hauses, Rue Basse in *Passy*. Der arbeitsbesessene *Romancier* Honoré de Balzac setzt sich an seinen einfachen Schreibtisch und macht die Nacht zum Tag. Er muss schreiben, schreiben, schreiben. Ihm bleibt keine andere Wahl. Um seinen hartnäckigen Gläubigern zu entkommen, hat Balzac *unter falschem Namen* ein Haus in einem Pariser Vorort gemietet. Notfalls kann er durch den Hinterausgang, Rue Berton, die Flucht antreten. Verzweifelt hat der Schriftsteller versucht, seine erdrückende Schuldenlast abzuschütteln und mit grandiosen Geschäftsideen reich zu werden. Als illusorisch erweisen sich die „profitable" Ananaszüchtung in Gewächshäusern südlich von Paris sowie die neue Ausbeutung einer alten römischen Silbermine auf Sardinien. Alle Vorhaben endeten im finanziellen *Desaster*. Balzac lebt nunmehr in Passy wie ein Mönch in seiner „*Zelle*". 1845 in einem Brief an seine ferne Geliebte, die ukrainische Gräfin Ewelina Hanska, klagt er: „Arbeiten, das heißt immer gegen Mitternacht aufstehen, bis acht Uhr schreiben, in einer Viertelstunde etwas essen, bis fünf Uhr schreiben, zu Abend essen und am nächsten Tag wieder anfangen". Bevor er mit der Arbeit beginnt, inszeniert der Schriftsteller ein *extravagant*es Ritual. Er zieht *Babuschen* an, hüllt sich in eine weiße Mönchskutte. Diese wird durch einen Gürtel aus venezianischem Gold zusammengehalten. An ihr hängen ein Papiermesser, eine Schere und ein Federmesser. So bewaffnet zieht der *vital*e Einsiedler wie ein Soldat in den Kampf und greift zur Rabenfeder. 15 Stunden ohne Pause. Um dieses infernalische Tempo durchzuhalten, trinkt er starken Kaffee, in *enorm*en Mengen, bis 50 Tassen täglich. „Der Kaffee gleitet hinab in den Magen, und dann gerät alles in Bewegung: Die Ideen rücken an wie Bataillone der Großen Armee auf dem Schlachtfeld; der Kampf beginnt... Die leichte Kavallerie entwickelt sich in einem prachtvollen *Galopp*... Die geistreichen Einfälle greifen als *Tirailleurs* ins Gefecht ein. Die Gestalten kostümieren sich, das Papier bedeckt sich mit Tinte, die Schlacht hebt an und endet unter Strömen schwarzer Flut, so wie die wirkliche Feldschlacht in schwarzem Pulverrauch ertrinkt".

Nacht für Nacht, wie im Rausch, schreibt Balzac 40 Seiten. Am Ende eines Jahres sind es vier Romane. Sein Vorhaben ist schier übermenschlich. Er plant ein voluminöses Gesamtwerk, La Comédie Humaine (Die Menschliche Komödie). 137 Romane sollen es werden, 91 werden es sein. Es entsteht ein umfassendes Sittengemälde der französischen Gesellschaft seiner Zeit. Im Arbeitszimmer warten jede Nacht unzählige Romanfiguren auf ihren Schöpfer. Wenn Balzac nicht schreibt, dann korrigiert er mehrfach und wild tausende von Seiten, treibt die Schriftsetzer zur Weißglut. Froh sind sie alle, wenn der manische Schriftsteller auf Reisen geht. Dann aber verwandelt sich der „Mönch" in einen Dandy mit gesundem Appetit. Der Ekzentriker stolziert auf gesellschaftlichem *Parkett* mit prunkvollen Spazierstöcken, zieht strohgelbe *Glacéhandschuhe* an, kauft erlesene Orientteppiche und kostbare Antiquitäten. Die Folgen dieser *Ticks* und des luxuriösen Lebensstils sind noch mehr Schulden, noch mehr einsame Arbeit in der Stille der Nacht. Balzac ist ein unermüdlicher Sklave auf der Galeere der Schriftstellerei. „Ich darf weder krank noch leidend, noch schlecht aufgelegt sein. Aus Stahl und Eisen müsste ich sein, wie der Prägehammer, der Münze, und immerzu prägen, prägen!" schreibt er an Ewelina Hanska. Mit 51 ist seine *Energie* verbraucht. Der Kaffee, „das schwarze Öl, das allein diese phantastische Arbeitsmaschine immer wieder in Gang bringt", wie Stefan Zweig es in seinem Buch „Balzac – Eine Biografie" trefflich formuliert, hat seine Gesundheit *ruiniert*. Bei unmäßigem Konsum erweitert bekanntlich die *Droge* Kaffee die Herzkranzgefäße. Sechs Monate vor seinem Tod willigt endlich seine Geliebte Ewelina Hanska in die Heirat ein. 1850 stirbt der große Schrifsteller an den Folgen einer Herzerweiterung.

Geblieben sind literarische Legenden, le Père Goriot, Rastignac, César Birotteau, Eugénie Grandet, seine Geschöpfe der Nacht. *Carpe Noctem*.

Etage: Von frz. étage und lat. stare (stehen).

Passy: Gehört heute zum noblen und sündhaft teuren 16. Arrondissement in Paris. Balzac wohnte dort von 1840 bis 1847. Man kann das Maison de Balzac, 47 rue Raynouard, Di–So, 10.00–18.00 Uhr, www.paris.fr/musees, besichtigen. Interessant ist ebenfalls das Balzac-Museum im Château de Saché im Herzen der Touraine, der Heimat von Balzac. Dort konnte Balzac zwischen 1824 und 1837 bei einem befreundeten Gönner in aller Ruhe arbeiten, selbstverständlich nachts. Im Balzac-Museum bekommt der Besucher einen guten Einblick über die extrem aufwändige Arbeitsweise des Schriftstellers und Wegbereiters des Naturalismus.

Romancier: Von frz. romancier (Romanautor) und altfrz. romanz.

Unter falschem Namen: Falsch ist entlehnt aus altfrz. fals.

Desaster: Von frz. désastre und frz. astre (Gestirn). In der Astrologie sind bestimmte Gestirnkonstellationen für das Schicksal der Menschen verantwortlich.

Zelle: Von frz. cellule und lat. cella (Kammer).

Extravagant: Von frz. extravagant, einer Zusammensetzung aus lat. extra (außerhalb) und lat. vagari (umherschweifen).

Babuschen: Von frz. babouches und arabisch bâboûch. Die arabischen Hausschuhe stammen ursprünglich aus Persien. Der Ausdruck „nicht in die Puschen kommen" hängt mit dem Wort „Babuschen" zusammen.

Vital: Von frz. vital (lebendig).

Enorm: Von frz. énorme und ursprünglich lat. ex (aus) und norma (Regel).

Galopp: Von frz. galop, frz. galoper (sehr schnell reiten).

Tirailleurs: Von frz. tirer (schießen).

Parkett: Von frz. parquet, einer Verkleinerungsform von frz. parc, ursprünglich eine eingezäunte abgeteilte Weide in der Region Picardie (Nordfrankreich). Danach erfolgte die edle Übertragung auf abgeteilte Bretter des Fußbodens.

Glacéhandschuhe: Von frz. gants glacés, wörtlich „vereiste Handschuhe". Durch deren Oberflächenbehandlung haben sie eine glänzende Farbe.

Ticks: Von frz. tic (Zuckung, Schrulle).

Energie: Von frz. énergie und griechisch ergon (Wirken).

Ruiniert: Von frz. ruine.

Balzac und Kaffeekonsum: Im Text gibt es eine Übersetzung von Stefan Zweig (Balzac. Eine Biografie. Fischer Verlag, Frankfurt 1979) aus einem wenig bekannten Buch von Balzac „Le Traité des excitants modernes". Während Balzac vom Rauchen abrät, zelebriert er die halluzinatorische Wirkung des Kaffees (zur Herkunft des Wortes, siehe die Wortgeschichte „Café"). Das Getränk setzt die „esprits moteurs" des Schriftstellers in Gang und inspiriert ihn. Balzac trank eine starke Mischung aus drei verschiedenen Kaffeebohnen, die er in drei verschiedenen Pariser Geschäften kaufte.

Droge: Von niederländisch droog (trocken und frz. drogue). Eine droguerie war im 15. Jahrhundert eine sécherie de harengs (Trockenplatz für Heringe).

Carpe Noctem: Wörtlich „pflücke" (im Sinne von „genieße") die Nacht, als Kontrapunkt zu Carpe Diem („Pflücke den Tag").

Empfehlungen:

Absolut lesenswert ist die spannende Balzac-Biografie von Stefan Zweig. Interessant und akribisch ist die Balzac-Biografie von Johannes Wilms, Diogenes Verlag, Zürich 2007.

Sehenswert ist der Film „Balzac – Ein Leben voller Leidenschaft" von Josée Dayan mit Gérard Depardieu und Jeanne Moreau in Hauptrollen.

Übrigens, über Rückmeldungen zu diesem Buch freuen wir uns (info@magenta.ws und psommet@web.de).

Empfohlene Referenzwerke für „Wortjäger/innen"

Lateinisch ist die Mutter aller romanischen Sprachen und Französisch ist eine romanische Sprache.

Zur Vertiefung der etymologischen Erläuterungen nach jeder Wortgeschichte werden interessierten Lesern folgende Bücher empfohlen:

Duden 07. Das Herkunftswörterbuch. Etymologie der deutschen Sprache, 4. neu bearbeitete Auflage, Duden Verlag.

Kluge: Etymologisches Wörterbuch der deutschen Sprache. Seit über 100 Jahren das maßgebliche Wörterbuch für Herkunft und Geschichte der Wörter der deutschen Sprache, Verlag De Gruyter, 24. Auflage.

Larousse étymologique, nouveau dictionnaire étymologique et historique, Maison d'Édition Larousse.

Wasserzieher: Woher? Ableitendes Wörterbuch der deutschen Sprache. Nur antiquarisch zu erwerben.

Frankreich Lexikon, B. Schmidt u.a., Eric Schmidt Verlag, 2005.

Im Frankreich Lexikon werden Schlüsselbegriffe u.a. zur Gesellschaft, Politik, Wirtschaft, Geschichte und Kultur Frankreichs ausführlich erläutert. Was die Wörter erzählen. Eine kleine etymologische Fundgrube. Waltraud Legros, dtv, 2010.

Französich lernen, Franzosen und Frankophonen kennenlernen, französische Kultur und Landeskunde in Deutschland und Frankreich erleben

Eine Auswahl nützlicher Adressen:

www.vhs.de (alle VHS-Programme bundesweit online)

www.institut-francais.fr (alle Instituts français und Deutsch-Französische Institute online)

www.frankreichkontakte.de

www.vdfg.de (Vereinigung Deutsch-Französischer Gesellschaften für Europa)

www.dfjw.org (Das Deutsch-Französische Jugendwerk)

www.ecoute.de (Das aktuelle Magazin in Französisch für Lernende mit Vorkenntissen)

www.sprachzeitungen.de (Revue de la Presse, ebenfalls für Französisch-Lernende mit Vorkenntnissen)

www.reclam.de (Sprachtraining mit Reclams Roter Reihe Französisch)

www.frankreicherleben.de

www.frankreich-info.de (sehr ausführliche Literaturlisten)

www.hueber.de/leitfaden-vhs

www.zeitschrift.dokumente.de

www.romanistik.info

www.afasp.net Association Franco-Allemande des Stagiaires et Professionels)

www.franceguide.com

www.botschaft-frankreich.de

Abkürzungen:

Frz.   = Französisch
Altfrz. = Altfranzösisch
Dt.   = Deutsch
Germ.   = Germanisch
Ital.   = Italienisch
Lat.   = Lateinisch